A religião

Jacques Derrida e Gianni Vattimo
organizadores

A RELIGIÃO

O SEMINÁRIO DE CAPRI

Com a participação de

Maurizio Ferraris
Hans-Georg Gadamer
Aldo Gargani
Eugenio Trías
Vincenzo Vitiello

3ª edição

Estação Liberdade

Título original: *La Religion: Séminaire de Capri sous la direction de Jacques Derrida et Gianni Vattimo*

Preparação de texto Marcelo Rondinelli
Revisão das traduções Tadeu Mazzola Verza
Revisão Huendel Viana
Composição Pedro Barros / Estação Liberdade
Capa Antonio Kehl
Ilustração da capa André Fougeron: *Pêcheurs d'aloses*, óleo s/ tela, 1964 (detalhe). Col. Museu do Hermitage, São Petersburgo.

CIP-BRASIL. CATALOGAÇÃO NA PUBLICAÇÃO
SINDICATO NACIONAL DOS EDITORES DE LIVROS, RJ

R321
3. ed.

A religião : o seminário de Capri / organização Jacques Derrida , Gianni Vattimo ; com a participação de Maurizio Ferraris ...[et al.]. - 3. ed. - São Paulo : Liberdade, 2018.
232 p. ; 21 cm.

Tradução de: La religion: séminaire di capri
Inclui bibliografia
ISBN 978-85-7448-003-9

1. Religiões. 2. Filosofia e religião. I. Derrida, Jacques. II. Vattimo, Gianni. III. Ferraris, Maurizio.

18-52309 CDD: 200
CDU 2

Leandra Felix da Cruz - Bibliotecária - CRB-7/6135
30/08/2018 03/09/2018

Esta publicação segue as normas do Acordo Ortográfico da Língua Portuguesa, Decreto nº 6.583, de 29 de setembro de 2008.

Editora Estação Liberdade Ltda.
Rua Dona Elisa, 116 — Barra Funda — 01155-030
São Paulo – SP — Tel.: (11) 3660 3180
www.estacaoliberdade.com.br

Sumário

Circunstâncias

Gianni Vattimo

Cabe pronunciar algumas palavras de circunstância, não sobre a religião, mas sobre a gênese desta iniciativa. Em 1992, Giuseppe Laterza concebia o projeto de ampliar a experiência de nosso *Anuário filosófico italiano* criando um anuário europeu; ele encarregou Jacques Derrida e a mim mesmo da tarefa; restava apenas escolher o tema. Pensei na religião e falei com Maurizio Ferraris. Pouco tempo depois, em novembro do mesmo ano, antes de discutir o assunto com Thierry Marchaisse, nas Éditions du Seuil, Maurizio Ferraris e Giuseppe Laterza expuseram esse projeto a Jacques Derrida, pedindo-lhe que escolhesse o argumento; também nesse caso a resposta foi: a religião.

Essa coincidência, que chamamos de *esprit du temps*, a meio caminho entre a harmonia preestabelecida e o puro acaso, nos pareceu uma razão suficiente para admitirmos o caráter central desse tema-argumento. Os tempos certamente mudaram desde que Hegel escrevia que o sentimento fundamental de sua época se expressava por meio da sentença "Deus está morto". Mas o "nosso" tempo (que, como o de Hegel, começa com o nascimento de Cristo) é mesmo tão diferente assim? E esse fenômeno, que chamamos erroneamente de "renascer da religião" (nos parlamentos, no terrorismo e na mídia, ainda mais que nas igrejas, cada vez mais vazias), é mesmo outra coisa que a "morte de Deus"? Eis a questão que nos colocamos, sem dúvida como todo mundo hoje em dia, e que submetemos aos amigos e colegas que foram convidados a colaborar conosco.

Já que o espírito do tempo não é o Espírito Santo, nos pareceu que escrever para colegas pedindo ensaios "sobre a religião" era um empreendimento mais do que problemático. Foi por isso que organizamos um seminário, que ocorreu em Capri graças à generosidade do Istituto Italiano per gli Studi Filosofici. A seu presidente, Gerardo Marotta, e a seu secretário, Antonio Gargano, vão aqui, como sempre, nossos calorosos agradecimentos. É a esse encontro, realizado em 28 de fevereiro e 1º de março de 1994, que aludem vez ou outra os ensaios a seguir, particularmente o de Jacques Derrida.

Concluindo, gostaríamos de agradecer, nesta oportunidade, a todos os amigos que responderam a nosso convite vindo para Capri e que nos remeteram, dentro dos prazos estipulados, o fruto de sua reflexão. Nossos agradecimentos especiais também a Hans-Georg Gadamer, que, como o Parmênides de Platão, não temeu enfrentar o mar de *lógoi* que mais uma vez foi necessário atravessar.

Fé e saber*

As duas fontes da "religião" nos limites da simples razão

Jacques Derrida

Itálicos

1. *Como "falar religião"? da* religião? *Particularmente, da religião, hoje? Como ousar falar disso no singular, sem temor nem tremor, nos dias de hoje? E tão pouco e tão depressa? Quem teria a impudência de pretender que se trate de um assunto ao mesmo tempo identificável e novo? Quem teria a presunção de adequar-lhe alguns aforismos? Para atribuir-se a coragem, a arrogância ou a serenidade necessárias, talvez, então, seja preciso fingir por um instante, fazer abstração, abstração de tudo, ou de quase tudo, uma certa abstração. Talvez seja necessário apostar na mais concreta e mais acessível, mas também a mais desértica das abstrações.*

Devemos nos salvar pela abstração ou nos salvar da abstração? Onde está a salvação? (Em 1807, Hegel escreve: "Wer denkt abstrakt?"*:* "Denken? Abstrakt? *— Sauve qui peut!"*[1] *começa ele por dizer e, justamente em francês, para traduzir o grito —* "Rette sich, wer kann!" *— do traidor que, então, teria pretendido fugir, a um só tempo, do pensamento, da abstração e da metafísica: como da "peste".)*

2. Salvar, ser salvo, salvar-se. *Pretexto para uma primeira pergunta: será que se pode dissociar um discurso sobre a religião de um discurso*

---

* Tradução do original em francês "Foi et savoir: Les deux sources de la 'religion' aux limites de la simple raison" por Guilherme João de Freitas Teixeira.

1. Literalmente, "Salve-se quem puder". [N.T.]

sobre a salvação, isto é, sobre o são, o santo, o sagrado, o salvo, o indene, o imune (sacer, sanctus, heilig, holy — *e seus supostos equivalentes em grande número de idiomas)? E a salvação será necessariamente a redenção diante ou depois do mal, da falta ou do pecado? Agora: onde* está *o mal? O mal* hoje, *presentemente? Suponhamos que exista uma figura exemplar e inédita do mal, até mesmo do mal radical que pareça marcar, de forma exclusiva, o nosso tempo. Será identificando esse mal que se terá acesso ao que pode ser a figura ou a promessa da salvação para o nosso tempo e, portanto, a singularidade do religioso que, segundo se afirma em todos os jornais, está de volta?*

No limite, pretenderíamos, portanto, religar a questão da religião à questão do mal de abstração. À abstração radical. Não à figura abstrata da morte, do mal ou da doença da morte, mas às formas do mal que, tradicionalmente, estão ligadas à extração radical *e, portanto, ao desenraizamento da abstração, passando, mas isso será muito mais tarde, pela questão dos* lugares de abstração *que são a máquina, a técnica, a tecnociência e, sobretudo, a transcendência teletecnológica. "Religião e* mechané*", "religião e ciberespaço", "religião e digitalidade", "religião e espaço-tempo virtual": para dedicar um pequeno tratado a esses temas, na economia que nos é atribuída, conceber uma pequena máquina discursiva que, por ser finita e perfectível, não seja demasiado impotente.*

A fim de pensar abstratamente *a religião hoje, partiremos dessas potências de abstração a fim de arriscar, no limite, a seguinte hipótese: em relação a todas essas forças de abstração e dissociação (desenraizamento, deslocalização, desencarnação, formalização, esquematização universalizante, objetivação, telecomunicação, etc.), a "religião" encontra-se,* ao mesmo tempo, *no antagonismo relativo e na supervalorização reafirmadora. Exatamente onde o* saber e *a fé, a tecnociência ("capitalista" e fiduciária)* e *a crença, o crédito, a fiabilidade, o ato de fé terão estado sempre comprometidos,* no próprio lugar, *no cerne da aliança de sua oposição. Daí, a aporia — uma certa ausência de caminho, de via, de saída, de salvação — e as duas fontes.*

3. *Para representar a abstração, e a aporia do* sem saída, *talvez seja necessário retirar-se para um deserto, até mesmo isolar-se* *em uma ilha. E contar uma história breve que não seja um mito. Do tipo: "Era uma vez", uma só vez,* um dia, *em uma ilha ou no deserto, imaginem, para "falar religião", alguns* homens, *filósofos, professores, hermeneutas, eremitas ou anacoretas, teriam arrumado tempo para imitar uma pequena comunidade, ao mesmo tempo esotérica e igualitária, amigável e fraterna. Talvez ainda fosse necessário* situar *essa narração, limitá-la no tempo e no espaço, indicar o lugar e a paisagem, o momento passado,* um dia, *datar o furtivo e o efêmero, singularizar, fazer como se estivesse sendo escrito um* diário, *do qual seriam rasgadas algumas páginas. Lei do tipo: a efeméride (e vocês já falam de modo inexaurível do* dia*). Data: 28 de fevereiro de 1994. Lugar: uma ilha, a ilha de* Capri. *Um hotel, uma mesa em torno da qual falamos entre amigos, quase de forma desordenada, sem* ordem do dia, *sem palavra de ordem, salvo a mais clara e a mais obscura das palavras:* religião. *Cremos poder fingir acreditar, ato fiduciário, que compartilhamos alguma pré-compreensão. Procedemos como se tivéssemos algum senso comum do que significa "religião", por meio de línguas que acreditamos (quanta crença já no dia de hoje!) saber falar. Cremos na fiabilidade mínima dessa palavra.* Como Heidegger *em relação ao que ele denomina o* Faktum *do léxico do ser (na abertura de* Sein und Zeit *[*Ser e tempo*]), cremos (ou cremos dever) pré-compreender o sentido dessa palavra, nem que seja para poder questionar e com o objetivo de nos interrogarmos a respeito dela. Ora, deveremos voltar ao assunto muito mais tarde, nada é menos pré-garantido do que tal* Faktum *(precisamente, nesses dois casos!) e toda a questão da religião,* talvez, *remeta para essa reduzida garantia.*

4. *Na abertura de uma troca de impressões preliminar, em torno da referida mesa, Gianni Vattimo me propõe improvisar algumas sugestões. Que me seja permitido evocá-las aqui, em itálico, como uma espécie de preâmbulo esquemático e telegráfico. Outras proposições, sem dúvida, se delinearam em um texto de caráter diferente, que escrevi logo em seguida, confinado nos limites impiedosos de tempo e espaço. Talvez uma história completamente diferente, mas, em todo caso, trata-se de palavras que* *foram arriscadas no começo, nesse dia; a memória continuará a me ditar o que escrevo.*

Em primeiro lugar, eu tinha proposto trazer a reflexão, na medida do possível sem irreconhecibilidade ou negação, uma situação efetiva e única, ou seja, a situação em que nos encontrávamos nesse momento: alguns fatos, um compromisso comum, uma proposição, ao mesmo tempo filosófica e editorial, que, por sua vez, apresentava imediatamente uma dupla questão: *da língua e da nação. Ora, se existe, nos dias de hoje, uma* outra *"questão da religião", uma conjuntura atual e nova, uma reaparição inaudita dessa coisa sem idade, e mundial ou planetária, o que se questiona, com toda a certeza, é a língua — mais precisamente o idioma, a literalidade, a escrita que formam o elemento de qualquer* revelação *e de qualquer* crença, *um elemento, em última instância, irredutível e intraduzível — mas um idioma indissociável, antes de mais nada, indissociável do vínculo* social, *político, familiar, étnico, comunitário, da nação e do povo: autoctonia, solo e sangue, relação cada vez mais problemática à cidadania e ao Estado. A língua e a nação formam nesse momento o corpo histórico de toda paixão religiosa. Como esse encontro de filósofos, a edição internacional que nos é proposta acaba sendo, em primeiro lugar, "ocidental", em seguida, confiada, isto é, também confinada a algumas línguas europeias, as que "nós" falamos aqui em Capri, nesta ilha italiana: o alemão, o espanhol, o francês, o italiano.*

5. *Não estamos longe de Roma, mas já não estamos em Roma. Eis-nos, durante dois dias, literalmente isolados, insulados nos píncaros de Capri, na diferença entre o romano e o itálico, que poderia simbolizar tudo o que pode inclinar — ao distanciamento, em relação ao romano em geral. Pensar "religião" é pensar o "romano". Isso não se fará em Roma, nem longe demais de Roma. Chance ou necessidade para se fazer lembrar à história de algo como a "religião": tudo o que se faz e se diz* em seu nome *deveria conservar a memória crítica dessa denominação. Europeia, ela foi em primeiro lugar latina. Eis, portanto, um dado cuja figura, pelo menos, como o limite, permanece contingente e, ao mesmo tempo, significante. Ela exige ser levada em consideração, refletida, tematizada, datada.*

Difícil dizer "Europa" sem conotar: Atenas-Jerusalém-Roma-Bizâncio, guerras de religião, guerra aberta a respeito da apropriação de Jerusalém e do monte Moriah, do "Eis-me aqui" de Abraão ou de Ibraim diante da solicitação do "sacrifício" extremo, a oferenda absoluta do filho bem-amado, a exigência da condenação à morte ou a execução da única descendência, a repetição suspensa na véspera de qualquer Paixão. Ontem (sim, ontem, verdadeiramente, apenas há alguns dias) foi o massacre de Hebron no Túmulo dos Patriarcas, lugar comum e trincheira simbólica das religiões ditas abraâmicas. Nós apresentamos e falamos quatro línguas diferentes, mas nossa "cultura" comum, digamos assim, é mais manifestamente cristã, apenas judaico-cristã. Entre nós, infelizmente, não há nenhum muçulmano, pelo menos para essa discussão preliminar, no momento em que deveríamos, talvez, começar por voltar nosso olhar em direção ao Islã. Também não há nenhum representante de outros cultos. Nenhuma mulher! Deveremos levar isso em consideração: falar por essas testemunhas mudas sem falar por elas, em vez delas, e tirar daí toda espécie de conclusões.

6. *Por que é tão difícil pensar esse fenômeno, apressadamente denominado "retorno das religiões"? Por que é surpreendente? Por que deixa atônitos em particular aqueles que acreditavam, com ingenuidade, que uma alternativa opunha, de um lado, a Religião e, do outro, a Razão, as Luzes, a Ciência, a Crítica (a crítica marxista, a genealogia nietzscheana, a psicanálise freudiana e respectivas heranças), como se a existência de uma estivesse condicionada ao desaparecimento da outra? Pelo contrário, seria necessário partir de outro esquema para tentar pensar o dito "retorno do religioso". Será que esse se reduz ao que a* doxa *determina, de maneira confusa, como "fundamentalismo", "integrismo", "fanatismo"? Eis, talvez, na medida da urgência histórica, uma de nossas questões prévias. E, entre as religiões abraâmicas, entre os "fundamentalismos" ou "integrismos" que aí se desenvolvem, de forma universal, por estarem hoje em ação em todas as religiões, o que se passa, precisamente, com o Islã? Mas não nos apropriemos tão depressa dessa denominação. O que se reúne, precipitadamente, sob a referência "islâmica"* parece *hoje deter algum privilégio mundial* *ou geopolítico, em razão da natureza de suas violências físicas, de algumas de suas violações declaradas do modelo democrático e do direito internacional (o "caso Rushdie" e de tantos outros — e o "direito à literatura"), em razão da forma, ao mesmo tempo arcaica e moderna de seus crimes "em nome da religião", de suas dimensões demográficas, de suas figuras falocêntricas e teológico-políticas. Por quê? Eis o que será necessário discernir: nunca esquecer que o Islã não é o islamismo, mas este se exerce* em nome *daquele e aí se encontra a grave questão do nome.*

7. *Nunca tratar como um acidente a força do nome no que acontece, se faz ou se diz* em nome *da religião, aqui, em nome do Islã. Em seguida, diretamente ou não, o teológico-político, como todos os conceitos aplicados de maneira pouco natural a essas questões, a começar pelos de democracia e de secularização, até mesmo de direito à literatura, é não somente europeu, mas greco-cristão, greco-romano. Aqui, seremos assediados por todas as questões do nome e do que "se faz em nome de": questões do nome "religião", dos nomes de Deus, do pertencimento ou não do nome próprio ao sistema da língua, portanto, de sua intraduzibilidade, assim como de sua iterabilidade (isto é, do que faz disso um lugar de repetibilidade, de idealização e, portanto, já, de* techné, *de tecnociência, de teletecnociência na chamada a distância), de seu vínculo com a performatividade da chamada na oração (exatamente onde, como diz Aristóteles, essa não é verdadeira ou falsa), de seu vínculo com o que, em toda performatividade, como em toda mensagem e em toda atestação, faz apelo à fé do outro e, portanto, desdobra-se em uma fé jurada.*

8. Faz-se a luz. *E o dia. Nunca será possível separar a coincidência do raio de sol com a inscrição topográfica: fenomenologia da religião, religião como fenomenologia, enigma do Oriente, do Levante e do Mediterrâneo na geografia do parecer. A luz (*phós*), por toda parte onde essa* arché *comanda e começa o discurso, e dá a iniciativa em geral (*phós, phaínesthai, phántasma, *portanto espectro, etc.), tanto no discurso filosófico quanto nos discursos de uma revelação (*Offenbarung*) — ou da revelabilidade (*Offenbarkeit*), de uma* *possibilidade mais originária de manifestação. Mais originária, isto é, mais próxima da fonte, da única e mesma fonte. Por toda parte, a luz dita o que, ainda ontem, se acreditava ingenuamente ser possível subtrair e, até mesmo, opor à religião, e cujo futuro deverá ser repensado hoje (*Aufklärung, *Luzes,* Enlightenment, *Iluminismo). Não esqueçamos: no momento em que a linguagem indo-europeia não dispunha de um termo comum para "designar", observa Benveniste, "a própria religião, o culto, nem o padre, tampouco os deuses pessoais", ela já convergia em relação à "própria noção de 'deus' (*theós*), cujo 'sentido próprio' é 'luminoso' e 'celeste'".*[2]

9. *Nessa mesma luz, e sob o mesmo céu, denominemos, neste dia,* três lugares: *a ilha, a Terra Prometida, o deserto. Trata-se de três lugares aporéticos: sem saída ou caminho garantido, sem rota nem chegada, sem exterior cujo mapa seja* previsível *e o planejamento* calculável. *Esses três lugares configuram nosso horizonte, aqui e agora. (Mas tratar-se-ia de pensar ou dizer, e isso será difícil nos limites fixados, uma certa ausência de horizonte. Paradoxalmente, a ausência de horizonte condiciona o próprio futuro. A aparição do acontecimento deve marcar todo horizonte com brechas de expectativa. Daí a apreensão de um abismo nesses lugares, por exemplo, um deserto no deserto, onde não se pode nem se deve antecipar o que deveria ou poderia —* talvez *— acontecer. Resta* deixar acontecer.*)*

10. *Será um acaso se, quase todos os* mediterrâneos *de origem e cada um de nós* mediterrâneos *por uma espécie de imantação, temos sido, apesar de tantas diferenças, orientados por uma certa fenomenologia (uma vez mais, a luz)? Será um acaso se, um dia, todos nós — que estamos, hoje, reunidos nesta ilha e, mais ou menos secretamente, tivemos de nos escolher ou nos aceitar — fomos tentados, ao mesmo tempo, por uma certa dissidência em relação à*

2. É. Benveniste, *Le Vocabulaire des institutions indo-européennes*: Paris, Éd. de Minuit, 1969, t. 2, p. 180. Com frequência, citaremos Benveniste para lhe deixar também uma responsabilidade, a de falar, por exemplo, com segurança do "sentido próprio", precisamente no caso do Sol ou da luz, assim como a respeito de qualquer outro assunto. Parece que essa segurança é amplamente excessiva e mais do que problemática.

fenomenologia husserliana e por uma hermenêutica cuja disciplina deve tanto à exegese do texto religioso? Desde então, dever tanto mais imperioso: não esquecer aqueles ou aquelas excluídos por este contrato implícito ou este "estar-juntos". Seria necessário, teria sido necessário, começar por lhes dar a palavra.

11. *Lembremos também o que, com ou sem razão, considero provisoriamente uma evidência: seja qual for nossa relação com a religião e, em seguida, com esta ou aquela religião, não somos nem padres vinculados por um sacerdócio, nem teólogos, nem representantes qualificados ou competentes da religião, nem inimigos da religião enquanto tal, no sentido em que, pensa-se, podiam sê-lo certos filósofos ditos das Luzes. Mas compartilhamos também, e por isso mesmo, parece-me, outra coisa, a saber — designemos isso com prudência — um gosto sem reservas, senão uma preferência incondicional por aquilo que, em política, se denomina democracia republicana como modelo universalizável, o que vincula a filosofia à coisa pública, à publicidade, assim como à luz do dia, às Luzes, à virtude esclarecida do espaço público, emancipando-a de todo poder exterior (não laico, não secular), por exemplo, a dogmática, a ortodoxia ou a autoridade religiosa (ou seja, um certo regime da* doxa *ou da crença, o que não significa de toda fé). De maneira pelo menos análoga (voltarei mais tarde ao assunto) e, pelo menos enquanto estivermos falando aqui juntos, tentaremos, sem dúvida, transpor, aqui e agora, a atitude circunspecta e suspensiva, uma certa* epoché *que consiste — com ou sem razão, porque é grave o que está em jogo — em pensar a religião ou fazê-la aparecer "nos limites da simples razão".*

12. *Questão conexa: o que é feito desse gesto "kantiano", atualmente? A que se assemelharia, hoje, um livro intitulado, como o de Kant,* A religião nos limites da simples razão? *Como eu já tinha tentado sugerir em outro contexto*[3], *essa* époche *dá também oportunidade a um acontecimento político. Ela chega inclusive a fazer parte da história da democracia, principalmente quando o*

3. Cf. *Sauf le nom*, Paris, Galilée, 1993, em particular p. 103 et seq.

discurso teológico teve de assumir as formas da via negativa e até mesmo onde ele parece ter prescrito a comunidade reclusa, o ensino iniciático, a hierarquia, o deserto ou a insularidade esotérica.[4]

13. *Antes da ilha, e Capri nunca será Patmos, terá existido a Terra Prometida. Como improvisar e se deixar surpreender ao falar disso? Como não temer e não tremer diante da imensidão abissal desse tema? A imagem da Terra Prometida não será também o vínculo essencial entre a promessa do lugar e a historicidade? Por historicidade, poderíamos entender, hoje, várias coisas. Primeiramente, uma especificidade aguda do conceito de religião, a história de sua história e certas genealogias emaranhadas em suas línguas e em seu nome. Eis o que será necessário discernir: a fé nem sempre foi e nem sempre será identificável com a religião, tampouco com a teologia. Nem toda sacralidade e nem toda santidade são necessariamente religiosas, no sentido estrito do termo, se é que existe um. Será necessário que voltemos ao devir e à semântica deste termo, "a religião", por meio de sua ocidentalidade romântica e, ao mesmo tempo, de seu vínculo contraído com as revelações abraâmicas. Estas não se limitam a ser acontecimentos. Tais acontecimentos só chegam a ter sentido pelo fato de comprometer a historicidade da história — e a factualidade do acontecimento como tal. Diferentemente de outras experiências da "fé", do "santo", do "indene" e do "salvo", do "sagrado", do "divino", diferentemente de outras estruturas às quais, por analogia duvidosa, seríamos tentados a dar o nome de "religiões", as revelações testamentárias e alcorânica são inseparáveis de uma* historicidade *da própria revelação. Com toda a certeza, o horizonte messiânico ou escatológico delimita essa historicidade, mas somente pelo fato de que, antes de tudo, a iniciou.*

14. *Trata-se de uma outra dimensão histórica, de uma historicidade diferente daquela que evocávamos há pouco, a menos que não a aprofunde abissalmente. Como levar em consideração*

4. Aqui devo remeter a "Comment ne pas Parler?", in *Psiché*, Paris, Galilée, 1987, p. 535 et seq., ensaio no qual abordei de maneira mais precisa, em um contexto análogo, esses temas da hierarquia e da "topolitologia".

essa história da historicidade para abordar, hoje, a religião nos limites da simples razão? *Como inscrever aí, para* atualizá-la, *não só uma história da razão política e tecnocientífica, mas também uma história do mal radical, de suas figuras que nunca se limitam a ser figuras e que, aí está todo o mal, inventam sempre um novo mal? Sabemos agora que a "perversão radical do coração humano" mencionada por* Kant *(I, 3) não é* uma só, *nem dada de uma vez por todas, como se não pudesse inaugurar senão figuras ou tropos de si mesma. Talvez pudéssemos nos perguntar se isso está de acordo ou não com a intenção de Kant quando este lembra que a Escritura "representa" perfeitamente o caráter histórico e temporal do mal radical, mesmo se isso não passa de uma "representação"* (Vorstellungsart) *utilizada pela Escritura em razão da "fraqueza" humana (I, 4); e isso ainda que Kant lute para dar conta da origem racional de um mal que permanece inconcebível para a razão, afirmando simultaneamente que a interpretação da Escritura excede as competências da razão e que, de todas as "religiões públicas" que porventura tenham existido, somente a religião cristã terá sido uma religião "moral" (fim da primeira* Observação Geral). *Proposição estranha, mas que deverá ser levada rigorosamente a sério em cada uma de suas premissas.*

15. *Com efeito, no entender de Kant — ele diz isso propositadamente — só existem* duas *famílias de religião e, em suma,* duas fontes *ou* dois troncos *da religião — e, portanto, duas genealogias a respeito das quais ainda se deve perguntar por que compartilham o mesmo nome, próprio ou comum: a* religião de mero culto (des blossen Cultus) *procura os "favores de Deus", mas essencialmente não age, limitando-se a ensinar a oração e o desejo. O homem não tem de se tornar melhor, ainda que sejam pela remissão dos pecados. Quanto à* religião moral (moralische), *visa a boa conduta da vida* (die Religion des guten Lebenswandels)*; comanda o fazer,* dissociando-o do saber *o qual lhe está* subordinado, *e prescreve o tornar-se melhor* agindo *para tal fim exatamente onde "o seguinte princípio conserva seu valor: 'Não é essencial nem, por conseguinte, necessário, que alguém saiba o que Deus faz ou fez para a sua salvação', mas antes o que ele mesmo deve fazer para se tornar* *digno dessa ajuda". É assim que Kant define uma "fé que reflete"* (reflektierende), *isto é, um conceito cuja possibilidade poderia abrir perfeitamente o próprio espaço de nossa discussão. Por não depender essencialmente de qualquer revelação história e, assim, estar de acordo com a racionalidade da razão pura prática, a* fé que reflete *favorece* a boa vontade para além do saber. *Desse modo,* opõe-se *à fé "dogmática"* (dogmatische). *Se ela se demarca em relação a essa "fé dogmática", é porque esta* pretende saber *e, portanto, ignora a diferença entre fé e saber.*

Ora, o princípio de tal oposição — é a razão pela qual insisto nesse ponto — poderia não ser apenas definidor, taxinômico ou teórico; ele não nos serve somente para classificar religiões heterogêneas sob o mesmo nome; poderia também definir, ainda para nós, hoje, um lugar de conflito, senão de guerra, no sentido kantiano. Ainda hoje, nem que fosse provisoriamente, poderia nos ajudar a estruturar uma problemática.

Estaremos preparados para medir sem fraquejar as implicações e consequências da tese kantiana? Esta parece ser forte, simples e vertiginosa: a religião cristã seria a única religião propriamente "moral"; ser-lhe-ia reservada exclusivamente uma missão: libertar uma "fé que reflete". Portanto, segue-se necessariamente que a moralidade pura e o cristianismo são indissociáveis em sua essência e em seu conceito. Se não existe cristianismo sem moralidade pura, é porque a revelação cristã nos ensina algo de essencial quanto à própria ideia da moralidade. Desde então, a ideia de uma moral pura, mas não cristã, seria absurda; ela passaria o entendimento e a razão, o que seria uma contradição em si. A universalidade incondicional do imperativo categórico é evangélica. A lei moral se inscreve no fundo de nossos corações, como uma memória da Paixão. Quando se dirige a nós, fala o idioma do cristão — ou se cala.

Essa tese de Kant (mais tarde, gostaríamos de colocá-la em relação com o que designaremos por mundialatinização) *não será também, no núcleo de seu conteúdo, a tese de Nietzsche no momento em que este declara uma guerra inexpiável contra Kant? Nietzsche poderia, talvez, ter dito "judaico-cristã", mas a posição que São Paulo ocupa entre seus alvos privilegiados mostra perfeitamente que ele tinha aversão pelo cristianismo, por um certo movimento interiorizante no cristianismo — ao qual atribuía a mais grave responsabilidade. Em seu entender, os judeus e o judaísmo europeu ainda constituiriam uma resistência desesperada — quando ela ainda resiste —, um último protesto interno contra um certo cristianismo.*

Essa tese afirma, sem dúvida, algo da história do mundo, nada menos do que isso. Indiquemos ainda, de maneira bastante esquemática, duas de suas consequências possíveis e dois paradoxos entre tantos outros:

1) Na definição da "fé que reflete" e do que vincula indissoluvelmente a ideia da moralidade pura à revelação cristã, Kant recorre à lógica de um princípio *simples, ou seja, aquele que citávamos havia pouco literalmente: para nos comportarmos de forma moral, é necessário, em suma, proceder como se Deus não existisse ou já estivesse interessado pela nossa salvação. Eis o que é moral e, portanto, cristão, se um cristão deve ser moral: deixar de se voltar para Deus no momento de agir segundo a boa vontade; em suma, proceder como se Deus nos tivesse abandonado. Permitindo pensar (mas também suspender em teoria) a existência de Deus, a liberdade ou a imortalidade da alma, a união da virtude com a felicidade, o conceito de "postulado" da razão prática garante essa dissociação radical e assume, em suma, a responsabilidade racional e filosófica, a consequência* neste mundo, na experiência, *desse abandono. Não será uma outra forma de afirmar que o cristianismo não pode corresponder à sua vocação moral e a moral à sua vocação cristã a não ser suportando, neste mundo, na história fenomenal, a morte de Deus, e muito para além das imagens da Paixão? Que o cristianismo é a morte de Deus anunciada e evocada dessa forma por Kant à modernidade das Luzes? Talvez o judaísmo e o Islã seriam, então, os dois últimos monoteísmos a se insurgir ainda contra tudo o que, na cristianização de nosso mundo, significa a morte de Deus, a morte em Deus, dois monoteísmos não pagãos que não admitem a morte, tampouco a multiplicidade em Deus (a Paixão, a Trindade, etc.), dois monoteísmos ainda bastante estranhos para o coração da Europa greco-cristã, pagão-cristã, bastante estranhos para uma Europa que significa a morte de Deus, para lembrar a* qualquer preço *que "monoteísmo" significa tanto a fé no Uno, e no Uno Vivo, quanto a crença em um Deus único.*

2) Em relação a essa lógica, ao seu rigor formal e a seus possíveis, Heidegger não abre um outro caminho? Com efeito, em Sein und Zeit, *ele insiste sobre o caráter ao mesmo tempo* pré-moral *(ou pré-ético, se "ético" remete ainda para o sentido de* éthos *que Heidegger considera derivado, inadequado e tardio)* e pré-religioso *da "consciência"* (Gewissen), *do ser-responsável-culpado-endividado* (Schuldigsein) *ou da atestação* (Bezeugung) *originários. Assim, voltar-se-ia aquém do que vincula a moral à religião, isto é, aqui, ao cristianismo.* O *que permite, em princípio, repetir a genealogia nietzscheana da moral, mas descristianizando-a ainda mais nos aspectos em que isso fosse necessário, desenraizando o que lhe restasse de raiz cristã. Estratégia tanto mais retorcida e necessária para Heidegger quanto este nunca cessa de responsabilizar o cristianismo ou de se desprender dele — com uma violência tanto maior na medida em que, talvez, já seja tarde demais para negar certos motivos arquicristãos da repetição ontológica e da analítica existencial.*

O *que designamos, aqui, por "lógica", seu "rigor formal" e seus "possíveis"? A própria lei, uma necessidade que, como se vê, programa, sem dúvida, uma supervalorização infinita, uma instabilidade enlouquecedora entre essas "posições", que podem ser ocupadas, sucessiva ou simultaneamente, pelos mesmos "sujeitos". Hoje, de uma religião para outra, os "fundamentalismos" e "integrismos" hiperbolizam tal supervalorização. Exasperam-se no momento em que, voltaremos ao assunto mais adiante, a mundialatinização (ou seja, a estranha aliança do cristianismo, como experiência da morte de Deus, com o capitalismo teletecnocientífico) é, ao mesmo tempo, hegemônica e finita, superpoderosa e em vias de esgotamento. Simplesmente, os que se comprometem com essa supervalorização podem conduzi-la por todos os meios, em todas as "posições", de forma simultânea ou alternada, até a última extremidade.*

Não será a loucura, a anacronia absoluta de nosso tempo, a disjunção de toda contemporaneidade de si, o dia velado de todo presente?

16. *Essa definição da* fé que reflete *aparece no primeiro dos quatro* párerga *acrescentados no final de cada parte de* A religião nos limites da simples razão. *Esses* párerga *não são partes integrantes do livro; "não pertencem ao corpo do texto" da "religião nos limites da razão pura", mas lhe "são contíguos" ou "apostos". Insisto nisso por razões de alguma forma teotopológicas, até mesmo teoarquitetônicas: esses* párerga *situam, talvez, a margem na qual poderíamos, neste dia, inscrever nossas reflexões. Tanto mais que o primeiro* párergon, *acrescentado na segunda edição, define assim a tarefa secundária (párergon) que, a respeito do que é moralmente incontestável, consistiria em retirar dificuldades relativas a questões transcendentes. Quando são traduzidas no campo da religião, as ideias morais pervertem a pureza de sua transcendência. Podem fazê-lo de duas maneiras vezes duas, e tal quadrado poderia enquadrar hoje, contanto que se preste atenção às transposições apropriadas, um programa de análise para as formas do mal perpetrado, nos quatro cantos do mundo, "em nome da religião". Devemos nos contentar em indicar seus títulos e, em primeiro lugar, seus critérios (natural/sobrenatural, interno/externo, luz teórica/ação prática, constativo/performativo). 1) A pretensa experiência* interna *(dos efeitos da graça): o* fanatismo *ou o* entusiasmo *do iluminado* (Schwärmerei*); 2) a pretensa experiência* externa *(do miraculoso): a* superstição *(*Aberglaube*); 3) as pressupostas luzes do* entendimento *na consideração do sobrenatural (os segredos,* Geheimnisse*): o* iluminismo, *o delírio dos adeptos; 4) a tentativa arriscada de agir sobre o sobrenatural (meios de obter a graça): a* taumaturgia.

Quando Marx considera a crítica da religião como a premissa de qualquer crítica da ideologia, e a religião como a ideologia por excelência, até mesmo como a forma matricial de qualquer ideologia e do próprio movimento de fetichização, será que seu discurso se confina, propositadamente ou não, no quadro *parergonal de tal crítica racional? Ou, então, o que é mais verossímil, embora mais difícil de demonstrar, será que ele já descontrói a axiomática fundamentalmente cristã de Kant? Isso poderia ser uma de nossas questões, sem dúvida a mais obscura, porque não é certo que os próprios princípios da crítica marxista já não tenham feito apelo a uma heterogeneidade entre fé e saber, entre justiça prática e conhecimento. Ora, em última instância, essa heterogeneidade não é, talvez, irredutível à inspiração ou ao espírito de* A religião nos limites da simples razão. *Tanto mais que essas figuras do mal não só desacreditam,* mas também *credenciam esse "crédito" que é o ato de fé. Excluindo e ao mesmo tempo explicando, elas requerem talvez mais do que nunca esse recurso à religião, ao princípio da fé, nem que seja o de uma forma radicalmente fiduciária da dita "fé que reflete". E é essa mecânica, esse retorno maquinal da religião, que eu gostaria de interrogar aqui.*

17. *Como pensar, então — nos limites da simples razão —, uma religião que, sem ter voltado a ser "religião natural", é hoje efetivamente universal? E que, para isso, já não se detém no paradigma cristão, nem sequer abraâmico? Qual seria o projeto de tal "livro"? De fato, com* A religião nos limites da simples razão, *está em questão um Mundo que é também um Antigo-Novo Livro. Será que esse projeto conserva um sentido ou tem uma chance? Uma chance ou um sentido geopolíticos? Ou então, em sua origem e em seu fim, a própria ideia permanece cristã? E seria necessariamente um limite, um limite como outro qualquer? Um cristão — assim como um judeu ou um muçulmano — seria alguém que cultivaria a dúvida a respeito desse limite, a respeito da* existência *desse limite ou de sua* redutibilidade *a qualquer outro limite, à imagem corrente do limite.*

18. *Conservando essas questões na mente, poderíamos encontrar aí* duas tentações. *Em seu princípio esquemático, uma seria "hegeliana": ontoteologia que determina o saber absoluto como verdade da religião, no decorrer do movimento final descrito nas conclusões de* Fenomenologia do espírito *ou de* Fé e saber *— que anuncia, com efeito, uma "religião dos tempos modernos" (*Religion der neuen Zeit*) fundada no sentimento de que "o próprio Deus morreu". A "dor infinita" ainda não passa aí de um "momento" (*rein als Moment*), e o* sacrifício moral *da existência empírica se limita a datar a Paixão absoluta ou a Sexta-feira Santa especulativa (*spekulativer Karfreitag*). As filosofias dogmáticas e as religiões naturais devem desaparecer, e a mais serena liberdade, em sua mais elevada totalidade, deve ressuscitar da maior "dureza", da* *mais empedernida impiedade, da* kenósis, *do vazio da mais grave privação de Deus (*Gottlosigkeit*). Distinta da fé, da oração ou do sacrifício, a ontoteologia destrói a religião, mas — outro paradoxo — é talvez ela que instrui o devir teológico e eclesial, inclusive religioso, da fé. A outra tentação (talvez ainda existam boas razões para conservar essa palavra) seria do tipo "heideggeriano": para além dessa ontoteologia, exatamente onde essa ignora não só a oração, mas também o sacrifício. Seria necessário, assim, deixar se revelar uma "revelabilidade" (*Offenbarkeit*), cuja luz (se) manifestaria mais originariamente do que qualquer revelação (*Offenbarung*). Ainda seria necessário distinguir entre a* teo-*logia (discurso sobre Deus, a fé ou a revelação) e a* teio-*logia (discurso sobre o ser-divino, sobre a essência e a divindade do divino). Seria necessário despertar a experiência* indene *do sagrado, do santo ou do salvo (*heilig*). Deveremos prestar toda a nossa atenção a essa cadeia, partindo desta última palavra (*heilig*), dessa palavra alemã cuja história semântica parece, no entanto, resistir à dissociação rigorosa que Levinas pretende manter entre a sacralidade natural, "pagã", até mesmo greco-cristã, e a santidade[5] da lei (judaica), antes ou sob o domínio da religião romana. Quanto à coisa "romana"[6], não é verdade que, desde* Sein und Zeit, *Heidegger procede a*

5. A palavra latina (inclusive, romântica) utilizada por Levinas — por exemplo, em *Du Sacré au saint* (Paris, Éd. de Minuit, 1977) — é, simplesmente, a tradução de uma palavra hebraica (*kidouch*).

6. Cf. por exemplo, Heidegger, *Andenken* (1943): "Quando estão em seu ser, os poetas são proféticos. Mas não são 'profetas' no sentido judaico-cristão dessa palavra. Os 'profetas' dessas religiões não se limitam à predição da palavra primordial do Sagrado (*das voraufgründende Wort des Heiligen*). Anunciam, imediatamente, o deus com o qual, em seguida, se há de contar como se fosse a garantia segura da salvação na beatitude supraterrestre. Que a poesia de Hölderlin não seja desfigurada com o 'religioso' da 'religião' que continua sendo a questão da maneira romana de interpretar (*eine Sache der römischen Deutung*) as relações entre os homens e os deuses." O poeta não é um "vidente" (*Seher*), nem um adivinho (*Wahrsager*). "O Sagrado (*das Heilige*) que é dito na predição poética se limita a abrir o tempo de uma aparição dos deuses e indicar a região onde se situa a morada (*die Ortschaft des Wohnens*) sobre esta terra do homem forçado pelo destino da história [...]. Seu sonho [o da poesia] é divino, mas ela não sonha um deus" (*Gesamtausgabe*, t. IV, p. 114; trad. para o francês por Jean Launay, in *Approche de Hölderlin*, Paris, Gallimard, 1973, p. 145-146).

uma repetição ontológico-existencial de motivos cristãos, ao mesmo tempo aprofundados e esvaziados até sua possibilidade originária? Precisamente, uma possibilidade pré-romana? Não é verdade que, alguns anos antes, em 1921, ele havia confidenciado a Löwith que, para assumir a herança espiritual que constitui a facticidade de seu "eu sou", ele deveria dizer: "eu sou um 'teólogo cristão'"? O que não significa "romano". Voltaremos ao assunto.

19. *Sob sua forma mais abstrata, a aporia na qual estamos nos debatendo seria talvez esta: será que a revelabilidade (*Offenbarkeit*) é mais originária do que a revelação (*Offenbarung*) e, portanto, independente de qualquer religião? Independente nas estruturas de sua experiência e na correspondente analítica? Não se encontra aí o lugar de origem, pelo menos, de uma "fé que reflete", para não dizer dessa própria fé? Ou então, inversamente, o acontecimento da revelação teria consistido em revelar a própria revelabilidade, e a origem da luz, a luz originária, a própria invisibilidade da visibilidade? É talvez o que diria, aqui, o crente ou o teólogo, em*

Quase vinte anos depois, em 1962, esse protesto insiste contra Roma, contra a figura essencialmente romana da religião. Associa, na mesma configuração, o humanismo moderno, a técnica, a política e o direito. No decorrer de sua viagem à Grécia, após a visita ao monastério ortodoxo de Kaisariani, acima de Atenas, Heidegger observa: "O que a pequena igreja tem de cristão permanece em consonância com o grego antigo; reina aqui um espírito (*das Walten eines Geistes*) que não se curvará diante do pensamento jurídico e estatal (*dem kirchenstaatlich-juristischen Denken*) da Igreja romana e de sua teologia. No lugar em que se encontra hoje a recepção do convento, havia outrora um santuário 'pagão' (*ein 'heidnisches' Heiligtum*) consagrado a Ártemis" (*Aufenthalte, Séjours*, Paris, Éd. du Rocher, 1989, trad. para o francês por F. Vezin ligeiramente modificada, p. 71).

Mais acima, no momento em que ele se encontra nas paragens da ilha de Corfu — ainda uma ilha —, Heidegger lembra que *outra ilha*, a Sicília, tinha deixado a Goethe a impressão de estar mais próxima da Grécia; e a mesma evocação associa, em duas frases, as "características de uma Grécia romanizada e italiana (*römisch-italienischen*)", vista à "luz de um humanismo moderno", e a vinda da "era das máquinas" (ibid., p. 19). E uma vez que a ilha configura nosso lugar de insistência, voltamos a lembrar isso, tal viagem à Grécia representa, para Heidegger, sobretudo uma "estada" (*Aufenthalt*), uma parada no pudor (Scheu) junto a Delos, a visível ou a manifesta, uma meditação do desvelamento por meio de seu nome. Delos é também a ilha "santa" ou "salva" (*die heilige Insel*) (ibid., p. 50).

particular, o cristão da cristandade originária, da Urchristentum *na tradição luterana à qual Heidegger reconhece tanto dever.*

20. *Luz noturna, portanto, cada vez mais obscura. Aceleremos o passo para terminar: em vista de um* terceiro local *que poderia perfeitamente ter sido mais que o arquioriginário, o local mais anárquico e anarquizável possível, não a ilha nem a Terra Prometida, mas um certo deserto — e não o deserto da revelação, mas um deserto* no *deserto, o que torna possível, abre, escava ou infinitiza o outro. Êxtase ou existência da extrema abstração. O que orientaria aqui "nesse" deserto, sem rota nem interior, seria ainda, com toda a certeza, a possibilidade de uma* religio *e de um* relegere, *mas antes do "vínculo" do* religare, *etimologia problemática e, sem dúvida, reconstruída,* antes *do vínculo entre os homens como tais ou entre o homem e a divindade do deus. Isso ocorreria também como a condição do "vínculo" reduzido à sua determinação semântica mínima: a parada do escrúpulo (*religio*), a retenção do pudor, igualmente, uma certa* Verhaltenheit *referida por Heidegger em* Beiträge zur Philosophie, *o respeito, a responsabilidade da repetição com a garantia da decisão ou da afirmação (*re-legere*) que se liga a si mesma para se ligar ao outro. Mesmo que seja possível designá-lo por vínculo social, vínculo ao outro em geral, esse "vínculo" fiduciário precederia toda comunidade determinada, toda religião positiva, todo horizonte onto-antropo-teológico. Ele religaria puras singularidades antes de toda determinação social ou política, antes de toda intersubjetividade, inclusive antes da oposição entre o sagrado (ou o santo) e o profano. Isso pode, assim, se assemelhar a uma desertificação, e é inegável que tal risco permanece, mas esta pode — pelo contrário — simultaneamente, tornar* possível *aquilo mesmo que parece ser ameaçado por ela. A abstração do deserto pode, por isso mesmo, dar lugar a tudo aquilo a que ela se subtrai. Daí, a ambiguidade ou a duplicidade do traço ou da retirada* religiosa, de sua abstração ou de sua subtração. Essa re-tirada** desértica permite, então, repetir o que terá* dado *lugar a isso mesmo*

* No original, *trait* e *retrait*, respectivamente. [N.T.]

** No original, *re-trait*. [N.T.]

em nome do qual se desejaria protestar, contra o que se assemelha *somente ao vazio e ao indeterminado da simples abstração.*

Uma vez que é necessário dizer tudo em duas *palavras, apliquemos* dois nomes *à duplicidade dessas origens. Com efeito, aqui, a origem é a própria duplicidade, uma e outra. Denominemos essas duas fontes, esses dois poços ou essas duas pistas ainda invisíveis no deserto. Emprestemos-lhes dois nomes ainda "históricos" exatamente onde um certo conceito de história se torna inapropriado. Para tal, refiramo-nos — provisoriamente, insisto nisso, e com objetivos pedagógicos ou retóricos —, por um lado, ao "messiânico" e, por outro, à* chóra, *como tentei fazê-lo alhures*[7] *de uma forma mais minuciosa, mais paciente e, espero, mais rigorosa.*

21. Primeiro nome: *o* messiânico, *ou a messianicidade sem messianismo. Isso seria a abertura ao futuro ou à vinda do outro* como *advento da justiça, mas sem horizonte de expectativa nem prefiguração profética. A vinda do outro só poderá surgir como um acontecimento singular exatamente onde não é possível nenhuma* antecipação, *exatamente onde o outro e a morte — e o mal radical — podem surpreender a qualquer instante. Possibilidades que, ao mesmo tempo, abrem e podem sempre interromper a história ou, pelo menos, o curso* habitual *da história. Mas esse curso habitual é aquele a que se referem os filósofos, os historiadores e, também com frequência, os (teóricos) clássicos da revolução. Interromper ou rasgar a própria história, fazê-la tomando decisões, com uma decisão que poderá consistir em deixar vir o outro e tomar a forma aparentemente passiva de uma* decisão do outro; *exatamente onde ela parece em si, em mim — aliás, a decisão é sempre a do outro, o que não me exonera de nenhuma responsabilidade. O messiânico se expõe à surpresa absoluta e, ainda que seja sempre sob a forma fenomenal da paz ou da justiça, deve, expondo-se também abstratamente, contar com (esperar sem contar com) o melhor assim como o pior, nunca acontecendo uma dessas hipóteses sem a possibilidade aberta da outra. Trata-se de uma "estrutura geral da experiência". Essa dimensão messiânica não depende de um messianismo, não*

7. Cf. *Khôra* e *Spectres de Marx*, Paris, Galilée, 1993; e *Force de loi*, Paris, Galilée, 1994.

segue determinada revelação, não pertence, propriamente falando, a nenhuma religião abraâmica (mesmo se, aqui, devo continuar, "entre nós", por razões essenciais de língua e de lugar, de cultura, de retórica provisória e de estratégia histórica que serão abordadas mais adiante, a dar-lhe nomes marcados pelas religiões abraâmicas).

22. *Um invencível desejo de justiça liga-se a essa expectativa. Por definição, esta não tem e não deve ter a garantia de nada, nem ser assegurada por nenhum saber, consciência, previsibilidade, programa como tais. Essa messianicidade abstrata pertence, para começar, à experiência da fé, do crer ou de um crédito irredutível ao saber e de uma fiabilidade que "fundamenta" qualquer relação com o outro no testemunho. Somente essa justiça, que eu distingo do direito, permite esperar, para além dos "messianismos", uma cultura universalizável das singularidades, uma cultura na qual possa, todavia, se anunciar a possibilidade abstrata da impossível tradução. Ela se inscreve, de antemão, na promessa, no ato de fé ou no apelo à fé que habita qualquer ato de linguagem e qualquer mensagem dirigida ao outro. Somente a cultura universalizável* dessa *fé, e não de uma outra ou antes de qualquer outra, permite fazer um discurso "racional" e universal a respeito da "religião". Essa messianicidade despojada de tudo, como deve ser, essa fé sem dogma que avança no risco da noite absoluta, não será contida por nenhuma oposição recebida de nossa tradição, por exemplo, a oposição entre razão e mística. Ela se anuncia por toda parte em que, refletindo sem fazer nenhuma concessão, uma análise puramente racional faz aparecer este paradoxo, a saber: o fundamento da lei — a lei da lei, a instituição da instituição, a origem da constituição — é um acontecimento "performativo" que não poderá pertencer ao conjunto que ele fundamenta, inaugura ou justifica. Tal acontecimento é injustificável na lógica do que tiver aberto. Ele é a decisão do outro no indecidível. Desde então, a razão deve reconhecer aí o que Montaigne e Pascal chamam de irrecusável "fundamento místico da autoridade".* O místico *entendido dessa forma alia a crença ou o crédito, o fiduciário ou o fiável, o secreto (o que significa aqui "místico") ao fundamento, ao saber, também diremos mais adiante, à ciência como "fazer", como teoria,* *prática e prática teórica, isto é, a uma fé, à performatividade e à performance tecnocientífica ou teletecnológica. Nas situações em que, desmoronando, esse fundamento fundamenta, nas situações em que se furta sob o solo do que ele fundamenta, no instante em que, perdendo-se assim no deserto, perde inclusive o vestígio de si mesmo e a memória de um segredo, resta à "religião" começar e recomeçar: quase de forma automática, mecânica, maquinal,* espontânea. De forma espontânea, *isto é, como a palavra indica, ao mesmo tempo, como a origem do que flui de um modo natural,* sponte sua, *e com a automaticidade do maquinal. Tanto para o melhor quanto para o pior, sem nenhuma certeza nem horizonte antropo-teológico. Sem esse deserto no deserto, não haveria ato de fé, nem promessa, nem futuro, nem expectativa sem espera da morte e do outro, nem relação com a singularidade do outro. A chance desse deserto no deserto (como do que* se assemelha ao ponto de se equivocar, *mas sem se reduzir a isso, à via negativa que abre aí a passagem a partir de uma tradição greco-judaico-cristã) é que, desenraizando a tradição que a transporta, ateologizando-a, essa abstração liberta, sem negar a fé, uma racionalidade universal, assim como a democracia política que lhe é indissociável.*

23. O segundo nome *(ou anteprimeiro prenome) seria* chóra, *tal como Platão a designa em* Timeu[8] *sem poder reapropriá-la em uma autointerpretação consistente. A partir do interior aberto de um* corpus, *de um sistema, de uma língua ou de uma cultura,* chóra *situaria não só o espaçamento abstrato, o* próprio lugar, *o lugar de exterioridade absoluta, mas também o lugar de uma bifurcação entre duas abordagens do deserto. Bifurcação entre uma tradição da "via negativa", que, a despeito ou no interior de seu registro de nascimento cristão, concede uma possibilidade a uma tradição grega — platônica ou plotiniana — que prossegue até Heidegger e para além dele: o pensamento do que (é) para além do ser (*epekeína tés ousías*). Essa hibridação greco-abraâmica permanece antropo-teológica. Nas figuras pelas quais o conhecemos, em*

8. Aqui, devo remeter à leitura desse texto, em particular, à sua leitura "política" que proponho em "Comment ne pas Parler?", loc. cit.; *Khôra*, loc. cit., e *Sauf le Nom*, Paris, Galilée, 1993.

sua cultura e história, seu idioma não é universalizável. Ele fala somente nos confins ou em vista do deserto do Oriente Médio, na fonte das revelações monoteístas e da Grécia. É aí que podemos tentar determinar o lugar em que, nesta ilha hoje, "nós" nos situamos e insistimos. Se insistimos, isso é necessário, e ainda por algum tempo, nos nomes que nos são dados como herança, é porque, em relação a esse lugar limítrofe, uma nova guerra das religiões volta a se desencadear como nunca tinha ocorrido até o dia de hoje, e porque se trata de um acontecimento, ao mesmo tempo, interior e exterior. *Ela inscreve sua turbulência sísmica no próprio plano da mundialidade fiduciária do tecnocientífico, do econômico, do político e do jurídico. Ela coloca em ação seus conceitos do político e do direito internacional, da nacionalidade, da subjetividade cidadã, da soberania estatal. Esses conceitos hegemônicos tendem a reinar sobre um conjunto complexo e importante, mas somente a partir da finitude dos mesmos: a tensão crescente de seu poder não é incompatível, pelo contrário, tanto com sua precariedade quanto com sua perfectibilidade. Nunca uma delas virá a se manifestar sem fazer referência à outra.*

24. *Não será possível compreender a onda "islâmica", não será possível lhe dar uma resposta se não interrogarmos, ao mesmo tempo, o interior e o exterior desse lugar limítrofe: se nos contentarmos com uma explicação interna (interior à história da fé, da religião, das línguas ou das culturas como tais), se não determinarmos o lugar de passagem entre essa interioridade e todas as dimensões aparentemente exteriores (tecnocientíficas, telebiotecnológicas, isto é, também políticas e socioeconômicas, etc.).*

Ao mesmo tempo que se questiona a tradição onto-teológico-política que cruza a filosofia grega com as revelações abraâmicas, talvez fosse necessário submeter à prova o que ainda resiste, o que sempre terá resistido aí, a partir do interior ou como que a partir de uma exterioridade que trabalha e resiste no interior. Chóra, *a "prova de* chóra*"*[9] *seria, pelo menos segundo a interpretação que julguei poder tentar a seu respeito, o nome de lugar,* um *nome de*

9. Cf. *Sauf le Nom*, op. cit., p. 95.

lugar, e muito singular, para esse *espaçamento que, não se deixando dominar por uma instância teológica, ontológica ou antropológica, sem idade nem história, e mais "antigo" do que todas as oposições (por exemplo, sensível/inteligível), nem chega a se anunciar como "para além do ser", segundo uma via negativa. Dessa vez,* chóra *permanece absolutamente impassível e heterogênea a todos os processos de revelação histórica ou de experiência antropo-teológica que, no entanto, pressupõem sua abstração. Ela nunca chegará a se professar em uma ordem religiosa e nunca se deixará sacralizar, santificar, humanizar, teologizar, cultivar, historializar. Radicalmente heterogênea ao são e ao salvo, ao santo e ao sagrado, nunca se deixa* indenizar. *Isso mesmo não pode ser dito no presente porque* chóra *nunca se apresenta como tal. Ela não é o Ser, nem o Bem, nem Deus, nem o Homem, nem a História. Oferecer-lhes-á sempre resistência, terá sido sempre (e nem mesmo o futuro anterior terá conseguido reapropriar, fazer ceder ou refletir uma* chóra *sem fé nem lei) o próprio* lugar *de uma resistência infinita, de um resto* infinitamente impassível: um outro completamente diferente sem rosto.*

25. Chóra *não é nada (nada de estar ou de presente), mas não o Nada que, na angústia do* Dasein, *constituiria ainda uma abertura para a questão do ser. Essa palavra grega diz, na nossa memória, o que não é reapropriável, nem que fosse por nossa memória, inclusive por nossa memória "grega"; diz esse imemorial de um deserto no deserto para o qual ela não é limiar nem luto. A questão permanece aberta e, por isso mesmo, de saber se é possível pensar esse deserto e deixá-lo se anunciar "antes" do deserto que conhecemos (o das revelações e retrações, das vidas e mortes de Deus, de todas as figuras da* kenósis *ou da transcendência, da* religio *ou das "religiões" históricas); ou se, "pelo contrário", é "a partir" desse último deserto que apreendemos o anteprimeiro, o que chamo de deserto no deserto. Não será necessário respeitar em si mesma a oscilação indecisa, essa retenção (*epoché *ou* Verhaltenheit*) já mencionada mais acima (entre revelação e revelabilidade,* Offenbarung *e*

* No original, *restance*. [N.T.]

Offenbarkeit, *entre acontecimento e possibilidade ou virtualidade do acontecimento)? O respeito por essa indecisão singular ou por essa supervalorização hiperbólica entre duas originaridades, entre duas fontes, entre, digamos por economia indicativa, a ordem do "revelado" e a ordem do "revelável" não será a oportunidade, ao mesmo tempo, de toda decisão responsável e de uma outra "fé que reflete", de uma nova "tolerância"?*

26. *Suponhamos que, segundo acordo feito "entre nós", sejamos aqui* a favor da "tolerância", *ainda que não tenhamos recebido a incumbência de promovê-la, praticá-la ou fundamentá-la. Estaríamos, aqui, para tentar pensar o que uma "tolerância" poderia ser daqui em diante.* Coloco *imediatamente aspas nesta última palavra para abstraí-la e subtraí-la de suas origens. E, portanto, para anunciar, por seu intermédio, pela espessura de sua história, uma possibilidade que não seja somente cristã.* Com *efeito, o conceito de tolerância,* stricto sensu, *pertence, antes de tudo, a uma espécie de domesticidade cristã. É* literalmente, *faço questão de usar essa palavra, um segredo da comunidade cristã. Foi impressa, publicada e posta em circulação em nome da fé cristã e não poderia existir sem relação com a ascendência, também cristã, do que Kant chama de "fé que reflete" — e a moralidade* pura *como coisa cristã. A lição de tolerância foi, antes de mais nada, uma lição* exemplar *que o cristão pensava poder dar, de forma exclusiva, ao mundo, ainda que ele próprio, muitas vezes, tivesse de aprender a entendê-la. Nesse aspecto, do mesmo modo que a* Aufklärung, *as Luzes foram de essência cristã.* Quando *trata da tolerância, a* Dictionnaire philosophique *de Voltaire reserva à religião cristã um duplo privilégio. Por um lado, ela é, com toda a certeza, exemplarmente tolerante, ensina a tolerância* melhor *do que qualquer outra religião,* antes *de qualquer outra religião. Em suma, um pouco à maneira de Kant, isso mesmo, Voltaire parece pensar que o cristianismo é a única religião "moral", uma vez que é a primeira a ter o dever e o poder de dar o exemplo. Daí a ingenuidade, por vezes, a tolice daqueles que sloganizam Voltaire e se põem sob a sua bandeira no combate da modernidade crítica — e, ainda mais gravemente, de seu futuro. Com efeito, por outro lado, essa lição voltaireana foi dirigida, antes* *de tudo, aos cristãos, "os mais intolerantes de todos os homens".*[10] *Quando Voltaire acusa a religião cristã e a Igreja, ele invoca a lição do cristianismo originário, "os tempos dos primeiros cristãos", Jesus e os apóstolos, traídos pela "religião católica, apostólica e romana". Essa é, "em todas as suas cerimônias e em todos os seus dogmas, o oposto da religião de Jesus".*[11]

Uma outra "tolerância" seria atribuída à experiência do "deserto no deserto", respeitaria a distância da alteridade infinita como singularidade. E esse respeito seria ainda religio — religio *como escrúpulo ou re-tenção, distância, dissociação, disjunção, desde os primórdios de toda religião como* vínculo da repetição a si mesma, *desde o limiar de todo vínculo social ou comunitário.*[12]

Antes e depois do lógos *que esteve no começo, antes e depois do Santíssimo Sacramento, antes e depois das Sagradas Escrituras.*

---

10. Ainda que à pergunta "O que é a tolerância?" Voltaire responda "É o apanágio da humanidade", o exemplo da excelência, aqui, a mais elevada inspiração de tal "humanidade" continua sendo cristã: "De todas as religiões, a cristã é, sem dúvida, aquela que deve inspirar mais tolerância, embora até aqui os cristãos tenham sido os mais intolerantes de todos os homens" (*Dictionnaire philosophique*, verbete "Tolérance").

A palavra "tolerância" oculta, portanto, um relato; narra, em primeiro lugar, uma história e uma experiência intracristãs. Comunica a mensagem que certos cristãos dirigem a outros cristãos. Os cristãos ("os mais intolerantes") são convocados, por um correligionário e segundo um modo essencialmente correligionário, à palavra de Jesus e ao cristianismo autêntico das origens. Se não houvesse receio de chocar um grande número de pessoas ao mesmo tempo, dir-se-ia que, tanto pelo seu veemente anticristianismo, pela sua oposição, sobretudo, à Igreja romana, quanto pela sua preferência declarada, por vezes nostálgica, em favor do cristianismo primitivo, Voltaire e Heidegger fazem parte da mesma tradição: protocatólica.

11. Ibid.

12. Como tentei fazer alhures (*Spectres de Marx*, op. cit., p. 49 et seq.), estou propondo pensar a condição da justiça a partir de um certo desligamento, a partir da possibilidade sempre salva, sempre a ser salva, desse segredo da dissociação e não no ajuntamento (*Versammlung*) para o qual é reconduzida por Heidegger, em decorrência de sua preocupação, sem dúvida, justificada, até um certo ponto, de subtrair *diké* à autoridade de *jus*, a representações ético-jurídicas mais tardias.

Post-scriptum

Criptas...

27. [...] **A religião?** Aqui e agora, neste dia, se ainda tivéssemos de *falar* da religião, talvez devêssemos tentar pensá-la *em si mesma* ou consagrar-nos a ela. Sem dúvida, mas tentar antes de tudo *dizê-la* e nos *pronunciarmos* a seu propósito com o rigor exigido, isto é, com a retenção, o pudor, o respeito ou o fervor, em uma palavra, o escrúpulo (*religio*) que exige, pelo menos, o que é ou pretende ser, em sua essência, a religião. Como indica seu nome, para começar, seria necessário — seríamos tentados a concluir — falar dessa essência com alguma *religio*-sidade. Para não introduzir aí nada de estranho, deixando-a assim ser o que ela é: intacta, salva, *indene*. Indene na experiência do indene que ela terá desejado ser. O indene[13] não será próprio da religião?

Não, pelo contrário. Dirá outro. Não seria possível falar *d'*ela se falássemos *em seu nome*, se nos contentássemos em *refletir* a religião, especularmente, religiosamente. Aliás, diria ainda um outro, ou o mesmo, romper com ela, nem que fosse com o objetivo de suspender por um instante o pertencimento religioso, não será o próprio recurso, desde sempre, da fé mais autêntica ou da sacralidade mais originária? Em todo caso, seria necessário levar

13. *Indemnis*: que não sofreu dano ou prejuízo, *damnum*; esta última palavra teria dado, em francês, *dam* (*au grand dam*) ["com grande prejuízo"] e provém de *dap-no-m*, filiados a *daps, dapis*, a saber: o sacrifício oferecido aos deuses como compensação ritual. Poder-se-ia falar, neste último caso, de *indenização* e nos serviremos aqui e ali dessa palavra para designar, ao mesmo tempo, o processo de compensação e a restituição, por vezes sacrificial, que *re*constitui a pureza intata, a integridade sã e salva, uma limpeza e uma propriedade não lesadas. É exatamente o que diz, em suma, a palavra "indene": o puro, o não contaminado, o intocado, o sagrado ou o santo antes de qualquer profanação, ferida, ofensa, lesão. Em Heidegger, foi escolhida, frequentemente, para traduzir *heilig* ("sagrado, são e salvo, intato"). Como a palavra *heilig* estará no centro dessas reflexões, temos necessidade de esclarecer, desde agora, o uso que, daqui em diante, faremos das palavras "indene", "indenidade", "indenização". Mais adiante e com certa regularidade, iremos associá-las às palavras "imune", "imunidade", "imunização" e, sobretudo, "autoimunidade".

em consideração de maneira, se possível, arreligiosa, inclusive irreligiosa, não só o que pode ser presentemente a religião, mas também o que, *em seu nome*, se *diz* e se *faz*; o que *acontece* neste preciso momento, no mundo, na história. Exatamente onde a religião já não consegue refletir nem, por vezes, assumir ou mostrar seu nome. E não se deveria dizer levianamente, como de passagem, "neste dia", "neste preciso momento" e "no mundo, na história", esquecendo o que acontece *aí*, deixando-*nos* pasmos ou surpresos ainda sob o nome de religião, inclusive em nome da religião. O que *nos acontece aí* concerne justamente à experiência e à interpretação radical do que todas essas palavras, supostamente, querem dizer: a unidade de um "mundo" e de um "estar-no-mundo", o conceito de mundo ou de história em sua tradição ocidental (cristã ou greco--cristã, até Kant, Hegel, Husserl, Heidegger), assim como do *dia* e do *presente*. (Muito mais tarde, deveríamos chegar ao ponto de colocar face a face estes dois motivos, ambos enigmáticos: por um lado, a *presença* indene do presente *e*, por outro, o *crer* da crença do outro; ou ainda: por um lado, o sacrossanto, o são e o salvo, *e*, por outro, a fé, a fiabilidade ou o crédito.) Como tinha acontecido, no passado, com outras, as novas "guerras de religião" se desencadeiam na terra humana (que não é o mundo) e lutam inclusive hoje para controlar, *com todo o rigor* *, o céu: sistema digital e visualização panóptica virtualmente imediata, "espaço aéreo", satélites de telecomunicações, autoestradas da informação, concentração dos poderes capitalístico-midiáticos, em suma, *cultura digital, jato* e *TV*, sem os quais não existe, hoje em dia, nenhuma manifestação religiosa, por exemplo, viagem ou alocução do papa, nenhuma irradiação organizada dos cultos judeu, cristão ou muçulmano, sejam ou não fundamentalistas.[14] Procedendo dessa forma, as guerras

* No original, *au doigt et à l'œil* (literalmente: com o dedo e com o olho). [N.T.]

14. Falta espaço para multiplicar, nesse aspecto, as imagens ou os índices, poder-se-ia dizer os ícones de nosso tempo: a organização, a concepção (forças geradoras, estruturas e capitais) como representação audiovisual dos fenômenos culturais ou sócio-religiosos. Em um "ciberespaço" digitalizado, prótese sobre prótese, um olhar celeste, monstruoso, bestial ou divino, algo como um olho da CNN está em permanente vigilância: sobre Jerusalém e seus três monoteísmos, sobre a multiplicidade, a velocidade e a amplitude sem precedentes dos deslocamentos de um papa acostumado à retórica televisual

de religião ciberespacializadas ou ciberespaçadas têm como único objetivo essa determinação do "mundo", da "história", do "dia" e do "presente". Com toda a certeza, o objetivo pode permanecer implícito, insuficientemente tematizado, mal articulado. Por outro lado, "recalcando-as", ele pode também dissimular ou deslocar muitas outras. Ou seja, inscrevê-las, como sempre ocorre com a tópica do recalcamento, em outros lugares ou sistemas; o que é sempre acompanhado por sintomas e fantasmas, espectros (*phantásmata*) a serem interrogados. Nos dois casos, e segundo as duas lógicas, deveríamos levar em consideração todo objetivo *declarado* em sua maior radicalidade e, ao mesmo tempo, nos perguntar o que pode virtualmente encriptar, inclusive em sua própria raiz, a profundidade dessa radicalidade. O objetivo *declarado* parece já sem limites: o que são o "mundo", o "dia", o "presente" (portanto, toda a história, a Terra, a humanidade do homem, os direitos do

(sua última encíclica, *Evangelium vitæ*, contra o aborto e a eutanásia, em favor da sacralidade ou santidade da *vida sã e salva* — indene, *heilig, holy* —, em favor de sua reprodução no amor conjugal — única *imunidade* pressuposta, ao lado do celibato dos padres, contra o vírus da imunodeficiência humana (HIV) —, foi difundida de imediato, maciçamente "marketizada" e está disponível em CD-ROM; inclusive, são "CD-romizados" os sinais da presença no mistério eucarístico); sobre as peregrinações aerotransportadas à Meca; sobre tantos milagres ao vivo (quase sempre, curas — *healings* — isto é, outros tantos retornos ao indene, *heilig, holy*, outras tantas indenizações) seguidos por anúncios comerciais diante de 10 mil pessoas em um estúdio de televisão americana; sobre a diplomacia internacional e televisual do Dalai Lama, etc.

Ajustado de forma tão notável à escala e às evoluções da demografia mundial, afinado de forma tão perfeita com os poderes tecnocientíficos, econômicos e midiáticos de nosso tempo, o poder de *testemunho* de todos esses fenômenos encontra-se, assim, formidavelmente intensificado, ao mesmo tempo que reunido no espaço digitalizado, pelo avião supersônico ou pelas antenas audiovisuais. O éter da religião terá sido sempre hospitaleiro a uma certa virtualidade espectral. Hoje, como a sublimidade do céu estrelado no fundo de nossos corações, a religião "CD-romizada", "ciberespaçada" é também a retomada acelerada e hipercapitalizada dos espectros fundadores. Em CD-ROM, trajetórias celestes de satélites, jato, *TV*, *e-mail* ou *networks de internet*. Atual ou virtualmente universalizável, ultrainternacionalizável, encarnada por novas "corporações", cada vez mais desvinculadas dos poderes estatais (democráticos ou não, no fundo pouco importa, tudo isso deve ser revisto, como a "mundialatinidade" do direito internacional em seu atual estado, isto é, no limiar de um processo de transformação acelerada e imprevisível.

homem, os direitos do homem e da mulher, a organização política e cultural da sociedade, a diferença entre o homem, o deus e o animal, a fenomenalidade do dia, o valor ou a "indenidade" da vida, o direito à vida, o tratamento da morte, etc.)? O que é o presente, isto é: o que é a história? O tempo? O ser? O ser em seu caráter próprio (ou seja, indene, salvo, sagrado, santo, *heilig*, *holy*)? O que dizer a respeito da santidade ou da sacralidade? Trata-se ou não da mesma coisa? O que dizer a respeito da divindade de Deus? Quantos sentidos podem ser dados a *theíon*? Será uma boa maneira de formular a questão?

28. ***A* religião?** *Artigo definido no singular?* Talvez, *talvez* (isso deverá permanecer sempre possível) exista *outra coisa*, é claro, e outros interesses (econômicos, político-militares, etc.) por trás das novas "guerras de religião", por trás do que se apresenta sob o nome de religião, para além do que se defende ou ataca em seu nome, mata, mata-se ou se mata mutuamente e, por isso, invoca objetivos declarados, dito de outra maneira, menciona abertamente a *indenidade*. De modo inverso, se o que *nos acontece* assim, como dizíamos, assume frequentemente (nem sempre) as figuras do mal e do pior nas formas inéditas de uma *atroz* "guerra das religiões", esta, por sua vez, nem sempre se apresenta como tal. Com efeito, não é certo que, ao lado ou diante dos crimes mais espetaculares e mais bárbaros de certos "integrismos" (do presente ou do passado), outras forças superarmadas não estejam empreendendo também "guerras de religião" inconfessadas. As guerras ou as "intervenções" militares conduzidas pelo Ocidente judaico-cristão em nome das melhores causas (do direito internacional, da democracia, da soberania dos povos, das nações ou dos Estados, inclusive dos imperativos humanitários) não serão também, em algum aspecto, guerras de religião? A hipótese não seria necessariamente infamante, tampouco muito original, salvo para aqueles que estão apressados em acreditar que essas justas causas são não somente seculares, mas *puras* de qualquer religiosidade. Para determinar uma guerra de religião *como tal*, seria necessário ter a certeza de poder distinguir todos os predicados do religioso (e, conforme veremos, isso não é fácil, uma vez que existem, pelo menos, *duas* famílias, dois trincos ou fontes que se cruzam, se enxertam, se contaminam sem nunca se confundir; e, para que as coisas não sejam simples demais, uma das duas é justamente a pulsão do indene, do que permanece alérgico à contaminação, *salvo por si mesmo, de uma forma autoimunizada*). Seria necessário estabelecer a dissociação entre as características essenciais do religioso como tal e as que servem de fundamento, por exemplo, aos conceitos da ética, do jurídico, do político ou do econômico. Ora, nada é mais problemático do que fazer tal dissociação. Os conceitos fundamentais que muitas vezes nos permitem isolar ou *pretender* isolar o *político*, para nos limitarmos a essa circunscrição, continuam sendo religiosos ou, em todo caso, teológico-políticos. Um só exemplo. Em uma das mais rigorosas tentativas feitas no sentido de isolar, em sua pureza, a esfera do político (principalmente para separá-la do econômico e do religioso), a fim de identificar o político e o inimigo político nas guerras de religião, como as cruzadas, Carl Schmitt acabou admitindo que as categorias, na aparência, mais puramente políticas de que tinha lançado mão eram o produto de uma secularização ou de uma herança teológico-política. E quando denunciou a "despolitização" em curso ou o processo de neutralização do político, tal postura foi assumida de forma explícita em relação a um direito europeu que, em seu entender, permanecia, sem dúvida, indissociável de "nosso" pensamento do político.[15] Até mesmo na hipótese de que essas premissas sejam aceitas, as formas inéditas das atuais guerras de religião poderiam implicar também contestações radicais de nosso projeto de delimitação do político. Nesse caso, elas seriam uma resposta ao que nossa ideia de democracia, por exemplo, associada a todos os seus conceitos jurídicos, éticos e políticos, ou seja, o de Estado soberano, do sujeito-cidadão, do espaço público e do espaço privado, etc., ainda comporta de religioso — na verdade, o que herdou de determinado tronco religioso.

Desde então, apesar das urgências éticas e políticas que não deixariam ficar esperando **a resposta**, não se há de considerar, portanto, uma reflexão sobre o nome latino de "religião" como um

15. Para não falar de outras dificuldades e objeções possíveis à teoria schmittiana do político e, portanto, também do religioso. Aqui, tomo a liberdade de remeter a *Politiques de l'amitié*, Paris, Galilée, 1994.

exercício escolar, um *hors-d'œuvre* filológico ou um luxo etimológico, em suma, como um álibi destinado a suspender o julgamento ou a decisão, na melhor das hipóteses, como uma obra *epoché*.

29. A religião? Resposta: "A religião é **a resposta**." Não estará aí o que talvez devêssemos nos comprometer a responder para começar? Ainda é necessário saber bem o que significa *responder* e, ao mesmo tempo, *responsabilidade*. Ainda é necessário sabê-lo bem — e crer nisso. Com efeito, não haverá resposta sem princípio de responsabilidade: é necessário responder ao outro, diante do outro e de si. E não haverá responsabilidade sem fé *jurada*, sem garantia, sem juramento, sem algum *sacramentum* ou *jus jurandum*. Antes mesmo de considerar a história semântica do testemunho, do juramento, da fé jurada (genealogia e interpretação indispensáveis a quem quiser pensar a religião sob suas formas próprias ou secularizadas), antes mesmo de lembrar que um "eu juro a verdade" está sempre em ação, e um "eu assumo esse compromisso diante do outro desde que me dirijo a ele, nem que seja, e talvez sobretudo, para perjurar", é necessário tomar nota de que **nós já estamos falando latim**. Fazemos tal observação para lembrar que o mundo hoje fala latim (quase sempre por meio do anglo-americano) quando toma como referência o *nome religião*. Pressuposto na origem de qualquer mensagem, oriundo propositadamente do outro *em sua intenção*, o desafio de qualquer promessa ajuramentada não pode, tomando imediatamente Deus como testemunha, deixar de já ter, se é que se pode falar assim, engendrado Deus, quase maquinalmente. *A priori* inelutável, uma descida de Deus *ex machina* colocaria em cena uma espécie de máquina transcendental da mensagem. Assim, ter-se-ia começado por estabelecer, retrospectivamente, o direito absoluto de primogenitura de um Uno que não nasceu. Com efeito, tomando Deus como testemunha, mesmo quando ele não é nomeado na garantia do mais "laico" compromisso, o juramento não pode deixar de produzi-lo, invocá-lo ou convocá-lo como já presente, portanto inengendrado e inengendrável, antes do próprio ser: improduzível. E ausente em seu lugar. Produção e reprodução do improduzíel ausente em seu lugar. Tudo começa pela presença dessa ausência.

Antes do cristianismo, nele e para além dele, as "mortes de Deus" não passam de imagens e peripécias. O inengendrável re-engendrado dessa forma é o espaço vazio. Sem Deus, não haverá testemunho absoluto. Não haverá testemunho absoluto que se tome como testemunha no testemunho. Mas com Deus, um Deus presente, a existência de um terceiro (*terstis, testis*) absoluto, toda atestação se torna supérflua, insignificante ou secundária. A atestação, isto é, também o testamento. Na irreprimível invocação de testemunho, Deus permaneceria, então, um *nome da testemunha*, seria *chamado* como testemunha, assim *nomeado*, ainda que, por vezes, o nomeado com esse nome permaneça impronunciável, indeterminável, em suma, inominável em seu próprio nome; e mesmo que ele deva permanecer ausente, inexistente e, sobretudo, em todos os sentidos dessa palavra, improduzível. Deus: a testemunha enquanto "nomeável-inominável", testemunha presente-ausente de qualquer juramento ou de qualquer garantia possível. No pressuposto de que, *concesso non dato*, a religião tenha qualquer relação com o que assim nomeamos Deus, ela pertenceria não só à história geral da nomeação, mas, de forma mais estrita aqui, sob seu nome de *religio*, a uma história do *sacramentum* e do *testimonium*. Seria essa história, confundir-se-ia com ela. Durante o trajeto de barco que nos conduziu de Nápoles a Capri, eu comentava comigo mesmo que começaria por lembrar essa espécie de evidência luminosa demais, mas não ousei fazê-lo. Comentava também em meu foro íntimo que ficaríamos obcecados pelo fenômeno dito "da religião" ou do "retorno do religioso" *hoje*, se continuássemos a opor tão ingenuamente a Razão *e* a Religião, a Crítica ou a Ciência *e* a Religião, a Modernidade Tecnocientífica *e* a Religião. No pressuposto de que se tratasse de compreender, compreender-se-á algo "do-que-se-passa-atualmente-no-mundo-com-a-religião" (e por que "no mundo"? O que é o "mundo"? O que é esse pressuposto?, etc.) se continuarmos a crer nessa oposição, inclusive nessa incompatibilidade, ou seja, se permanecermos em uma *certa* tradição das Luzes, somente uma das múltiplas Luzes dos últimos três séculos (não de uma *Aufklärung* cuja força crítica está profundamente enraizada na Reforma), antes, pelo contrário, essa luz das Luzes, que atravessa como um raio, um só, uma *certa* vigilância crítica e antirreligiosa, antijudaico-cristã-islâmica, uma *certa* filiação "Voltaire-Feuerbach-Marx-Nietzsche-Freud-(e até mesmo)Heidegger"? Para além dessa oposição e de sua herança determinada (aliás, tão bem representada do outro lado, do lado da autoridade religiosa), talvez pudéssemos tentar "compreender" em que aspecto, longe de se opor, o desenvolvimento imperturbável e interminável da razão crítica e tecnocientífica transporta, suporta e pressupõe a religião. Seria necessário demonstrar, e isso não será simples, que a religião e a razão têm a mesma fonte. (Aqui, associamos a razão à filosofia e à ciência enquanto tecnociência, enquanto história crítica da produção do saber, do saber *como* produção, *savoir-faire* e intervenção a distância, teletecnociência sempre essencialmente performante e performativa, etc.) Religião e razão se desenvolvem juntas, a partir deste recurso comum: a garantia testemunhal de todo performativo que compromete a responder tanto *diante do* outro quanto *a respeito* da performatividade performante da tecnociência. A mesma fonte única se divide maquinalmente, automaticamente, e se opõe de modo reativo a si mesma: daí as duas fontes em uma. Essa reatividade é um processo de *indenização sacrificial*, ela tenta restaurar o indene (*heilig*) que é ameaçado por ela própria. E é também a possibilidade do dois, do n + 1, a mesma possibilidade que a do *deus ex machina testemunhal*. Quanto à *resposta*, *é uma coisa ou outra*: ou ela dirigir-se-ia ao outro, absoluto enquanto tal, com uma mensagem entendida, escutada, respeitada na fidelidade e na responsabilidade; *ou* ela replica, contrapõe, compensa e *se indeniza* na guerra do ressentimento e da reatividade. Uma das duas respostas deve sempre poder contaminar a outra. Nunca se chegará a provar que se trata de uma ou da outra, nunca em um ato de julgamento determinante, teórico ou cognitivo. Tal pode ser o lugar e a responsabilidade do que é denominado a crença, a fiabilidade ou a fidelidade, o fiduciário, a "fiança" em geral, a instância da fé.

30. Mas eis que **nós já falamos latim**. Para o encontro de Capri, não nos esqueçamos nunca de que o "tema" que eu tinha julgado ser meu dever propor, a religião, foi mencionado em latim. Ora, a "questão da *religio*" não se confundirá, simplesmente, se é que se pode falar assim, com a questão do latim? Por onde conviria entender, para além de uma "questão de língua e de cultura", o estranho fenômeno da latinidade e de sua mundialização. Aqui, não estamos falando da universalidade, tampouco de uma ideia da universalidade, mas somente de um processo de universalização finita, embora enigmática. É raro pôr em questão seu alcance geopolítico e ético-jurídico, exatamente onde tal potência se encontra intermediada, desdobrada, relançada em sua herança paradoxal pela hegemonia mundial e ainda irresistível de uma "língua", ou seja, também de uma cultura em parte não latina, a anglo-americana. Em tudo o que tange em particular a religião, em relação ao que fala "religião", em relação ao que faz um discurso religioso ou sobre a religião, o anglo-americano permanece latim. *Religion* circula no mundo, pode-se fazer tal afirmação, como uma *palavra inglesa* que teria feito uma parada em Roma e um desvio pelos Estados Unidos. Muito além de suas figuras estritamente capitalísticas ou político-militares, uma apropriação hiperimperialista está em curso há séculos. Ela se impõe de forma particularmente sensível no aparelho conceitual do direito internacional e da retórica política planetária. Por toda parte em que esse dispositivo é dominante, está articulado a um discurso sobre a religião. Sendo assim, hoje, tranquilamente (e com violência) é dado o nome de "religião" a tantas coisas que sempre foram e permanecem estranhas ao que é nomeado e reconhecido por essa palavra em sua história. A mesma observação impor-se-ia em relação a tantas outras palavras, em relação a todo o "vocabulário religioso", a começar por "culto", "fé, "crença", "sagrado", "santo", "salvo", "indene", (*heilig, holy*, etc.). Mas, por contágio inelutável, nenhuma célula semântica poderá permanecer estranha, já nem ouso dizer "sã e salva", "indene", nesse processo aparentemente sem margens. A palavra "mundialatinização" (é claro, essencialmente cristã) dá nome a um acontecimento único em relação ao qual uma metalinguagem parece inacessível, no momento em que, no entanto, continua sendo, aqui, de primeira necessidade. Com efeito, ao mesmo tempo que deixamos de perceber os limites dessa mundialização, sabemos que esta é finita e somente projetada. Trata-se de uma *latinização* e, em vez de uma mundialidade, de uma mundialização ofegante, por mais irrecusável e imperial que permaneça. Que pensar dessa sufocação? Não sabemos e, por definição, não podemos saber se um futuro a conservará ou lhe será reservado. Mas no fundo desse não saber, essa sufocação respira atualmente o éter do mundo. Alguns respiram-no melhor do que outros, que ficam sufocados. A guerra das religiões desenrola-se aí não só em seu elemento, mas também sob uma camada protetora que ameaça desabar. A coextensividade das duas questões (a religião, a latinização mundializante) dá sua dimensão ao que, desde então, não poderia se deixar reduzir a uma questão de língua, de cultura, de semântica, nem sequer, sem dúvida, de antropologia ou de história. **E se *religio* permanecesse intraduzível?** Não há *religio* sem *sacramentum*, sem aliança e promessa de testemunhar em verdade da verdade, isto é, de dizer a verdade: ou seja, para começar, não há religião sem promessa de manter a promessa de dizer a verdade prometendo dizê-la — de já tê-la dito! — no próprio ato da promessa. De já ter dito a *veritas*, em latim, e, portanto, de considerá-la como dita. O acontecimento por vir já se realizou. A promessa *se* promete, ela *já* se prometeu, eis a fé jurada e, portanto, a resposta. A *religio* começaria aí.

31. E se a *religio* permanecesse intraduzível? E se essa questão, e *a fortiori* a resposta que ela implica, nos inscrevesse já em um idioma cuja tradução permanece problemática? O que é responder? É jurar — a fé: *respondere, antworten, answer, swear* (*swaran*): "a partir do gót. *swaran* [que deu *schwören/beschwören*, 'jurar', 'conjurar', 'adjurar', etc.], 'jurar, pronunciar palavras solenes': é quase literalmente *respondere*".[16]

"Quase literalmente...", diz ele. Como sempre, o recurso ao saber é a própria tentação. Saber é a *tentação*, mas em um sentido um pouco mais singular do que se possa imaginar, referindo-se habitualmente (pelo menos habitualmente) ao Maligno ou a algum pecado original. A tentação de saber, a tentação do saber, é crer saber não só o que se sabe (o que não seria grave demais), mas o que é saber, e que ele se desvinculou, estruturalmente, do crer

16. Benveniste, *Le vocabulaire...*, op. cit., p. 215, verbete "A libação, 1: *sponsio*".

ou da **fé** — do fiduciário ou da fiabilidade. A tentação de crer no saber, aqui por exemplo, na preciosa autoridade de Benveniste, não poderia acontecer sem algum temor e algum tremor. Diante de quê? Não só diante de uma ciência reconhecida, sem dúvida, legítima e respeitável, mas também diante da firmeza com que, apoiando-se sem tremer nessa autoridade, Benveniste (por exemplo) é categórico na afirmação da distinção que não deixa margem à dúvida. Por exemplo, entre o sentido *próprio* e o outro, o sentido *literal* e o outro, como se justamente *isso mesmo* que está aqui em questão (por exemplo, a resposta, a responsabilidade ou a religião, etc.) não nascesse, de maneira quase automática, maquinal ou mecânica, da hesitação, da indecisão e das margens entre os dois termos assim garantidos. *Escrúpulo*, hesitação, indecisão, retenção (portanto, pudor, respeito, *parada* diante do que deve permanecer sagrado, santo ou salvo: indene, imune) é também o que significa *religio*. É inclusive o sentido que Benveniste acredita ser seu dever adotar com referências aos "empregos próprios e constantes" da palavra na época clássica.[17] No entanto, citemos essa página de Benveniste sublinhando as palavras "próprio", "literalmente", um "quase literalmente" que nos deixa perplexos e, enfim, o que diz o "desaparecido" e o "essencial" que "permanece". Os lugares sublinhados por nós situam, em nosso entender, os abismos por cima dos quais um grande sábio avança a passos tranquilos, como se soubesse do que está falando, mas também confessando que, no fundo, não sabe grande coisa a respeito disso. E isso *se passa*, como veremos perfeitamente, na derivação enigmática do latim, na "pré-história do grego e do latim". Isso se *passa* no que já não se sabe isolar como um *vocabulário religioso*, a saber, na relação do direito com a religião, na experiência da promessa ou da oferenda indenizante, de uma palavra que investe um futuro no presente, mas a respeito

17. Ibid., p. 269-270. Por exemplo: "Daí vem a expressão *religio est*, 'ter escrúpulo' [...]. O uso é constante na época clássica. [...] Em suma, a *religio* é uma hesitação que retém, um escrúpulo que impede, e não um sentimento que dirige uma ação ou incita a praticar o culto. Parece-nos que esse sentido, demonstrado pelo uso antigo sem a menor ambiguidade, impõe uma única interpretação para *religio*: a que é dada por Cícero quando associa *religio* a *legere*."

de um acontecimento passado: "Eu te juro que isso aconteceu." O que é que aconteceu? No caso concreto, quem chegou? O teu filho. Como exemplo, é lindo. Toda a religião:

> *Com* spondeo, *é necessário considerar-se* re-spondeo. O *sentido* próprio *de* respondeo *e a relação com* spondeo *sobressaem* literalmente *de um diálogo em Plauto (*Captiui, *899)*. *O parasita Ergasílio comunica a Hégio uma boa nova: o filho, desaparecido havia muito tempo, está de volta. Hégio* promete *a Ergasílio alimentá-lo todos os dias,* se ele disser a verdade. *Este, por sua vez,* compromete-se*:*
>
> *898 [...] sponden tu istud?* — Spondeo.
> *899 At ego tuum tibi aduenisse filium respondeo.*
>
> "Juras? — Juro. — *Quanto a mim, eu te* juro *que teu filho chegou."*
>
> *Esse diálogo é construído a partir de uma fórmula jurídica:* a sponsio *de um e a* re-sponsio *do outro, formas de uma segurança, daí em diante, recíproca: "eu te garanto, em compensação, que teu filho realmente chegou".*
>
> *Dessa garantia recíproca* nasce o sentido de "responder" já perfeitamente estabelecido em latim.* Respondeo, responsum, *diz-se a respeito dos intérpretes dos deuses, dos padres, principalmente dos arúspices que,* em compensação da oferenda, dão a promessa, *em compensação do brinde a segurança; é a "resposta" de um oráculo, de um padre. Isso explica uma acepção jurídica do verbo:* respondere de iure *"dar uma consulta de direito". Com sua competência, o jurista garante o valor do parecer que dá.*
>
> *Sublinhemos uma expressão simétrica em germânico: ingl. arc.* and-swaru *"resposta" (ingl.* answer *"responder"), a partir do gót.* swaran *"jurar, pronunciar palavras solenes": é* quase literalmente respondere.

* O autor acrescenta "(cf. nossa expressão *répondre de...*)". Segundo o dicionário *Petit Robert*, "comprometer-se em favor de alguém, constituir-se como garantia". [N.T.]

É assim que se pode indicar com precisão, na pré-história do grego e do latim, a significação de um termo altamente importante do vocabulário religioso *e o valor que é reconhecido à raiz* spend- *em relação aos outros verbos que, em geral, indicam a oferenda.*

Em latim, desapareceu uma parte importante da significação primitiva, mas permanece o essencial *e é o que, por um lado, determina a noção jurídica da* sponsio *e, por outro, a ligação com o conceito grego de* spondé.[18]

32. No entanto, a religião não segue necessariamente o movimento da **fé** do mesmo modo que esta não se precipita para a fé em Deus. Com efeito, se o conceito de "religião" implica uma instituição suscetível de ser separada, identificada, circunscrita, e associada em sua letra ao *jus* romano, não é evidente sua relação essencial com a fé, tampouco com Deus. Ora, quando **nós, europeus**, falamos hoje, de forma tão banal e confusa, de um "retorno do religioso", o que designamos com isso? Referimo-nos a quê? Será que o "religioso", a religiosidade, que é associado de forma imprecisa à experiência da sacralidade do divino, do santo, do salvo ou do indene (*heilig, holy*), é a religião? Em que aspecto e medida uma "fé jurada", uma crença, encontra-se aí *investida*? Inversamente, não será que toda fé jurada, uma fiabilidade, a fiança ou a confiança em geral se inscrevem necessariamente em uma "religião", ainda que esta cruze em si *duas* experiências que, em geral, são consideradas como igualmente religiosas:

1) por um lado, a experiência da *crença* (o crer ou o crédito, o fiduciário ou o fiável no ato de fé, a fidelidade, o apelo à confiança cega, o testemunhal sempre para além da prova, da razão demonstrativa, da intuição), e

2) por outro, a experiência do indene, da *sacralidade* ou da *santidade*?

Talvez se deva distinguir, aqui, entre esses dois veios (poder-se-ia dizer, também, dois troncos ou duas fontes) do religioso.

18. Ibid., p. 214-215. Somente as palavras estrangeiras e a expressão *répondre de* são grifadas por Benveniste.

Pode-se, sem dúvida, associá-los e analisar algumas de suas eventuais coimplicações, mas nunca deveriam ser confundidos ou reduzidos um ao outro como quase sempre tem sido feito. Em princípio, é possível santificar, sacralizar o indene ou se manter *na presença* do sacrossanto de múltiplas maneiras sem praticar um ato de crença se, aqui, crença, fé ou fidelidade significam, no mínimo, a aquiescência ao testemunho do outro — do *completamente outro* inacessível em sua fonte absoluta. E onde o completamente outro é completamente outro. De modo inverso, se tal ato leva para além da presença do que se daria a ver, tocar, provar, essa aquiescência da fiança não é necessariamente e em si mesma sacralizante. (Seria necessário levar em consideração e interrogar, como faremos alhures, por um lado, a distinção proposta por Levinas entre o sagrado e o santo; e, por outro, a necessidade que essas duas fontes heterogêneas da religião têm de misturar suas águas, se é que se pode falar assim, sem nunca voltarem, segundo nos parece, simplesmente ao mesmo.)

33. Portanto, estávamos reunidos em Capri, **nós, "europeus"**, confinados a línguas (italiano, espanhol, alemão, francês) as quais a mesma palavra, "religião", deveria significar, conforme desejávamos crer, a mesma coisa. Quanto à fiabilidade dessa palavra, compartilhamos, em suma, nossa presunção com Benveniste. Com efeito, este parece acreditar ter condições de reconhecer e isolar, no verbete *sponsio* que evocávamos havia pouco, o que ele chama de "vocabulário religioso". Ora, nesse aspecto, tudo permanece problemático. Como articular e fazer cooperarem os discursos, digamos antes — como se esclareceu, há pouco, com razão — as "práticas discursivas" que tentam enfrentar a pergunta "O que é a religião?".

"O que é...?", ou seja, *por um lado*, o que ela é em sua *essência*? E, *por outro*, o que ela é (presente do indicativo) no presente? O que ela faz, o que se faz dela presentemente, hoje, hoje no mundo? Outras tantas maneiras de insinuar, em cada uma destas palavras — *ser*, *essência*, *presente*, *mundo* — uma resposta na pergunta. Outras tantas maneiras de impor a resposta. De impô-la previamente ou de prescrevê-la *como* religião. Com efeito, eis talvez uma predefinição: por pouco que se saiba *a respeito da* religião, sabe-se, pelo menos, que ela é sempre a resposta e a responsabilidade prescrita, ela não se escolhe livremente, em um ato de pura e abstrata vontade autonômica. Ela implica, sem dúvida, liberdade, vontade e responsabilidade, mas, tentemos pensar isto, vontade e liberdade *sem autonomia*. Quer se trate de sacralidade, de sacrificialidade ou de fé, o outro faz a lei, outra é a lei — entregar-se ao outro. A qualquer outro e ao completamente outro.

As ditas "práticas discursivas" responderiam a vários tipos de programa:

1) Garantir uma proveniência pelas **etimologias**. A melhor ilustração disso seria dada pelo diferendo a respeito das *duas fontes* etimológicas possíveis da palavra *religio*: a) *relegere*, de *legere* ("colher, juntar"), tradição ciceroniana que prossegue até W. Otto, J.-B. Hofmann, Benveniste; b) *religare*, de *ligare* ("ligar, religar"). Essa tradição iria de Lactância e Tertuliano a Kobbert, Ernout-Meillet, Pauly-Wissowa. Além de a etimologia nunca fazer a lei e apenas levar a pensar com a condição de se deixar pensar a si mesma, tentaremos adiante definir a implicação ou a carga *comum às duas fontes* de sentido assim distintas. Para além de uma simples sinonímia, as duas fontes semânticas talvez se cruzem. Inclusive, repetir-se-iam não longe do que seria, na verdade, a origem da repetição, isto é, também a divisão do mesmo.

2) A busca das **filiações** ou **genealogias** histórico-semânticas determinaria um campo imenso, aquele em que o sentido da palavra é submetido à prova das mutações históricas e das estruturas institucionais: história e antropologia das religiões, tanto no estilo de Nietzsche, por exemplo, quanto no de Benveniste quando este considera as "instituições indo-europeias" como "testemunhas" da história do sentido ou de uma etimologia — que, no entanto, nada prova por si só quanto ao uso efetivo de uma palavra.

3) Antes de tudo, preocupada com efeitos **pragmáticos** e funcionais, uma análise, então, mais estrutural e também mais política não hesitaria em analisar os usos ou aplicações do léxico, exatamente onde, diante das novas regularidades, das recorrências inéditas, dos contextos sem precedentes, o discurso desvincula palavras e significações de qualquer memória arcaica ou de qualquer origem pressuposta.

Essas três opiniões preconcebidas parecem ser pontos de vista diversos, legítimos. No entanto, ainda que correspondam, como creio, a imperativos irrecusáveis, minha hipótese provisória (proponho-a com tanto mais prudência e timidez na medida em que não posso justificá-la suficientemente em tão pouco espaço e tão pouco tempo) é de que aqui, em Capri, o último tipo deveria dominar. Não poderia excluir os outros; isso conduziria a um grande número de absurdos; mas deveria privilegiar os sinais do que no mundo, *hoje*, singulariza o uso da palavra "religião" e a experiência do que se refere a essa palavra, a "religião", exatamente onde nenhuma memória e nenhuma história poderiam ser suficientes para anunciá-la ou assemelhar-se a ela, pelo menos à primeira vista. Portanto, tive de inventar uma operação, uma espécie de máquina discursiva, se preferirmos, cuja economia não só reconhecesse o direito, em um espaço-tempo determinado, a essas três solicitações a cada um dos imperativos que sentimos, pelo menos, como irrecusáveis, mas também colocasse em ordem sua hierarquia e suas urgências. A certa velocidade, em um ritmo determinado por limites acanhados.

34. Etimologias, filiações, genealogias, pragmáticas. Aqui, não poderemos consagrar todas as análises necessárias para chegar a distinções indispensáveis, mas raramente respeitadas ou praticadas. Essas são abundantes (religião/fé, crença; religião/piedade; religião/culto; religião/teologia; religião/teiologia; religião/ontoteologia; ou ainda religioso/divino — mortal ou imortal; religioso/sagrado-salvo--santo-indene-imune — *heilig, holy*). Mas entre essas, antes ou depois dessas, submeteremos à prova o privilégio quase transcendental que cremos ser nosso dever atribuir à distinção entre, *por um lado*, a experiência da crença (fiança, fiabilidade, confiança, fé, o crédito reconhecido à *boa-fé do completamente outro* na experiência do testemunho) e, *por outro*, a experiência da sacralidade, inclusive da santidade, do indene são e salvo (*heilig, holy*). Trata-se de duas fontes ou dois focos distintos. A "religião" configura ao mesmo tempo a *elipse* dos dois, porque compreende não só os dois focos, mas também, por vezes, silencia, de maneira justamente secreta e *reticente*, sua irredutível dualidade.

Em todo caso, a história da palavra "religião" deveria, em princípio, proibir qualquer não cristão de nomear "religião" e se reconhecer nisso o que "nós" designaríamos, identificaríamos e isolaríamos dessa forma. Por que indicar aqui, precisamente, "não cristão"? Em outras palavras, por que o conceito de religião seria somente cristão? Por que, de qualquer forma, a questão merece ser formulada e a hipótese ser levada a sério? Conforme lembra também Benveniste, não há termo indo-europeu "comum" para o que chamamos de "religião". Os indo-europeus não concebiam "como uma instituição à parte" o que Benveniste chama de "realidade onipresente que é a religião". Ainda hoje, por todo lugar onde tal "instituição à parte" não é reconhecida, a palavra "religião" é inadequada. Portanto, nem sempre houve, continua não havendo e nunca haverá por todo lugar ("entre os homens" ou alhures) *algo*, uma coisa *una* e *identificável*, idêntica a si mesma que leve religiosos ou irreligiosos a ficar de acordo para lhe atribuir o nome de "religião". E, no entanto, diz-se, é necessário responder. No âmbito do tronco latino, a origem de *religio* foi o tema de contestações, na verdade, intermináveis. Entre duas leituras ou duas lições, portanto, duas proveniências: por um lado, com o apoio dos textos de Cícero, *relegere*, filiação semântica e formal comprovada, segundo parece — recolher para voltar e recomeçar, daí *religio*, a atenção escrupulosa, o respeito, a paciência, inclusive o pudor ou a piedade —, e, por outro (Lactâncio e Tertuliano), *religare*, etimologia "inventada pelos cristãos", diz Benveniste[19], e que liga a

19. Ibid., p. 265 et seq. O vocabulário indo-europeu não dispõe de um "termo comum" para "religião" e está na "própria natureza dessa noção não se prestar a uma denominação única e constante". Correlativamente, teríamos alguma dificuldade em encontrar, como tal, o que seríamos tentados de modo retrospectivo a identificar sob essa palavra, a saber, uma realidade institucional que se assemelha ao que chamamos de "religião". Em todo caso, seria um tanto difícil encontrar algo assim sob a forma de uma entidade social separável. Além disso, quando Benveniste propõe estudar somente *dois termos*, um grego e outro latino, que, diz ele, "podem ser considerados *equivalentes* de 'religião'", devemos sublinhar, quanto a nós, duas características significativas, também dois paradoxos, inclusive dois escândalos lógicos:

1) Benveniste pressupõe, portanto, um sentido garantido da palavra "religião", uma vez que se atribui o direito de identificá-la com "equivalentes". Ora, segundo me parece, em momento algum ele chega a tematizar ou

religião ao *vínculo*, precisamente, à obrigação, ao ligamento, nesse caso, ao dever e, portanto, à dívida, etc., dos homens entre si ou entre estes e Deus. Trata-se, ainda, em um lugar completamente diferente, de um tema completamente diferente, de uma divisão da fonte e do sentido (e ainda não terminamos com essa dualização). Esse debate sobre as *duas fontes* não só etimológicas, mas também "religiosas", da palavra *religio* é, sem dúvida, apaixonante (tem a ver com a própria Paixão, desde o momento em que uma das duas fontes em disputa seria cristã). Mas, seja qual for seu interesse ou necessidade, tal diferendo tem, para nós, um alcance limitado. Em primeiro lugar, porque nada fica resolvido na fonte,

---

problematizar essa pré-compreensão ou essa pressuposição. Inclusive, nada permite autorizar a hipótese de que, em seu entender, o sentido "cristão" forneça aqui a referência condutora, uma vez que, segundo ele próprio afirma, "a interpretação por *religare* ('vínculo, obrigação') [...] inventada pelos cristãos [é] historicamente falsa".

2) Por outro lado, quando Benveniste, após a palavra grega *threskeía* ("culto e piedade, observância dos ritos" e, muito mais tarde, "religião"), adota a palavra *religio* — que é o outro termo do par —, é somente a título de "equivalente" (o que não significa idêntico) à "religião". Encontramo-nos diante da situação paradoxal que descreve muito bem, no intervalo de uma página, o duplo e desconcertante uso que Benveniste, deliberadamente ou não, faz da palavra "equivalente" — que, portanto, iremos sublinhar:

a) "Adotaremos somente dois termos [*threskeía* e *religio*] que, um em grego e outro em latim, podem ser considerados *equivalentes* de 'religião'" (p. 266). Eis, portanto, duas palavras que podem ser consideradas, em suma, *equivalentes* de uma delas, a qual, na página seguinte, é reconhecida como não tendo equivalente no mundo ou, pelo menos, nas "línguas ocidentais", o que a tornaria "infinitamente mais importante em todos os aspectos"!

b) "Vejamos agora o segundo termo, infinitamente mais importante em todos os aspectos: é a palavra latina *religio*, que em todas as línguas ocidentais permanece a palavra única e constante, à qual nenhum *equivalente* ou substituto conseguiu se impor" (p. 267, grifo meu, J. D.). Trata-se de um "sentido próprio" (confirmado por Cícero), de "empregos próprios e constantes" (p. 269 e 272) que Benveniste entende identificar com essa palavra, que, em suma, é um equivalente (entre outros, mas sem equivalente!) do que não pode ser designado, em suma, a não ser por si mesmo, a saber, por um equivalente sem equivalente.

No fundo, não será essa a definição menos má da religião? Em todo caso, o que designa a inconsequência lógica ou formal de Benveniste nesse ponto é talvez a mais fiel reflexão, inclusive o sintoma mais teatral do que se passou, de fato, na "história da humanidade" e que designamos aqui por "mundialatinização" da "religião".

como sugeríamos há pouco.[20] Em seguida, as duas etimologias concorrentes se deixam reconduzir ao mesmo tempo e, de uma certa maneira, à possibilidade da repetição que tanto produz quanto confirma o mesmo. Nos dois casos (*re-legere* ou *re-ligare*), trata-se realmente de uma ligação insistente que se liga, antes de tudo, a si mesma. Trata-se realmente de uma reunião, de uma re-união, de uma re-coleção. De uma resistência ou de uma reação à disjunção. À alteridade ab-soluta. "Recoletar" é, aliás, a tradução proposta por Benveniste[21] que sugere, para o termo, a seguinte explicação: "retomar, por meio de uma nova escolha, reexaminar um procedimento anterior" — daí não só o sentido de "escrúpulo", mas também de escolha, de leitura e eleição, de inteligência, sendo que nunca há seletividade sem vínculo de coletividade e recoleção. Finalmente, é no vínculo a si, marcado pelo enigmático "re-", que talvez devesse ser tentada a recaptura da passagem entre essas diferentes significações (*re-legere, re-ligare, re-spondeo*, da qual Benveniste analisa o que designa também por "relação" com *spondeo*). Todas as categorias que, porventura, viéssemos a utilizar para traduzir o senso comum desse "re-" seriam inadequadas porque *re*-introduziriam antes de mais nada o que fica por definir já como definido na definição. Por exemplo, fingindo saber qual é o "sentido próprio", como diz Benveniste, de tais palavras: repetição, retomada, recomeço, reflexão, reeleição, recoleção — em suma, religião, "escrúpulo", resposta e responsabilidade.

Qualquer que seja o partido que se tome nesse debate, é à elipse desse duplo foco latino que se remete toda a problemática moderna (geoteológico-política) do "retorno do religioso". Todo aquele que não reconhecesse a legitimidade desse duplo foco nem a prevalência cristã que se impôs mundialmente no âmbito da dita latinidade deveria recusar inclusive as premissas de tal debate.[22]

20. Ver 33, 1 e 2, p. 50.

21. Benveniste, *Le Vocabulaire...*, op. cit., p. 271.

22. O que, sem dúvida, teria feito Heidegger, desde o momento em que, em seu entender, o pretenso "retorno do religioso" não passaria da insistência de uma determinação romana da "religião". Esta iria de par com um direito e um conceito dominantes do Estado, por sua vez inseparáveis da "era das máquinas" (ver *supra* 18, nota de rodapé 5, p. 26).

E, ao mesmo tempo, tentar *pensar* uma situação na qual — como já foi o caso quando ainda não existia um "termo indo-europeu comum para 'religião'"[23] — ele deixará, talvez, de existir.

35. Ora, é necessário responder. E sem esperar. Sem esperar demais. **No começo**, Maurizio Ferraris, no *Lutétia*. "É necessário", ele me diz, "precisamos de um tema para esse encontro de Capri." Sugiro, sem respirar, quase sem hesitação, maquinalmente: "a religião". Por quê? De onde isso me veio e, insisto, maquinalmente? Uma vez aceito o tema, as discussões se improvisaram — entre dois passeios, em plena noite, em direção ao Faraglione, que se vê ao largo, entre o Vesúvio e Capri. (Jensen lhe dá o nome de Faraglione, e Gradiva talvez volte, o espectro de luz, a sombra sem sombra do meio-dia, das *Mittagsgespenst*, mais linda do que todos os grandes fantasmas da ilha, mais bem "habituada" do que eles, como afirma, "a estar morta", e há muito tempo.) Portanto, posteriormente, eu deveria justificar uma resposta à pergunta: "Por que citei, de repente, maquinalmente, 'a religião'?" E essa justificação seria, nesse caso, hoje, minha resposta à questão *da religião*. Da religião, hoje. Com efeito, é claro, isso teria sido a própria loucura, eu nunca teria proposto tratar da religião *em si mesma*, em geral ou na sua essência, mas somente de uma questão inquietante, de uma preocupação compartilhada: "O que se passa, hoje, com ela, com o que é designado por esse nome? O que se passa aí? O que se passa aí e tão mal? O que se passa aí usando esse velho nome? O que é que, de repente, acontece ou volta ao mundo sob essa denominação?" É claro, essa forma de questão não pode estar separada da fundamental (sobre a essência, o conceito e a história da religião *em si mesma* e do que é chamado "religião"). No entanto, antes de mais nada, sua abordagem deveria ter sido, em minha opinião, mais direta, global, maciça e imediata, espontânea, sem defesas, quase no estilo de um filósofo obrigado a enviar um breve comunicado de imprensa. A resposta que dei a Ferraris, quase sem hesitação, devia ter surgido em mim vinda de muito longe, ressoando a partir de uma caverna de alquimista, no fundo da qual a palavra foi um precipitado. "Religião",

23. Benvniste, *Le Vocabulaire*..., op. cit., p. 265.

vocábulo ditado por não se sabe o que ou quem: talvez por todo o mundo, pela leitura do jornal televisivo de uma rede internacional, pela totalidade do mundo tal como cremos vê-lo, pelo estado do mundo, pela totalidade do que é como isso acontece (Deus, em suma seu sinônimo, ou a História como tal, etc.). Hoje, de novo, hoje enfim, hoje diferentemente, a grande questão seria ainda a religião e o que alguns teriam pressa em chamar de seu "retorno". Dizendo as coisas dessa forma, e por acreditar saber de que assunto estamos falando, começaríamos por não compreender mais nada: como se a religião, a questão da religião, fosse *o que acaba por voltar*, o que, de repente, viria surpreender o que acreditamos conhecer, o homem, a Terra, o mundo, a história, entrando assim na rubrica da antropologia, da história ou de qualquer outra forma de ciência humana ou de filosofia, inclusive de "filosofia da religião". Eis o primeiro erro a ser evitado. Ele é típico e seria possível multiplicar seus exemplos. Se existe uma questão da religião, ela já não deve ser uma "questão-da-religião". Nem simplesmente uma resposta a essa questão. Veremos o porquê e em que aspecto a questão da religião é, antes de tudo, a questão da questão. Da origem e das margens da questão — assim como da resposta. Portanto, perdemos de vista "a coisa" desde que acreditamos ter nos apropriado dela sob o título de uma disciplina, de um saber ou de uma filosofia. Ora, apesar da impossibilidade da tarefa, uma demanda nos é dirigida: seria necessário reduzir, fazer ou "resumir" esse discurso em alguns traços, em um número limitado de palavras. Economia da encomenda editorial. Mas por que, sempre a questão do número, houve dez mandamentos, em seguida, multiplicados por tantos e tantos? Onde estaria aqui a justa elipse que somos intimados a citar, calando-a? Onde a reticência? E se a elipse, se a figura silenciosa e o "calar-se" da reticência fossem justamente — voltaremos ao assunto mais tarde — a religião? Pedem-nos, em nome de vários editores *europeus* reunidos, que nos pronunciemos em algumas páginas sobre a religião e isso, hoje, não parece ser monstruoso, no momento em que um tratado sério da religião exigiria a edificação de novas Bibliotecas da França e do universo, mesmo se, por não *crermos pensar* nada de novo, nos contentássemos em nos lembrar, arquivar, classificar, tomar nota como memória do que *cremos saber*.

Fé e saber: entre acreditar saber e saber acreditar, a alternativa não é um jogo. Portanto, façamos a escolha, disse a mim mesmo, de uma forma quase aforística como se escolhe determinada máquina, a máquina menos ruim para tratar *da religião* em um certo número de páginas: 25 ou um pouco mais, segundo a proposta que nos foi feita; e, digamos, arbitrariamente, para de-cifrar ou anagramatizar o 25, 52 sequências muito desiguais, outras tantas *criptas* dispersas em um campo não identificado que, no entanto, já está sendo circunscrito, seja como um deserto a respeito do qual não se sabe se é estéril ou não, ou como um campo de ruínas, de minas, de poços, de jazigos, de cenotáfios e de sementes espalhadas; mas um campo não identificado, nem sequer como um mundo (a história cristã da palavra "mundo" já nos leva a tomar precauções; o mundo não é o Universo, nem o Cosmo, nem a Terra).

36. No começo, o título terá sido o meu primeiro aforismo. Contrai dois títulos da tradução, faz com eles um contrato. Nosso compromisso é deformá-los, arrastá-los alhures, desenvolvendo, senão seu negativo ou seu inconsciente, pelo menos a lógica do que poderiam deixar dizer da religião à revelia de seu querer-dizer. Em Capri, no início da sessão, de improviso, eu tinha falado da luz e do nome da ilha (da necessidade de datar, ou seja, assinalar um encontro finito em seu tempo e espaço, a partir da singularidade de um lugar latino: Capri não é Delos, nem Patmos — nem Atenas, nem Jerusalém, nem Roma). Eu tinha insistido sobre a luz, a relação de toda religião com o fogo e com a luz. Existe a luz da revelação e a luz das Luzes. Luz, *phós*, revelação, oriente e origem de *nossas* religiões, instantâneo fotográfico. Questão, demanda: em vista das Luzes de hoje e de amanhã, à luz de outras Luzes (*Aufklärung, iluminismo, enlightenment*), como **pensar a religião** *no dia de hoje* sem romper a tradição filosófica? Na nossa "modernidade", a dita tradição está assinalada de maneira exemplar — deveremos mostrar por quê — em títulos fundamentalmente latinos que mencionam a religião. Em primeiro lugar, em um livro de Kant, na época e no espírito da *Aufklärung*, senão das Luzes: *A religião nos limites da simples razão* (1973) foi também um livro sobre o mal radical (o que dizer da razão e do mal radical, hoje?

E se o "retorno do religioso" estiver relacionado com o retorno — dessa vez, moderno ou pós-moderno — de certos fenômenos, pelo menos, do mal radical? Será que o mal radical destrói ou institui a possibilidade da religião?). Em seguida, o livro de Bergson, esse grande judeu-cristão, *As duas fontes da moral e da religião* (1932), entre as duas guerras mundiais e às vésperas de acontecimentos a respeito dos quais se sabe que ainda não se sabe pensá-los e aos quais nenhuma religião, nenhuma instituição religiosa no mundo foi estranha ou sobreviveu *indene, imune, sã e salva*. Nos dois casos, não se trataria, como hoje, de pensar a religião, a possibilidade da religião e, portanto, de seu retorno interminavelmente inelutável?

37. "Pensar a religião?", dizem vocês. Como se tal projeto não dissolvesse, de imediato, a própria questão. Se se considera que a religião é propriamente *pensável* e inclusive se pensar não é ver, nem saber, nem conceber, então, antecipadamente, ela estará sob controle e o processo será julgado, em prazo mais ou menos breve. Pelo simples fato de falar dessas notas como de uma espécie de máquina, fui tomado por um desejo de economia: desejo de atrair, para avançar rapidamente, a famosa conclusão de *As duas fontes*... para um outro lugar, um outro discurso, uma outra postura argumentativa. Esta poderia ser sempre, não o excluo, uma tradução distorcida, uma formalização um tanto livre. Lembremo-nos destas últimas palavras: **"[...] o esforço necessário para que se cumpra, inclusive em nosso planeta refratário, a função essencial do Universo, que é uma espécie de máquina destinada a fazer deuses."** O que se passaria se levássemos Bergson a dizer uma coisa completamente diferente do que julgou querer dizer, mas talvez deixou que secretamente lhe fosse ditado? O que se passaria se, como que apesar dele, tivesse deixado um lugar ou uma passagem a uma espécie de *retratação* sintomática, segundo o próprio movimento da hesitação, da indecisão e do escrúpulo, da marcha à ré (*retractare*, afirma Cícero para definir o ato ou o ser *religiosus*) que é o que constitui, talvez, a *dupla fonte* — o duplo tronco ou a dupla raiz — da *religio*? Nesse caso, dar-se-ia, talvez, à tal hipótese, uma forma duplamente *mecânica*. Aqui, "mecânica" entender-se-ia em um sentido de alguma forma "místico". Místico ou secreto porque contraditório e desconcertante, ao mesmo tempo, inacessível, desambientado e familiar, *unheimlich*, *uncanny*, na mesma medida em que essa maquinalidade, essa automatização inelutável produz e re-produz o que, *ao mesmo tempo, arranca e vincula* à família (*heimisch*, *homely*), ao familiar, ao doméstico, ao próprio, ao óikos do ecológico e do econômico, ao *éthos*, ao lugar da estada. Essa automaticidade quase espontânea, irrefletida como um reflexo, repete sem cessar o duplo movimento de abstração e de atração que, *simultaneamente, arranca e vincula* ao país, ao idioma, ao literal ou a tudo o que, hoje, se reúne de maneira confusa sob o termo de "identitário": em duas palavras, o que, ao mesmo tempo, ex-propria e re-apropria, des-enraiza e re-enraiza, *ex-apropria* segundo uma lógica que, mais tarde, deveremos formalizar: a de autoindenização autoimune.

Antes de falar tão tranquilamente do "retorno do religioso" hoje, é necessário, com efeito, explicar duas coisas em uma. Trata-se, sempre, de máquina, de telemáquina:

1) O dito "retorno do religioso", a saber, o desencadeamento de um fenômeno complexo e sobredeterminado não é um simples *retorno*, porque sua mundialidade e suas figuras (teletecno-mídia-científicas, capitalísticas e político-econômicas) permanecem originais e sem precedentes. E não é um retorno *simples do religioso*, porque comporta, como uma de suas duas tendências, uma destruição radical do religioso (*stricto sensu*, o romano e o estatal, como tudo o que encarna o político ou o direito europeus aos quais, em suma, declaram guerra todos os "fundamentalismos" ou "integrismos" não cristãos, é claro, mas também certas formas ortodoxas, protestantes ou, inclusive, católicas). É necessário dizer também que, em face deles, uma outra afirmação autodestruidora, terei a ousadia de dizer autoimune, da religião poderia estar perfeitamente em ação em todos os projetos "pacifistas" e ecumênicos, "católicos" ou não, que fazem apelo à fraternização universal, à reconciliação dos "homens filhos do mesmo Deus" e, sobretudo, quando esses irmãos fazem parte da tradição monoteísta das religiões abraâmicas. Será sempre difícil subtrair esse movimento pacificante a um *duplo horizonte* (um escondendo ou dividindo o outro):

a) O horizonte *kenótico* da morte de Deus e a re-imanentização antropológica (os direitos do homem e da vida *humana* antes de qualquer dever para com a verdade absoluta e transcendente do compromisso diante da ordem divina: um Abraão que recusasse, daí em diante, sacrificar o filho e nem chegasse a considerar o que sempre foi uma loucura). Quando se ouvem os representantes oficiais da hierarquia religiosa, a começar pelo mais midiático e mais latinomundial e CD-romizado possível, ou seja, o papa, falar de tal reconciliação ecumênica, ouve-se também (não só, é claro, mas também) o anúncio ou a evocação de uma certa "morte de Deus". Por vezes, chega-se inclusive a ter a impressão de que ele se limita a falar disso — que fala por sua boca. E que uma outra morte de Deus vem assombrar a Paixão que o anima. Mas onde está a diferença?, dir-se-á. Efetivamente.

b) Essa declaração de paz pode também, prosseguindo a guerra por outros meios, dissimular um gesto *pacificador*, no sentido mais europeu-colonial possível. Enquanto procedente de Roma, como com frequência é o caso, tal gesto tentaria impor sub-repticiamente, antes de tudo, e antes de tudo na Europa, à Europa, um discurso, uma cultura, uma política e um direito, impô-los a todas as outras religiões monoteístas, inclusive às religiões cristãs não católicas. Além da Europa, por meio dos mesmos esquemas e da mesma cultura jurídico-teológico-política, tratar-se-ia de impor, em nome da paz, uma *mundialatinização*. Esta se torna, daqui por diante, euro--anglo-*americana* em seu idioma, como dizíamos anteriormente. A tarefa parece tanto mais urgente e problemática (incalculável cálculo da religião para nosso tempo) quanto a desproporção demográfica não cessará de ameaçar a hegemonia externa, deixando-lhe a internalização como único estratagema. O campo dessa guerra ou dessa pacificação é, daqui por diante, sem limites: todas as religiões, seus centros de autoridade, as culturas religiosas, os Estados, nações ou etnias que eles representam têm, com toda a certeza, um acesso desigual, mas quase sempre imediato e potencialmente sem limites, ao mesmo mercado mundial. Eles são, ao mesmo tempo, seus produtores, atores e consumidores bajulados, ora exploradores ora vítimas. É, portanto, o acesso às redes mundiais (transnacionais ou transestatais) de telecomunicação e de teletecnociência. Desde então, "a" religião acompanha e chega até a preceder a razão crítica e teletecnocientífica, exerce vigilância sobre ela como se fosse sua sombra. Ela é sua vigília, a sombra da própria luz, a garantia de fé, o requisito de fiabilidade, a experiência fiduciária que pressupõe toda produção de saber compartilhado, a performatividade testemunhal investida em toda performance tecnocientífica como em toda economia capitalística da qual é indissociável.

2) Esse mesmo movimento que torna indissociáveis a religião e a razão teletecnocientífica em seu aspecto mais crítico reage, inevitavelmente, *a si mesmo*. Segrega seu próprio antídoto, mas também seu próprio poder de autoimunidade. Estamos aí em um espaço em que toda autoproteção do indene, do são (santo) e salvo, do sagrado (*heilig, holy*) deve se proteger contra sua própria proteção, sua própria polícia, seu próprio poder de rejeição, seu próprio em sentido estrito, isto é, contra sua própria imunidade. É essa terrificante, mas fatal, lógica da *autoimunidade do indene*[24] que há de sempre associar a Ciência com a Religião.

24. O "imune" (*immunis*) está isento dos encargos, de serviço, impostos e obrigações (*munus*, raiz do "comum" da comunidade). Essa franquia ou isenção foi, em seguida, transportada para os domínios do direito constitucional ou internacional (imunidade parlamentar ou diplomática); mas esta também fez parte da história da Igreja cristã e do direito canônico; a imunidade dos templos era também a inviolabilidade do asilo que alguns podiam encontrar aí (Voltaire se indignou com aquela "imunidade dos templos" como se se tratasse de um "exemplo revoltante" do "desprezo das leis" e da "ambição eclesiástica"); Urbano VIII tinha criado uma Congregação da Imunidade Eclesiástica: contra os impostos e o serviço militar, contra a justiça comum (privilégio dito do *foro*) e contra a investigação policial, etc. É, sobretudo, no domínio da biologia que o léxico da imunidade desenvolveu sua autoridade. A reação imunitária protege a *inden-idade* do corpo próprio, produzindo anticorpos contra antígenos estranhos. Quanto ao processo de autoimunização que, de maneira muito particular, nos interessa aqui, consiste para um organismo vivo, como se sabe, em se proteger, em suma, contra sua autoproteção, destruindo suas próprias defesas imunitárias. Como o fenômeno desses anticorpos se estende a uma ampla área da patologia e se recorre, cada vez mais, a virtudes *positivas* dos imunodepressores destinados a limitar os mecanismos de rejeição e facilitar a tolerância de certos implantes de órgãos, apoiar-nos-emos nessa ampliação para falar de uma espécie de lógica geral da *autoimunização*. Esta nos parece indispensável para pensar, hoje, as relações entre fé e saber, religião e ciência, assim como a duplicidade das fontes em geral.

Por um lado, a única coisa que as "luzes" da crítica e da razão teletecnocientífica podem pressupor é a fiabilidade. Elas devem pôr em ação uma "fé" irredutível, a de um "vínculo social" ou uma "fé jurada", de um testemunho ("eu te juro a verdade para além de qualquer prova e de qualquer demonstração teórica, acredita em mim, etc."), isto é, de um performativo de promessa em ação, inclusive na mentira ou no perjúrio e sem o qual não seria possível dirigir a mínima mensagem ao outro. Sem a experiência performativa desse ato de fé elementar, não haveria "vínculo social", nem mensagem para o outro, nem qualquer performatividade em geral: nem convenção, nem instituição, nem Constituição, nem Estado soberano, nem lei, nem, sobretudo aqui, essa performatividade estrutural da performance produtiva que, de saída, liga o saber da comunidade científica ao fazer, e a ciência à técnica. Se aqui falamos regularmente da tecnociência, não é para ceder a um estereótipo contemporâneo, mas para lembrar que — sabemos disso agora, de uma forma mais nítida do que nunca — o ato científico é, em todos os seus aspectos, uma intervenção prática e uma performatividade técnica na própria energia de sua essência. E, por isso mesmo, serve-se do lugar, coloca em ação distâncias e velocidades. Desloca, afasta ou aproxima, atualiza ou virtualiza, acelera ou retarda. Ora, por toda parte em que se desenvolve essa crítica teletecnocientífica, ela aciona e confirma o crédito fiduciário dessa fé elementar que é, pelo menos, de essência ou vocação religiosa (a condição elementar, o meio ambiente do religioso, para não dizer a própria religião). Dizemos fiduciário, falamos de crédito ou de fiabilidade para sublinhar que esse ato de fé elementar suporta também a racionalidade essencialmente econômica e capitalística do teletecnocientífico. Nenhum cálculo ou segurança poderiam reduzir sua derradeira necessidade, ou seja, a da assinatura testemunhal (cuja teoria não é necessariamente uma teoria do sujeito, da pessoa ou do ego, consciente ou inconsciente). Tomar nota disso é conseguir também o meio de compreender que, em princípio, hoje, no dito "retorno do religioso", não há incompatibilidade entre os "fundamentalismos", os "integrismos" ou sua "política" e, por outro lado, a racionalidade, ou seja, a fiducialidade teletecno-capitalístico-científica, em todas as suas dimensões midiáticas e mundializantes. Essa racionalidade dos ditos "fundamentalismos" pode também ser hipercrítica[25] e, inclusive, não recuar diante do que, pelo menos, pode se assemelhar a uma radicalização desconstruidora do gesto crítico. Quanto aos fenômenos de ignorância, irracionalidade ou "obscurantismo" que, tão frequente e facilmente, e com toda a razão, são observados ou denunciados nesses "fundamentalismos" ou "integrismos", constituem, muitas vezes, resíduos, efeitos de superfície, as escórias reativas da reatividade imunitária, indenizadora ou autoimunitária. Dissimulam uma estrutura profunda, ou então (mas também ao mesmo tempo) um temor de si, uma reação contra isso mesmo com o qual se está comprometido: a disjunção, a expropriação, o deslocamento, o desenraizamento, a desidiomatização e o desapossamento (em todas as suas dimensões, em particular, sexual — *fálica*) que a máquina teletecnocientífica não deixa de produzir. A reatividade do ressentimento opõe esse movimento que é, ao mesmo tempo, imunitário e autoimune. A reação à máquina é tão automática (e, portanto, maquinal) quanto a própria vida. Tal cisão interna, que cria a distância, é também o "caráter próprio" da religião, o que apropria a religião ao "próprio" (enquanto ele é também o *indene: heilig*, santo, sagrado, salvo, imune, etc.), o que apropria a indenização religiosa a todas as formas de propriedade, do idioma linguístico "literalmente" ao solo e ao sangue, à família e à nação. Somente essa reatividade interna e imediata, ao mesmo tempo imunitária e autoimune, pode dar conta do que será designado

25. Dão testemunho disso certos fenômenos, pelo menos, do "fundamentalismo" ou do "integrismo", em particular no "islamismo", que hoje representa seu exemplo mais poderoso na escala da demografia mundial. Os caracteres mais evidentes são sobejamente conhecidos para que tenhamos de insistir neles (fanatismo, obscurantismo, violência assassina, terrorismo, opressão da mulher, etc.). Mas muitas vezes nos esquecemos de que, principalmente em seu vínculo ao mundo árabe e por meio de todas as formas de brutal reatividade imunitária e indenizadora contra uma modernidade tecnoeconômica à qual é impedido de se adaptar em razão de uma longa história, esse "islamismo" desenvolve também uma crítica radical do que liga a democracia atual, *em seus limites, em seu conceito e seu poder efetivos*, ao mercado e à razão teletecnocientífica aí dominante.

por onda religiosa em seu fenômeno duplo e contraditório. A palavra "onda" impõe-se a nós para sugerir essa reduplicação de uma vaga que se apropria disso mesmo a que, enrolando-se, parece se opor — e, simultaneamente, lança-se, algumas vezes, por meio do terror e do terrorismo, contra isso mesmo que a protege, contra seus próprios "anticorpos". Aliando-se, então, com o inimigo, hospitaleira dos antígenos, arrastando o outro consigo, a onda aumenta e *infla* com a potência adversa. Desde o litoral de uma ilha desconhecida por nós, eis a onda que, sem dúvida, acreditamos antecipar, em seu crescimento espontâneo, irresistivelmente automático. Mas acreditamos antecipá-la sem horizonte. Já não temos a certeza de ver e tampouco que ainda exista futuro onde situemos sua antecipação. O futuro não tolera a previsão nem a providência. É, portanto, nele, sobretudo, presos e surpresos por essa onda, que na verdade "nós" somos levados — e é ele que gostaríamos de *pensar*, se é que ainda é possível nos servirmos, aqui, dessa palavra.

A religião, hoje, se alia à teletecnociência, à qual reage com todas as suas forças. Ela é, por um lado, a mundialatinização; produz, explora, se adapta ao capital e ao saber da telemidiatização: caso contrário, não seriam possíveis, nesse ritmo, as viagens e a espetacularização mundial do papa, nem as dimensões interestatais, do "caso Rushdie", nem o terrorismo planetário — e poderíamos multiplicar tais índices indefinidamente. Mas, *por outro*, ela reage logo, *simultaneamente*, declara guerra ao que não lhe confere esse novo poder a não ser desalojando-a de todos os seus lugares próprios, *na verdade do próprio lugar*, do *ter-lugar* de sua verdade. Ela empreende uma guerra terrível contra o que não a protege a não ser a ameaçando, segundo essa dupla estrutura contraditória; imunitário e autoimunitário. Ora, a relação é inelutável, portanto, automática e maquinal, entre essas duas moções ou duas fontes, das quais uma tem a forma da máquina (mecanização, automatização, maquinação ou *mechané*) e a outra, a forma da espontaneidade viva, da propriedade *indene* da vida, ou seja, de uma outra (pretensa) autodeterminação. Mas o autoimunitário obceca a comunidade e seu sistema de sobrevida imunitária como a hipérbole de sua própria possibilidade. Nada de *comum*, nada de imune, de são e salvo, *heilig* e *holy*, nada de indene no mais autônomo presente vivo sem um risco de autoimunidade. Como sempre, o risco tem um encargo duplo, o mesmo risco finito. Duplo de preferência a único: de uma ameaça e de uma oportunidade. Em duas palavras, tem de tomar o encargo, poder-se-ia dizer a garantia, da *possibilidade* desse **mal extremo** sem o qual não seria possível proceder corretamente.

... e romãs*

(Tendo sido apresentadas essas premissas ou definições gerais, e tornando-se cada vez mais reduzido o espaço que nos foi atribuído, satelizemos as quinze proposições finais sob uma forma ainda mais desfiada, granulada, disseminada, aforística, descontínua, justapositiva, dogmática, indicativa ou virtual, econômica; em suma, mais do que nunca, telegráfica.)

38. De um discurso por vir — sobre o que está-para-vir e a repetição. Axioma: nada está-para-vir sem herança e possibilidade de *repetir*. Nada está-para-vir sem alguma *iterabilidade*, pelo menos, sob a forma da aliança a si e da *confirmação* do *sim* originário. Nada está-para-vir sem alguma memória e alguma promessa messiânicas, de uma messianicidade mais velha do que qualquer religião, mais originária do que qualquer messianismo. Nenhum discurso ou mensagem para o outro sem a possibilidade de uma promessa elementar. O perjúrio e a promessa não cumprida reclamam a *mesma* possibilidade. Nenhuma promessa, portanto, sem a promessa de uma confirmação do *sim*. Este *sim* terá implicado e implicará sempre a fiabilidade ou a fidelidade de uma fé. Nenhuma fé, portanto, nem futuro sem o que uma iterabilidade pressupõe de técnica, de maquinal e de automático. Nesse sentido, a técnica é a possibilidade, pode-se dizer também a oportunidade, da fé. E e essa oportunidade deve incluir o maior risco, a própria ameaça do **mal radical**. Caso contrário, aquilo de que ela é a

* No original, *grenades*; segundo o dicionário *Petit Robert*, esse vocábulo deriva do lat. *granatum*, "(fruto) formado por grãos". [N.T.]

oportunidade não seria a fé, mas o programa e a prova, a predictividade ou a providência, o puro saber e o puro *savoir-faire*, isto é, a anulação do futuro. Em vez de opô-los, como é o que acontece quase sempre, seria necessário, portanto, pensar *juntos*, como *uma só e mesma possibilidade*, o maquinal e a fé — e, além disso, o maquinal e todos os valores investidos na sacrossantidade (*heilig*, *holy*, são e salvo, indene, intato, imune, livre, vivo, fecundo, fértil, forte e, sobretudo, como iremos ver, "inflado"), mais precisamente, na sacrossantidade do efeito **fálico**.

39. Esse duplo valor não será o que, por exemplo, significa em sua diferença um falo, ou antes, o **fálico**, *o efeito de falo*, que não é necessariamente o próprio do homem? Não estará aí o fenômeno, o *phaínesthai*, o dia do *falo*? Mas também, em razão da lei de iterabilidade ou duplicação que pode *desligá-lo* de sua pura e própria presença, não estará aí seu *phántasma*, em grego, seu fantasma, seu espectro, seu duplo ou seu fetiche? Não será a *automaticidade colossal* da ereção (o máximo de vida a conservar indene, indenizada, imune e salva, sacrossanta), mas também, e por isso mesmo, em seu caráter reflexo, o mais mecânico, o mais separável da vida que ele representa? Diferentemente do pênis, não será também o fálico o fantoche que, uma vez desligado do corpo puro, é erguido, exibido, fetichizado e levado em procissão? Não se encontra aí, virtualidade de virtualidade, o poder ou a potência de uma lógica bastante poderosa para dar conta (*lógon dídonai*), contando e calculando com o incalculável, de tudo o que alia a máquina teletecnocientífica, essa inimiga da vida a serviço da vida, com os próprios recursos do religioso, a saber, a fé no mais vivo como morto e automaticamente *sobre-vivente*, ressuscitado em seu *phántasma* espectral, o santo, o são e o salvo, o indene, o imune, o sagrado, tudo o que, em uma palavra, é traduzido por *heilig*? Uma vez mais, matriz de um culto ou de uma cultura do fetiche generalizado, de um fetichismo sem limites, de uma adoração fetichizante da própria Coisa. Poder-se-ia, sem arbitrariedade, ler, escolher, religar na genealogia semântica do indene — "santo, sagrado, são e salvo, *heilig*, *holy*" — tudo o que diz a força, a força de **vida**, a fertilidade, o crescimento, o aumento, sobretudo, a *inflação*, na espontaneidade da ereção ou da gravidez.[26] Para ser breve, não basta lembrar, aqui, todos os

26. Desfiemos, aqui, as premissas de um trabalho a ser elaborado. Antes de tudo, e ainda, retiremo-las do capítulo tão rico que *Le Vocabulaire des institutions indo-européennes* (op. cit) consagra ao Sagrado e ao Santo, depois de ter lembrado, oportunamente, algumas "dificuldades de método". É verdade que essas "dificuldades" nos parecem ainda mais graves e primordiais do que a Benveniste — ainda que este reconheça os riscos de "ver dissolver-se, pouco a pouco, o objeto do estudo" (p. 179). Alimentando também o culto do "sentido primeiro" (a própria religião e o "sagrado"), Benveniste identifica, com efeito, em toda a complexidade da rede dos idiomas, das filiações e das etimologias estudadas, o tema recorrente e insistente da "fertilidade", do "forte", do "poderoso", em particular na figura ou esquema imaginal da *inflação*.

Que nos seja permitido fazer uma longa citação e, em relação ao resto, remeter o leitor ao conjunto do artigo: "O adjetivo *sūra* não significa somente 'forte'; é também uma qualificação de vários deuses, de alguns heróis entre os quais Zaratustra e de certas noções como a 'aurora'. Aqui, intervém a comparação com as formas aparentadas da mesma raiz, que nos revelam o sentido primeiro. O verbo védico *śū- ś*vā- significa 'inflar-se, crescer', implicando 'força' e 'prosperidade'; daí *sūra*- 'forte, valente'. A mesma relação nocional une, em grego, o presente *kyeīn* 'estar grávida, trazer em seu seio', o substantivo *kȳma* 'crescimento (das vagas), onda', por um lado, e, por outro, *kýros* 'força, soberania', *kýrios* 'soberano'. Esse paralelismo evidencia a identidade inicial do sentido de 'inflar' e em cada uma das três línguas, uma evolução específica. [...] Tanto em indo-iraniano quanto em grego, o sentido evolui de 'inflação' para 'força' ou 'prosperidade'. [...] Entre o gr. *kyéo* 'estar grávida' e *kýrios* 'soberano', entre o av. *sūra* 'forte' e *spənta*, as relações são, assim, restauradas, indicando com precisão, pouco a pouco, a origem singular da noção de 'sagrado'. [...] O caráter santo e sagrado se define, dessa forma, em uma noção de força exuberante e fecundante, capaz de levar à vida, de fazer surgir as produções da natureza" (p. 183-184).

Seria possível também inscrever no capítulo das "duas fontes" o fato notável e sublinhado por Benveniste que, "quase por toda parte", à "noção de sagrado" corresponde "não um único termo, mas dois termos distintos". Ele os analisa, principalmente, em germânico (o gótico *weihs*, "consagrado", e o rúnico *hailag*, al. *heilig*), em latim *sacer* e *sanctus*, em grego *hágios* e *hierós*. Na origem do alemão *heilig*, o adjetivo gótico *hails* traduz a ideia de "salvação, saúde, integridade física", tradução do grego *hýngies*, *hygiaínon*, "de boa saúde". As formas verbais correspondentes significam "tornar ou tornar-se são, curar". (Seria possível situar aqui — Benveniste não o faz — a necessidade que tem toda religião ou toda sacralização de ser também cura — *heilen*, *healing* —, saúde, salvação ou promessa de cura — *cura*, *Sorge* —, horizonte de redenção, de restauração do indene, de *indenização*.) O mesmo acontece com o inglês *holy*, vizinho de *whole* ("inteiro, intato", portanto "salvo, indene em sua integridade, imune"). O gótico *hails*, "de boa saúde, cultos fálicos e seus fenômenos sobejamente conhecidos no cerne de tantas religiões. Os três "grandes monoteísmos" inscreveram as alianças ou promessas fundadoras nessa *prova do indene* que é sempre uma circuncisão, seja "exterior ou interior", literal ou, como isso foi dito antes de São Paulo, no próprio judaísmo, "circuncisão do coração". E este seria, talvez, o momento de nos perguntarmos a razão pela qual, na explosão mais mortífera de uma violência indissoluvelmente étnico-religiosa, as mulheres são vítimas privilegiadas (não só, se é que se pode falar assim, de tantas condenações à morte, mas de estupros ou mutilações que as precedem ou acompanham) em toda parte.

40. Não será uma tautologia a religião do vivente? Imperativo absoluto, lei santa, lei da salvação: salvar o vivente como o intato, o indene, o salvo (*heilig*), que tem direito ao respeito absoluto, à retenção, ao pudor. Daí a necessidade de uma tarefa imensa: reconstituir a cadeia dos motivos análogos na atitude ou intencionalidade sacrossantificadora, na relação com o que é, deve permanecer ou que se deve deixar ser o que é (*heilig*, vivente, forte e fértil, erétil e fecundo: salvo, íntegro, indene, imune, sagrado, santo, etc.). Salvação e saúde. Tal atitude intencional usa vários nomes da mesma família: respeito, pudor, retenção, inibição, *Achtung* (Kant), *Scheu*, *Verhaltenheit*, *Gelassenheit* (Heidegger), a *parada* em geral.[27] Apesar de seus polos, seus temas, suas causas não serem

que goza de sua integridade física", inclui também a saudação, como o grego *chaíre*, "salve!". Benveniste sublinha aí o "valor religioso": "Aquele que possui a 'salvação', isto é, que tem sua qualidade corporal intacta, é capaz também de conferir a 'salvação'. 'Ficar intacto' é a sorte que se deseja, o presságio que se espera. É natural que se tenha visto essa 'integridade' perfeita como uma graça divina, e lhe tenha sido atribuída uma significação sagrada. A divindade possui por natureza esse dom que é integridade, salvação, sorte, sendo que ela pode compartilhá-lo com os homens [...]. No decorrer da história, houve substituição do termo primitivo gót. *weihs* por *hails*, *hailigs*" (p. 185-187).

27. Em um seminário realizado numa outra ocasião, tentei fazer uma reflexão mais documentada sobre esse valor de *parada* e sobre o léxico que ele comanda, em particular em torno de *halten*, em Heidegger. Ao lado de *Aufenthalt* (estada, *éthos*, frequentemente perto do que é *heilig*), *Verhaltenheit* (o pudor ou o respeito, o escrúpulo, a reserva ou a discrição silenciosa que se vinculam à *retenção*) seria apenas um exemplo disso, importante, é verdade, para o que

os mesmos (a lei, a sacralidade, a santidade, o deus por vir, etc.), os movimentos se referem e estão vinculados a eles, na verdade, se interrompem neles, parecem realmente análogos. Todos eles fazem ou marcam uma *parada*. Talvez constituam uma espécie de universal, não "a Religião", mas uma estrutura universal da religiosidade. Com efeito, apesar de não serem propriamente religiosos, eles abrem sempre, sem nunca poder limitá-la ou interrompê-la, a possibilidade do religioso. Possibilidade ainda dividida. Por um lado, com toda a certeza, é a abstenção respeitosa ou inibida diante do que permanece o mistério sacral e deve permanecer intato ou inacessível, tal qual a imunidade mística de um segredo. No entanto, mantendo assim em recuo, a mesma parada abre igualmente um acesso, sem mediação nem representação, portanto, com alguma violência intuitiva, ao que permanece indene. Trata-se de uma outra dimensão do místico. Tal universal permite ou promete, talvez,

---

nos interessa aqui e levando em consideração o papel que desempenha esse conceito em *Beiträge zur Philosophie* em relação ao "último deus", ao "outro deus", ao deus que vem ou ao deus que passa. Em particular sobre este último tema, remeto ao estudo recente de Courtine, Jean-François, "Les Traces et le passage du Dieu dans les *Beiträge zur Philosophie*" de Martin Heidegger, in *Archivio di Filosofia*, 1994, nº 1-3. Quando lembra a insistência de Heidegger sobre o niilismo moderno como "desenraizamento" (*Entwürzelung*), "dessacralização" ou "des-divinização" (*Entgötterung*), "desencantamento" (*Entzauberung*), Courtine associa tal atitude justamente ao que é dito de — e sempre implicitamente contra — *Gestell* e toda "manipulação técnico-instrumental do sendo" (*Machenschaft*), à qual ele associaria inclusive "uma crítica da ideia de criação principalmente dirigida contra o cristianismo" (p. 528). Isso nos parece ir ao encontro da hipótese que apresentávamos mais acima: Heidegger faz apelo à suspeição, ao mesmo tempo, em relação à "religião" (sobretudo, cristã-romana), à crença e ao que, na técnica, ameaça o salvo, o indene ou o imune, o sacrossanto (*heilig*). É o interesse de sua "posição" a respeito da qual poderíamos dizer, simplificando muito, que tende a se desligar, simultaneamente, como se tratasse do *mesmo*, tanto da religião quanto da técnica, ou antes, do que utiliza aqui, os nomes de *Gestell* e de *Machenschaft*. O *mesmo*, sim, tentemos dizer aqui também, modestamente e à nossa maneira. E o *mesmo* não exclui ou suprime nenhuma das dobras diferenciais. No entanto, uma vez reconhecida ou pensada essa *mesma possibilidade*, não é certo que ela exija somente uma "resposta" heiddegeriana, nem que esta seja estranha ou exterior a essa *mesma possibilidade*, ou seja, a essa lógica do indene ou da indenização autoimune a qual constitui o objeto dessa nossa reflexão. Voltaremos ao assunto adiante e em outra ocasião.

a tradução mundial de *religio*, a saber: escrúpulo, respeito, parada, *Verhaltenheit*, pudor, *Scheu*, *shame*, discrição, *Gelassenheit*, etc., parada diante do que deve ou deveria permanecer são e salvo, intato, indene, diante do que se deve deixar ser quem ele deve ser, por vezes, mediante o sacrifício de si e na oração: o outro. Tal universal, tal universalidade "existencial" poderia ter fornecido, pelo menos, a mediação de um *esquema* à mundialatinização da *religio*. Em todo caso, à sua possibilidade.

Então, no mesmo movimento, seria necessário dar conta também de uma dupla postulação aparente: *por um lado*, o respeito absoluto pela **vida**, o "Não matarás" (pelo menos teu próximo, para não dizer o vivente em geral), a proibição "integrista" do aborto, da inseminação artificial, da intervenção performativa no potencial genético, inclusive com fins de terapia gânica, etc., e, *por outro* (sem mesmo falar das guerras de religião, de seu terrorismo e de suas matanças), a vocação sacrificial, também universal. Outrora existiu, aqui e ali, o **sacrifício** humano, inclusive nos "grandes monoteísmos". Sempre o sacrifício do vivente, ainda e mais do que nunca na escala da criação de animais e abate em massa, da indústria da pesca ou da caça, da experimentação animal. Diga-se de passagem, alguns ecologistas e certos vegetarianos — ao menos, na medida em que ainda acreditam ser puros (indenes) de qualquer carnivoracidade, nem que seja simbólica[28] — seriam os únicos "religiosos" deste tempo a respeitar uma dessas duas fontes puras da religião e, com efeito, carregar a responsabilidade do que poderia ser realmente o futuro de uma religião. Qual é a mecânica desta dupla postulação (respeito pela vida e sacrificialidade)? Chamamos-na *mecânica* pelo fato de reproduzir, com a regularidade de uma técnica, a instância do não vivo ou, se preferirmos, do morto no vivo. Assim era também o autômato segundo o efeito fálico de que falávamos havia pouco. Assim era o fantoche, a máquina morta e mais do que viva, o fantasma espectral do morto como princípio de vida e de sobre-vida. Esse princípio mecânico é, na aparência, muito

28. Ou seja, do que nas culturas ocidentais permanece sacrificial, inclusive na prática industrial, sacrificial e "cárneo-falogocêntrica". Sobre este último conceito, permito-me remeter a "Il Faut Bien Manger", in *Points de suspension*, Paris, Galilée, 1992.

simples: a vida não vale *absolutamente*, a não ser valendo *mais do que* a vida. E, portanto, carregando seu luto, tornando-se o que ela é no trabalho de luto infinito, na indenização de uma espectralidade sem limites. Ela não é sagrada, santa, infinitamente respeitável a não ser em nome do que, em seu âmago, vale mais do que ela e não se limita à naturalidade do biozoológico (sacrificável) — ainda que o verdadeiro sacrifício deva sacrificar não só a vida "natural", dita "animal" ou "biológica", mas o que vale também mais do que a dita vida natural. O respeito pela vida concerne, assim, nos discursos da religião como tal, exclusivamente à "vida humana", enquanto esta dá testemunha, de alguma forma, da transcendência infinita do que vale mais do que ela (a divindade, a sacrossantidade da lei).[29] O preço do ser vivo humano, isto é, do ser vivo antropo-teológico, o preço do que deve permanecer salvo (*heilig*, sagrado, são e salvo, indene, imune), como preço absoluto, o preço do que deve inspirar respeito, pudor, retenção, esse preço não tem preço. Corresponde ao que Kant chama de dignidade (*Würdigkeit*) do fim em si, do ser finito dotado de razão, do valor absoluto para além de qualquer valor comparável de mercado (*Marktpreis*). Essa dignidade da vida não pode se manter a não ser para além do ser vivo presente. Portanto: transcendência, fetichismo e espectralidade; portanto, religiosidade da religião. Esse excesso em relação ao vivente, cuja vida não vale absolutamente a não ser valendo mais do que a vida, em suma, mais do que ela mesma, eis o que abre o espaço de morte, que se liga ao autômato (exemplarmente, "fálico"), à técnica, à máquina, à prótese, à virtualidade, em suma, às dimensões da suplementaridade autoimunitária e autossacrificial, essa pulsão de morte que trabalha em silêncio toda comunidade, toda *autocoimunidade*, e, na verdade, a constitui como tal, em sua iterabilidade, sua herança, sua tradição espectral. Comunidade como *co-mum autoimunidade*: não existe comunidade que não alimente sua própria autoimunidade, sendo que um princípio de autodestruição sacrificial causa a ruína do princípio de proteção de si (da manutenção da integridade intata de si) e isso em vista de alguma sobre-vida invisível e espectral. Essa atestação auto-

29. Sobre a associação e a dissociação desses dois valores (*sacer* e *sanctus*), remetemos, adiante, a Benveniste e Levinas.

contestadora mantém a comunidade autoimune com vida, isto é, aberta a coisa distinta e maior do que ela: o outro, o futuro, a morte, a liberdade, a vinda ou o amor do outro, o espaço e o tempo de uma messianicidade espectralizante para além de qualquer messianismo. Aí se mantém a possibilidade da religião, o vínculo religioso (escrupuloso, respeitoso, pudico, retido, inibido) entre o valor da vida, sua "dignidade" absoluta, e a máquina teológica, a "máquina destinada a fazer deuses".

41. A religião, como resposta à dupla distensão e ao duplo entendimento, é então *elipse*: a elipse do **sacrifício**. Seria possível imaginar uma religião sem sacrifício e sem oração? O sinal pelo qual Heidegger crê reconhecer a ontoteologia é que a relação ao Sendo Absoluto ou à Causa Suprema se tenha liberado, perdendo-as por isso mesmo, com relação à oferecenda sacrificial e à oração. No entanto, ainda aí, duas fontes: a lei dividida, o *double bind*, também o duplo foco, a elipse ou a duplicidade originária da religião, é que a lei do indene, a salvação do salvo, o respeito pudico pelo que é sacrossanto (*heilig, holy*) *exige e, ao mesmo tempo, exclui* o sacrifício, a saber, a indenização do indene, o preço da imunidade. Portanto, a autoimunização e o sacrifício do sacrifício. Este representa sempre o mesmo movimento, o preço a pagar para não ferir ou lesar o outro absoluto. **Violência** do sacrifício em nome da não violência. O respeito absoluto comanda, antes de tudo, o sacrifício de si, do mais precioso interesse. Se Kant fala da "santidade" da lei moral, é porque, como se sabe, ele faz explicitamente um discurso sobre o "sacrifício", a saber, sobre uma outra instância da religião "nos limites da simples razão", da religião cristã como a única religião "moral". O sacrifício de si sacrifica, portanto, o mais puro a serviço do mais puro. Como se a razão *pura*, em um processo de indenização autoimune, só pudesse opor a religião a uma religião, ou a fé *pura* a esta ou aquela crença.

42. Nas nossas "guerras de religião", a **violência** tem duas eras. Uma, conforme dizíamos anteriormente, parece "contemporânea", se harmoniza ou se alia à hipersofisticação da teletecnologia militar — da cultura "digital" e ciberespaçada. A outra é uma "nova violência arcaica", se é que se pode falar assim. Faz réplica à primeira e a tudo o que esta representa. Desforra. Com efeito, recorrendo aos mesmos recursos do poder midiático, ela *volta* (segundo o retorno, o recurso, o ímpeto a partir das fontes e a lei de reatividade interna e autoimune que estamos tentando formalizar aqui) ao mais perto possível do corpo puro e do ser vivo pré-maquinal. Em todo caso, de seu desejo e de seu fantasma. Exerce-se uma vingança contra a máquina expropriante e descorporalizante, recorrendo — retornando — às mãos nuas, ao sexo ou à ferramenta elementar, muitas vezes à "arma branca". O que se designa por "matanças" e "atrocidades", palavras que nunca são utilizadas nas guerras "limpas", em que justamente já não é possível contar os mortos (obuses teleguiados tendo como alvo cidades inteiras, mísseis "inteligentes", etc.), são as torturas, as decapitações, as mutilações de toda espécie. Trata-se sempre de uma vingança declarada, com frequência declarada como desforra **sexual**: estupros, sexos feridos ou mãos decepadas, exibição de cadáveres, expedição das cabeças cortadas que, outrora na França, eram erguidas na ponta de uma vara (procissões fálicas das "religiões naturais"). É o caso, por exemplo, trata-se apenas de um exemplo, do que acontece na Argélia de hoje, em nome do Islã, e que é reivindicado pelos dois beligerantes, cada um à sua maneira. São também os sintomas de um recurso reativo e negativo, a vingança do corpo puro contra uma teletecnociência expropriadora e deslocadora, aquela que se encontra, de fato, identificada com a mundialidade do mercado, a hegemonia militar-capitalística, a mundialatinização do modelo democrático europeu, sob sua dupla forma, secular e religiosa. Daí outra figura da dupla origem, a aliança previsível dos piores efeitos de fanatismo, dogmatismo ou obscurantismo irracionalista com a acuidade hipercrítica e a análise vigilante das hegemonias e dos modelos do adversário (mundialatinização, religião que não diz seu nome, etnocentrismo sem disfarce, como sempre, "universalista", mercado da ciência e da técnica, retórica democrática, estratégia "humanitária" ou da "manutenção da paz" por meio de uma *peace-keeping force* — com a ressalva de que os mortos de Ruanda e os dos Estados Unidos da América ou os da Europa nunca serão contados da mesma forma). Essa radicalização arcaica, e aparentemente mais selvagem, da violência "religiosa" pretende, em nome da "religião", reenraizar a comunidade viva, levá-la a reencontrar seu lugar, seu corpo e seu idoma intactos (indenes, salvos, puros, limpos). Ela semeia a morte e desencadeia a autodestruição em um gesto desesperado (autoimune) que incrimina o sangue de seu próprio corpo: como se se tratasse de desenraizar o desenraizamento e de se reapropriar a sacralidade intacta e salva da vida. Dupla raiz, duplo desenraizamento, dupla erradicação.

43. Duplo estupro. Uma *nova crueldade* aliaria, portanto, em guerras que são também guerras de religião, a mais avançada calculabilidade tecnocientífica à selvageria reativa que pretendesse incriminar imediatamente o corpo puro, a coisa **sexual** — que se pode estuprar, mutilar ou, simplesmente, negar, dessexuar — outra forma da mesma violência. Será que, "ignorando" a "psicanálise", é possível falar, hoje, desse duplo estupro, falar disso de um modo que não seja demasiado idiota, inculto ou simplório? Ignorar a psicanálise pode ser feito de mil maneiras, algumas vezes por meio de um grande saber psicanalítico, mas em uma cultura dissociada. Ignora-se a psicanálise enquanto esta não for integrada aos mais poderosos discursos que, atualmente, são pronunciados não só sobre o direito, a moral, a política, mas também sobre a ciência, a filosofia, a teologia, etc. Existem mil maneiras de evitar essa integração consequente, inclusive no meio institucional da psicanálise. Ora, no Ocidente, a "psicanálise" (temos de avançar cada vez mais depressa) está em recessão; ela nunca transpôs, efetivamente, as fronteiras de uma parte da "velha Europa". Esse "fato" faz parte, com plenos direitos, da configuração de fenômenos, sinais, sintomas que têm sido interrogados, aqui, por motivo da "religião". Como pretender novas Luzes para dar conta desse "retorno do religioso" sem colocar em ação, pelo menos, alguma lógica do inconsciente? Sem trabalhar esse aspecto, pelo menos, e a questão do mal radical, da reação ao mal radical que se encontra no centro do pensamento freudiano? Tal questão já não pode se manter separada de tantas outras: a compulsão de repetição, a "pulsão de morte", a diferença entre "verdade material" e "verdade histórica", que, antes de tudo, impôs-se a Freud, precisamente, a respeito da "religião", e se elaborou, em primeiro lugar, o mais perto possível de uma interminável **questão judaica**. É verdade que o saber psicanalítico pode também desenraizar *e* despertar a fé, abrindo-se para um novo espaço da testemunhalidade, para uma nova instância da atestação, para uma nova experiência do sintoma e da verdade. Esse novo espaço deveria ser também, embora não somente, jurídico e político. Teremos de voltar ao assunto.

44. Fazemos constantes tentativas para pensar juntos, embora de outro modo, o saber *e* a fé, a tecnociência *e* a crença religiosa, o cálculo *e* o sacrossanto. Sem cessar, temos cruzado nessas paragens a aliança, sagrada ou não, do calculável com o incalculável. Assim como do inumerável com o número, o binário com o digital. Ora, o cálculo demográfico concerne, atualmente, a *um* dos aspectos, pelo menos, da "questão religiosa" em sua dimensão geopolítica. Quanto ao futuro de uma religião, a questão do número afeta tanto a quantidade das "populações" quanto a indenidade viva dos "povos". Isso não significa somente dizer que é necessário contar com a religião, mas que é necessário modificar as maneiras de contar os fiéis na época da mundialização. Que ela seja ou não "exemplar", a **questão judaica** permanece um exemplo bastante bom (*sample*, amostra, caso particular) para o trabalho a ser elaborado sobre essa problemática demográfico-religiosa. Na verdade, essa questão dos *números* obceca, como se sabe, as Sagradas Escrituras e os monoteísmos. Quando se sentem ameaçados por uma teletecnociência **expropriadora e deslocadora**, os "povos" temem também novas formas de invasão. Ficam terrificados por "populações" estrangeiras cujo crescimento, assim como a presença, indireta ou virtual, e, nesse caso, ainda mais opressora, torna-se incalculável. Portanto, novas maneiras de contar. Existe mais de uma forma para interpretar a sobrevivência inaudita do pequeno "povo judeu" e a irradiação mundial de sua religião, fonte única dos três monoteísmos que compartilham entre si uma certa dominação do mundo e que, por isso, se encontram em pé de igualdade, pelo menos em dignidade. Pode-se interpretar de mil maneiras sua resistência tanto às operações de extermínio quanto a uma desproporção demográfica, o que constitui um exemplo único.

Mas que será feito dessa sobrevivência no dia (dia que, talvez, já tenha chegado) em que a mundialização estiver saturada? Então, a *globalisation*, como se diz em inglês, não permitirá mais, talvez, delimitar na superfície da terra humana esses microclimas, essas microzonas históricas, culturais, políticas, a pequena Europa e o Oriente Médio, nos quais o "povo judeu" já tem tanta dificuldade para sobreviver e testemunhar sua fé. "Compreendo o judaísmo como a possibilidade de dar à Bíblia um contexto, de conservar esse livro legível", diz Levinas. A mundialização da realidade e do cálculo demográficos não estará tornando a probabilidade desse "contexto" mais frágil do que nunca e tão ameaçadora para a sobrevida quanto o pior, o mal radical da "solução final"? "Deus é o futuro", diz também Levinas — enquanto Heidegger vê o "último deus" anunciar-se inclusive na própria ausência de futuro: "O último deus: ele encontra seu desenvolvimento essencial no signo (*im Wink)*, na defecção e ausência de advento (*dem Abfall und Ausbleib der Ankunft*), assim como na fuga dos deuses passados e sua secreta metamorfose.[30]

Essa questão é, talvez, mais grave e mais urgente para o Estado e as nações de Israel, mas concerne também a todos os judeus e, sem dúvida igualmente, de maneira menos visível, a todos os cristãos do mundo. Hoje em dia, de modo algum aos muçulmanos. Eis aí, nos dias de hoje, uma diferença fundamental entre os três "grandes monoteísmos" originais.

45. Não haverá sempre um outro *lugar* de dispersão? Onde é que, hoje, a fonte ainda se divide, como o *mesmo* se dissocia entre fé e saber? A reatividade original a uma teletecnociência **expropriadora e deslocadora** deve corresponder, pelo menos, a duas figuras. Estas se sobrepõem, também se revezam ou se substituem, sendo que, na verdade, se limitam a produzir, no próprio lugar da localização, suplementaridade indenizante e autoimune.

30. *Beiträge...*, § 256, traduzido e citado por Courtine, "Les traces et le passage de Dieu...", loc. cit., p. 533. Sobre uma certa questão do futuro, do judaísmo e da judeidade, permito-me remeter a *Mal d'archive*, Paris, Galilée, 1995, p. 109 et seq.

1) com toda a certeza, o arrancamento, à radicalidade das raízes (*Entwürzelung*, diria Heidegger, como citávamos anteriormente) e a todas as formas de *phýsis* originária, a todos os recursos pressupostos de uma força geradora própria, sagrada, indene, "sã e salva" (*heilig*): identidade étnica, filiação, família, nação, solo e sangue, nome puro, idioma puro, cultura e memória puras;

2) mas também, mais do que nunca, contrafetichismo do mesmo desejo invertido, a relação animista à máquina teletecnocientífica que, desde então, torna-se máquina do mal, e do mal radical, embora máquina destinada tanto a manipular quanto a exorcizar. Porque ela é o mal a domesticar e porque se *utiliza* um número cada vez maior de artefatos e próteses a respeito dos quais tudo se ignora, em uma desproporção crescente entre o saber e o *savoir-faire*, então o espaço dessa experiência técnica tende a se tornar mais animista, mágico, místico. Nesse caso, o que permanece nela sempre espectral tende a se virar — à medida, se é que se pode falar assim, dessa desproporção — cada vez mais **primitivo e arcaico**. De modo que a rejeição, assim como uma aparente apropriação, pode tomar a forma de uma religiosidade estrutural e invasora. Um certo espírito ecológico pode participar disso. (No entanto, é necessário distinguir, aqui, entre essa vaga ideologia ecológica e um discurso ou uma política ecológicos cujas competências são, por vezes, muito rigorosas.) Na história da humanidade, segundo parece, nunca foi tão grave a desproporção entre a incompetência científica e a competência manipuladora. Já nem é possível avaliá-la em relação às máquinas cujo uso é cotidiano, o controle garantido e a proximidade cada vez mais estreita, interior, doméstica. Anteontem, com toda a certeza, nem todos os soldados *sabiam* como funcionava a arma de fogo; no entanto, *tinham perfeito conhecimento* da maneira como se servir dela. Ontem, nem todos os motoristas ou os usuários de trem sabiam direito como "aquilo funcionava". Mas sua incompetência relativa não tem nenhuma proporção (quantitativa) e nenhuma analogia (qualitativa) com a incompetência que, hoje, a maior parte da humanidade manifesta em relação às máquinas que a fazem viver e com as quais ela aspira a viver na familiaridade cotidiana. Quem é capaz de explicar cientificamente aos filhos como funciona o telefone (via cabo submarino

ou satélite), a televisão, o fax, o computador, o correio eletrônico, o CD-ROM, o cartão eletrônico, o avião a jato, a distribuição de energia nuclear, o *scanner*, a ecografia, etc.?

46. A mesma religiosidade deve aliar a reatividade do retorno **primitivo e arcaico**, como dizíamos havia pouco, *não só* ao dogmatismo obscurantista, *mas também* à vigilância hipercrítica. As máquinas que ela combate, tentando se apropriar delas, são também máquinas destinadas a destruir a tradição histórica. Elas podem deslocar as estruturas tradicionais da cidadania nacional e tendem a suprimir, ao mesmo tempo, as fronteiras do Estado e a propriedade das línguas. Desde então, a reação religiosa (rejeição e assimilação, introjeção e incorporação, indenização e luto impossíveis) tem sempre duas vias normais, concorrentes e, aparentemente, antitéticas. No entanto, ambas podem tanto se opor quanto se aliar a uma tradição "democrática", a saber: ou o retorno fervoroso à cidadania nacional (patriotismo do estar em sua casa sob todas as suas formas, apego ao Estado-nação, despertar do nacionalismo ou do etnocentrismo, quase sempre aliados às igrejas ou às autoridades do culto), *ou então*, pelo contrário, o protesto universal, cosmopolita ou ecumênico: "ecologistas, humanistas, crentes de todos os países, uni-vos em uma Internacional do Antiteletecnologismo!". Trata-se de uma Internacional que, aliás, e aí está a singularidade de nosso tempo, só pode se desenvolver a partir das redes que ela combate, utilizando os meios do adversário. Na mesma velocidade contra um adversário que, na verdade, é o mesmo. O mesmo em dois, a saber, o que se chama de contemporâneo na anacronia gritante de sua disjunção. Indenização autoimune. É a razão pela qual esses movimentos "contemporâneos" devem procurar a salvação (o são e salvo, assim como o sacrossanto), também a saúde, no paradoxo de uma nova aliança entre o teletecnocientífico e os **dois** troncos da religião (por um lado, o indene, *heilig*, *holy*; e, por outro, a fé ou a crença, o fiduciário). O "humanitário" constituiria um bom exemplo disso. E também as "forças da manutenção da paz".

47. O que deveria ser anotado, se fosse feita a tentativa de formalizar, de maneira econômica, o axioma das **duas** fontes em torno de cada uma das duas "lógicas", se preferirmos, ou dos dois "recursos" distintos do que o Ocidente denomina, em latim, "religião"? Lembremos a hipótese dessas duas fontes: por um lado, a fiducial-*idade* da confiança, da fiabilidade ou da fiança (crença, fé, crédito, etc.); por outro, a inden-*idade* do indene (o são e salvo, o imune, o santo, o sagrado, *heilig*, *holy*). Talvez fosse necessário, em primeiro lugar, garantir, pelo menos, o seguinte: cada um desses axiomas, enquanto tal, já reflete e pressupõe o outro. Um *axioma* afirma sempre, como seu nome indica, um valor, um preço; confirma ou promete uma avaliação que deve permanecer intacta e dar lugar, como todo valor, a um ato de fé. Em seguida, cada um dos dois axiomas torna possível, mas não necessário, algo como uma religião, isto é, um aparelho instituído de dogmas ou artigos de fé determinados e indissociáveis de um dado *socius* histórico (Igreja, clero, autoridade socialmente legitimada, povo, partilha do idioma, comunidade de fiéis comprometidos com a mesma fé e tornando crível a mesma história). Ora, há de continuar sempre irredutível a diferença entre a abertura da *possibilidade* (*como estrutura universal*) e a *necessidade determinada* desta ou daquela religião; e, por vezes, no âmbito de cada religião, entre, por um lado, o que a mantém o mais perto possível de sua própria e "pura" possibilidade, e, por outro, suas próprias necessidades ou autoridades determinadas pela história. É, assim, que será possível sempre criticar, rejeitar, combater esta ou aquela forma de sacralidade ou de crença, inclusive de autoridade religiosa, em nome da mais originária possibilidade. Esta talvez *universal* (a fé ou a fiabilidade, a "boa-fé" como condição do testemunho, do vínculo social e, até mesmo, do questionamento mais radical) ou mesmo *particular*, por exemplo, a crença em tal acontecimento originário de revelação, de promessa ou de injunção, como na referência às Tábuas da Lei, ao cristianismo primitivo, a alguma palavra ou escritura fundamental, mais arcaica e pura do que o discurso clerical ou teológico. No entanto, parece impossível negar a possibilidade em nome da qual, graças à qual a *necessidade* derivada (a autoridade ou a crença determinada) viesse a se encontrar colocada em causa ou em questão, suspensa, rejeitada ou criticada, inclusive desconstruída. *Não* se pode negá-la significa que, no máximo, é possível negá-la. Com efeito, o discurso que lhe fosse oposto, então, cederia sempre à figura ou à lógica da negação. Talvez seria o lugar em que, antes e depois de todas as Luzes do mundo, a razão, a crítica, a ciência, a teletecnociência, a filosofia, o **pensamento** em geral, mantêm a *mesma* fonte que a religião em geral.

48. Esta última proposição, em particular no que concerne ao **pensamento**, exige, pelo menos, algumas precisões de princípio. Impossível consagrar-lhe, aqui, o grande número de desenvolvimentos necessários ou multiplicar, como seria fácil, as referências a todos aqueles que, antes ou depois de todas as Luzes do mundo, acreditaram na independência da razão crítica, do saber, da técnica, da filosofia e do pensamento em relação à religião e, até mesmo, de toda fé. Por que privilegiar, então, o exemplo de Heidegger? Por causa de sua extremidade e do que ele diz, nesse tempo, de uma certa "extremidade". Sem dúvida, já lembramos isso anteriormente, Heidegger escreveu em uma carta enviada a Löwith, em 1921: "Eu sou um 'teólogo cristão'."[31] Essa declaração mereceria longos protocolos de interpretação e não equivale, com toda a certeza, a uma simples profissão de fé. Mas não contradiz, não anula, nem impede esta outra certeza: Heidegger não só declarou, bem cedo e em várias oportunidades, que a filosofia era em seu próprio princípio "ateia", que a ideia da filosofia é para a fé uma "loucura" (o que pressupõe, pelo menos, a recíproca) e a ideia de uma filosofia cristã tão absurda quanto um "círculo quadrado". Não somente excluiu até mesmo a possibilidade de uma filosofia da religião. Não somente propôs uma dissociação radical entre a filosofia e a teologia, ciência positiva da fé, e inclusive entre o pensamento e a teiologia"[32], discurso sobre a divindade do divino.

31. Ver referência anterior, item 18, p. 26. Essa carta enviada a Löwith, em 19 de agosto de 1921, foi ultimamente citada em francês por J. Barash, *Heidegger et son siècle*, Paris, PUF, 1995, p. 80, nota 3, e por Françoise Dastur, "Heidegger et la théologie", in *Revue Philosophique de Louvain*, maio-agosto de 1994, nº 2-3, p. 299. Juntamente com o estudo de Jean-François Courtine citado mais acima, este último se encontra, em meu entender, entre os mais esclarecedores e mais ricos dos que têm sido publicados recentemente sobre o assunto.

32. Sobre essas questões, permito-me ainda remeter a "Comment ne pas Parler?", loc. cit. Quanto à divindade do divino, ao *theíon*, que seria assim o tema de

Não somente tentou uma "destruição" de todas as formas do ontoteológico, etc. Ele também escreveu, em 1953: "A crença [ou a fé] não tem lugar no pensamento (*Der Glaube hat im Denken keinen Platz*)."[33] Sem dúvida, o contexto dessa firme declaração é bastante particular. O termo *Glaube* parece se referir aí, *antes de tudo*, a uma forma de crença, à credulidade ou ao consentimento cedo à autoridade. Trata-se, então, da tradução de um *Spruch* (palavra, afirmação, julgamento, decisão, poema, em todo caso uma palavra que não se deixa reduzir ao enunciado teórico, científico, ou até mesmo filosófico, e que se liga de maneira, ao mesmo tempo, singular e performativa à natureza da língua). Em uma passagem que concerne à presença (*Anwesen, Präsenz*) e à presença na representação do representar (*in der Repräsentation des Vorstellens*), Heidegger escreve: "Não podemos provar (*beweisen*) cientificamente a tradução nem devemos, em virtude de alguma autoridade, simplesmente dar-lhe fé [dar-lhe crédito, acreditar nela] (*glauben*). O alcance da prova [subentenda-se 'científica'] é curto demais. A crença não tem lugar no pensamento [no pensar] (*Der Glaube hat im Denken keinen Platz*)." Assim, Heidegger não reconhece nem a prova científica (o que poderia levar a pensar que ele dá crédito nessa medida a um testemunho não científico) nem o crer, aqui, a confiança crédula e ortodoxa que, de olhos fechados, aquiesce e dá crédito, dogmaticamente, à autoridade (*Autorität*). Com toda a certeza, e quem o contradiria? Quem pretenderia confundir o pensamento com tal consentimento? No entanto, Heidegger não deixa de desenvolver, com vigor, e radicalidade, a asserção segundo a qual o crer *em geral* não tem lugar

---

uma teiologia, distinta não só da teologia, mas também da religião, não se deve perder a multiplicidade de seus sentidos. Já em Platão, e mais estreitamente no *Timeu*, é possível contar com, no mínimo, quatro conceitos do divino (ver, sobre esse ponto, a notável obra de Serge Margel, *Le Tombeau du dieu artisan*, Paris, Éd. de Minuit, 1995). É verdade que essa multiplicidade não impede; ao contrário, exige que voltemos à pré-compreensão unitária, ao horizonte de sentido, ao menos do que se chama assim com a mesma palavra, ainda que, no final das contas, seja necessário renunciar a esse horizonte.

33. "Der Spruch des Anaximander", in *Holzwege*, Klostermann, 1950, p. 343; trad. para o francês por Brokmeier, "La Parole d'Anaximandre", in *Chemins qui ne mènent nulle part*, Paris, Gallimard, 1962, p. 303.

na experiência ou no ato de pensar *em geral*. E aí poderíamos sentir alguma dificuldade para acompanhá-lo, sobretudo em seu próprio caminho. Mesmo evitando, e cumpre fazê-lo tão rigorosamente quanto possível, o risco de confundir as modalidades, os níveis, os contextos, parece, contudo, difícil dissociar da fé em geral (*Glaube*) o que o próprio Heideger, sob o nome de *Zusage* ("acordo, aquiescência, fiança ou confiança"), designa como o mais irredutível, até mesmo o mais originário do pensamento, antes mesmo desse questionamento a respeito do qual ele tinha afirmado que constitui a piedade (*Frömmigkeit*) do pensamento. Sabe-se que, sem colocar em questão esta última afirmação, ele lhe trouxe mais tarde uma precisão que fazia de *Zusage* o movimento mais característico do pensamento e, no fundo (ainda que Heidegger não o diga dessa forma), aquilo sem o qual a própria questão não teria surgido.[34] Essa evocação de uma espécie de fé, essa evocação da fiança de *Zusage*, "antes de" qualquer questão, portanto, "antes de" qualquer saber, qualquer filosofia, etc., formula-se, sem dúvida, de maneira particularmente impressionante bem tarde (1957). Inclusive formula-se sob a forma (rara em Heidegger, daí o interesse que muitas vezes lhe é atribuído) não de uma autocrítica ou de um remorso, mas do retorno a uma formulação a ser afinada, a tornar mais precisa, digamos antes, a re-investir de outra maneira. No entanto, esse gesto é menos novo e singular do que possa parecer. Teremos, talvez, a oportunidade de mostrar em outra ocasião (para isso, será necessário mais tempo e espaço) que ele é consequente com tudo o que, da analítica existencial ao pensamento do ser e da verdade do ser, reafirma continuamente o que denominaremos (em latim, infelizmente, e de maneira demasiado romana para Heidegger) uma certa *sacralidade testemunhal*, digamos mesmo uma fé jurada. Essa reafirmação contínua permeia toda a obra de Heidegger. Ela habita o motivo decisivo e em geral pouco observado da atestação (*Bezeugung*) em *Sein und Zeit*, com todos os que lhe são indissociáveis e dependentes, isto é, *todos*

34. Sobre esses pontos — e por não ter a possibilidade de desenvolvê-los aqui —, permito-me remeter a *De l'Esprit, Heidegger et la question*, Paris, Galilée, 1987, p. 147 et seq. Cf. também Dastur, Françoise, "Heidegger et la théologie", loc. cit., p. 233, nota 21.

os existenciais e, em particular, a consciência (*Gewissen*), a responsabilidade ou sentimento de culpa originário (*Schuldigsein*) e a *Entschlossenheit* (a determinação resoluta). Aqui, não podemos abordar, começando tudo de novo, a imensa questão da repetição ontológica, para todos esses conceitos, de uma tradição cristã tão marcante. Portanto, contentemo-nos em situar um princípio de leitura. Como a experiência da atestação (*Bezeugung*) autêntica e como tudo o que depende disso, o ponto de partida de *Sein und Zeit* tem seu lugar em uma situação que não pode ser radicalmente estranha ao que se chama de *fé*. Não a religião, é claro, nem a teologia, mas o que na fé aquiesce antes ou para além de qualquer questão, na experiência já comum de uma língua e de um "nós". O leitor de *Sein und Zeit* e o signatário que o toma como testemunha se encontram já no elemento dessa fé no momento em que Heidegger diz "nós" para justificar a escolha do estar "exemplar" que é o *Dasein*, esse ser questionador que se deve também interrogar como uma testemunha exemplar. E o que torna possível, para esse "nós", a posição e a elaboração da questão do ser, a explicitação e a determinação de sua "estrutura formal" (*das Gefragte, das Erfragte, das Befragte*), *antes de qualquer questão*, não será o que Heidegger chama, então, de *Faktum*, a saber, essa pré-compreensão vaga e banal do sentido do ser e, antes de tudo, das palavras "é" ou "ser" na linguagem ou em uma língua (§ 2)? Esse *Faktum* não é um fato empírico. Sempre que Heidegger utiliza essa palavra, somos necessariamente reconduzidos a essa área onde a aquiescência é *de rigor*. Que ela seja ou não formulada, continua sendo requisitada antes e em vista de qualquer questão possível, portanto, antes de qualquer filosofia, qualquer teologia, qualquer ciência, qualquer crítica, qualquer razão, etc. Essa área é a de uma fé incessantemente reafirmada por meio de uma cadeia aberta de conceitos, a começar por aqueles que já citamos (*Bezeugung, Zusage*, etc.), mas abre-se também a tudo o que, na linha de pensamento de Heidegger, marca a parada reservada da retenção (*Verhaltenheit*) ou a estada (*Aufenthalt*) no pudor (*Scheu*) junto ao indene, ao sagrado, ao são e ao salvo (*das Heilig*), a passagem ou a vinda do último deus, que, com toda a certeza, o homem ainda não está preparado para receber.[35] Que o movimento próprio dessa fé não constitua uma religião é por demais evidente. Será indene de qualquer religiosidade? Talvez. E também de toda "crença", dessa "crença" que não teria "lugar no pensamento"? Isso parece menos certo. Como a questão principal continua presente, em nosso entender, sob sua forma ainda completamente nova — "O que é crer?" — nos perguntaremos (em outra oportunidade) como e por que Heidegger pode afirmar uma das possibilidades do "religioso", cujos sinais acabamos de evocar esquematicamente (*Faktum, Bezeugung, Zusage, Verhaltenheit, Heilige*, etc.), e, ao mesmo tempo, rejeitar de maneira tão enérgica a "crença" ou a "fé" (*Glaube*).[36] Nossa hipótese remete ainda às duas fontes ou vertentes da

35. Sobre todos esses temas, seria imenso o *corpus* a ser invocado, e aqui não teríamos condições de lhe fazer justiça. Ele é, sobretudo, determinado pela palavra de uma entrevista entre o Poeta (a quem é atribuída a tarefa de dizer e, portanto, de salvar o Indene, *das Heilige*) e o Pensador, que está à espreita dos sinais do deus. Quanto aos *Beiträge...*, particularmente ricos nesse aspecto, remeto ainda ao estudo de Jean-François Courtine e a todos os textos que aí são evocados e interpretados.

36. Samuel Weber chamou minha atenção, e agradeço-lhe por isso, para as páginas muito densas e difíceis que Heidegger consagra a "O pensamento do Eterno Retorno enquanto crença (*als eine Glaube*)" em seu *Nietzsche* (Neske, 1961, t. I, p. 382 et seq; trad. para o francês por P. Klossowski, Paris, Gallimard, 1971, t. I, p. 298 et seq.). Na releitura, parece-me impossível, em uma nota de rodapé, fazer justiça à riqueza, à complexidade e à estratégia dessas páginas. Tentarei voltar ao assunto em outro momento. Para início de conversa, somente dois pontos:

1) Tal leitura pressuporia uma estada paciente e pensante junto a essa parada (*Halt, Haltung, Sichhalten*) mencionada mais acima (nota 27, na p. 68) na linha de pensamento de Heidegger.

2) Essa "parada" é uma determinação essencial da crença, tal como Heidegger a interpreta, pelo menos, na leitura de Nietzsche e, principalmente, da questão formulada em *A vontade de poder*: "O que é uma *crença*? Como é que ela surge? Toda crença é um *considerar-como-verdadeiro* (*Jeder Glaube ist ein* Für-Wahr-halten)." Sem dúvida, Heidegger permanece muito prudente e suspensivo na interpretação do "conceito da crença" (*Glaubensbegriff*) segundo Nietzsche, isto é, de seu "conceito da verdade e do 'manter-se (*Sichhalten*) na verdade e limitar-se à verdade'". Chega até a declarar que renuncia a isso, assim como a representar a apreensão nietzscheana da diferença entre a religião e filosofia. No entanto, ele multiplica as indicações preliminares, referindo-se a afirmações que datam do período de *Zaratustra*. Essas indicações deixam ver que, em seu entendimento, se a crença é constituída pelo "considerar-como-verdadeiro" e pelo "manter-se na verdade", e se a verdade significa para

religião, cuja distinção foi apresentada anteriormente: a experiência da sacralidade e a experiência da crença. Mais acolhedor em relação à primeira (em sua tradição greco-hölderliniana ou, até mesmo, arqueocristã), Heidegger teria resistido mais à segunda, constantemente reduzida por ele a tantas figuras que, sem cessar, colocou em questão, para não dizer "destruiu" ou denunciou: a crença dogmática ou crédula na autoridade, é claro, mas também a crença segundo as religiões do Livro e a ontoteologia, e sobretudo o que na crença no outro o levou, porventura, a ficar com a impressão (sem razão, em nosso entender) de fazer necessariamente apelo à subjetividade egológica do *alter ego*. Aqui, estamos falando da crença solicitada, requisitada, da crença fiel no que, vindo do outro completamente outro, onde sua apresentação originária e em pessoa fosse impossível para sempre (**testemunho** ou palavra dado no sentido mais elementar e irredutível, promessa de verdade inclusive no perjúrio), constituiria a condição do *Mitsein*, da relação ou da mensagem dirigida ao outro em geral.

49. Para além da cultura, da semântica ou da história do direito — aliás, emaranhadas — que determinam esta palavra ou este conceito, a experiência do **testemunho** situa *uma* confluência destas duas fontes: o *indene* (o salvo, o sagrado ou o santo) e o *fiduciário*

Nietzsche a "relação com o ente em sua totalidade", então a crença — que consiste em "considerar como verdadeira alguma coisa representada (*ein Vorgestelltes als Wahres nehmen*) — permanece, portanto, de alguma forma, metafísica e, desde então, desigual ao que no pensamento deveria exceder não só a ordem da representação, mas também a totalidade do ente. O que seria coerente com a afirmação que citávamos havia pouco: "*Der Glaube hat im Denken keinen Platz.*" Da definição nietzscheana da crença (*Für-Wahr-halten*), Heidegger declara, antes de tudo, reter apenas uma coisa, embora "a mais importante", a saber: "limitar-se ao verdadeiro e manter-se no verdadeiro (*das Sichhalten an das Wahre und im Wahren*)". E acrescentará um pouco adiante: "Se o *manter-se* na verdade constitui uma modalidade da vida humana, então só será possível tomar uma decisão a respeito da essência da crença e, em particular, do conceito nietzscheano da crença, depois de ter ficado esclarecida sua concepção da verdade enquanto tal e sua relação com a 'vida', ou seja, para Nietzsche: a relação com o ente em sua totalidade (*zum Seiendem im Ganzen*). Sem ter adquirido uma noção suficiente da concepção nietzscheana da crença, não ousaríamos dizer sem dificuldade o que a palavra 'religião' significa para ele [...]" (p. 386; trad. ligeiramente modificada, p. 301).

(fiabilidade, fidelidade, crédito, crença ou fé, "boa-fé" implicada, inclusive, na pior "má-fé"). Dizemos *essas* duas fontes, em um de seus encontros, porque a figura das duas fontes, como verificamos, se multiplica, já não conseguimos dar conta de seu número, e aí estaria, talvez, uma outra necessidade de nossa interrogação. No testemunho, a verdade é prometida para além de qualquer prova, de qualquer percepção, de qualquer demonstração intuitiva. Mesmo se eu minto ou faço um juramento falso (e sempre e sobretudo quando tomo essa atitude), prometo a verdade e peço ao outro que acredite no outro que eu sou, exatamente onde sou o único a poder dar testemunho e onde a ordem da prova ou da intuição nunca será redutível ou homogênea a essa fiducialidade elementar, a essa "boa-fé" prometida ou exigida. Com toda a certeza, esta última nunca está isenta de toda iterabilidade, nem de toda técnica, portanto de toda **calculabilidade**. Com efeito, desde o primeiro instante, ela promete também sua repetição. Está comprometida em toda mensagem dirigida ao outro. Desde o primeiro instante lhe é coextensiva e, assim, condiciona todo "vínculo social", todo questionamento, todo saber, toda performatividade e toda performance teletecnocientífica em suas formas mais sintéticas, artificiais, protéticas, calculáveis. O ato de fé exigido pela atestação leva, por estrutura, para além de qualquer intuição e de qualquer prova, de qualquer saber ("Juro que digo a verdade, não necessariamente a 'verdade objetiva', mas a verdade do que acredito ser a verdade, digo-te essa verdade, acredita em mim, acredita no que acredito, tanto mais que nunca poderás ver nem conhecer o lugar insubstituível e, no entanto, universalizável, exemplar, a partir do qual eu te falo: meu testemunho, talvez, seja falso, mas eu sou sincero e tenho boa-fé, não se trata de um falso testemunho"). O que faz, nesse caso, a promessa desse performativo axiomático (quase transcendental) que condiciona e precede como sua sombra tanto as declarações "sinceras" quanto as mentiras e os perjúrios, e, portanto, toda mensagem dirigida ao outro? É o mesmo que dizer: "Acredita no que eu digo como se acredita em um milagre." E, por mais verossímil, banal ou cotidiana que seja a coisa sobre a qual se dê o menor testemunho, este fará apelo à fé como o faria em relação a um milagre. Ele se propõe como o próprio milagre em um espaço que não deixa nenhuma oportunidade ao desencantamento. A experiência do desencantamento, por mais indubitável que seja, não passa de uma modalidade dessa experiência "miraculada", o efeito reativo e passageiro, em cada uma de suas determinações históricas, do maravilhoso testemunhal. Que se seja chamado a acreditar em qualquer testemunho como em um milagre ou em uma "história extraordinária", eis o que se inscreve inesperadamente no próprio conceito de testemunho. E não se deve ficar surpreso por ver os exemplos de "milagres" invadir todas as problemáticas do testemunho, sejam elas clássicas ou não, críticas ou não. A atestação *pura*, se houver alguma, faz parte da experiência da fé e do milagre. Implicada em todo "vínculo social", por mais banal que seja, se torna tão indispensável à Ciência quanto à Filosofia e à Religião. Essa fonte pode reunir-se ou dissociar-se, re-ajuntar-se ou des-ajuntar-se. Ao mesmo tempo ou de modo sucessivo. Pode parecer contemporânea de si mesma, exatamente onde a fiança testemunhal na garantia do outro une a crença no outro à sacralização de uma presença-ausência ou à santificação da lei, como lei do outro. Pode se dividir de diversas maneiras. Em primeiro lugar, na alternativa entre uma sacralidade sem crença (índice desta álgebra: "Heidegger") e uma fé em uma santidade sem sacralidade, na verdade, dessacralizante, chegando mesmo a fazer de um certo desencantamento a condição da autêntica santidade (índice: "Levinas" — principalmente o autor de *Du Sacré au saint*). Em seguida, pode se dissociar exatamente onde o que constitui o dito "vínculo social" na crença é também a interrupção. Não há oposição — fundamental — entre "vínculo social" e "desvinculação social". Uma certa desvinculação interruptiva é a condição do "vínculo social", a própria respiração de toda "comunidade". Nem chega a existir aí o nó de uma condição recíproca, mas antes a possibilidade aberta ao desenlace de qualquer nó, ao corte ou à interrupção. Aí abrir-se-ia o *socius* ou a relação com o outro como segredo da existência testemunhal — portanto, de uma certa fé. Se a crença é o éter da mensagem e da relação com o completamente outro, isso se verifica na própria experiência da não relação ou da *interrupção* absoluta (índices: "Blanchot", "Levinas"...). A hipersantificação dessa não relação ou dessa transcendência passaria, ainda aí, pela dessacralização — não digamos secularização ou laicização por serem conceitos demasiado cristãos; talvez, até mesmo, por um certo "ateísmo", em todo caso, por uma experiência radical dos recursos da "teologia negativa" — e, inclusive, além de sua tradição. Aqui, seria necessário separar, graças a um outro léxico, por exemplo, hebraico (a santidade do *kidouch*), o sagrado e o santo, e já não se contentar com a distinção latina evocada por Benveniste entre a sacralidade natural nas coisas e a santidade da instituição ou da lei.[37] Essa dis-junção interruptiva injunge uma espécie de igualdade incomensurável na dissimetria absoluta. A lei dessa intempestividade interrompe e faz a história, frustra toda contemporaneidade e abre o próprio espaço da fé. Designa o desencantamento como o próprio *recurso do religioso*. O primeiro e o último. Portanto, nada parece mais arriscado, mais difícil de fazer, nada parece, aqui ou ali, mais imprudente do que um discurso categórico sobre a época do desencantamento, a era da secularização, o tempo da laicidade, etc.

50. Calculabilidade: questão aparentemente aritmética do dois, ou antes do n + 1, através e para além da demografia, mencionada mais acima. Por que é necessário que exista sempre *mais de uma fonte?* Não haveria duas fontes da religião. Mas fé e religião, fé ou religião, porque *há, pelo menos, duas*. Porque há, bem ou mal, divisão e iterabilidade da fonte. Esse suplemento introduz o incalculável no âmago do calculável. (Levinas: "É esse ser duplo que é humano, que é espiritual.") No entanto, o mais de Um é, sem tardar, mais de dois. Não existe aliança de dois, a menos que isso signifique, com efeito, a loucura pura da fé pura. A pior violência. O mais de Um é esse n + 1 que introduz não só a ordem da fé ou da fiabilidade na mensagem dirigida ao outro, mas também a divisão maquinal, mecânica (afirmação testemunhal e reatividade, "sim, sim", etc., secretária eletrônica, *answering machine* e possibilidade do mal radical: perjúrio, mentira, assassinato teleguiado, comandado a distância mesmo quando estupra e mata com as mãos nuas).

37. Benveniste, *Le Vocabulaire...*, op. cit., em particular, p. 184, 187-192, 206.

51. A possibilidade do **mal radical** destrói e institui, ao mesmo tempo, o religioso. A ontoteologia faz o mesmo quando suspende o sacrifício e a oração, a verdade dessa oração que se mantém, evoquemos uma vez mais Aristóteles, para além do verdadeiro e do falso, para além de sua oposição, em todo caso, segundo um certo conceito da verdade ou do julgamento. Como a bênção, a oração faz parte desse regime originário da fé testemunhal ou do martírio que temos tentado pensar, aqui, em sua força mais "crítica". A ontoteologia en**cripta** a fé e a destina à condição de uma espécie de marrano espanhol que tivesse perdido, na verdade, dispersado, multiplicado, inclusive a memória de seu único segredo. Emblema de uma natureza morta: a romã cortada, na noite de Páscoa, em uma bandeja.

52. No fundo sem fundo dessa **cripta**, o 1 + n engendra incalculavelmente todos os seus suplementos. *Ele se contém a custo e desconfia do outro.* A autoimunidade da religião só pode se indenizar sem fim determinado. A partir do fundo sem fundo de uma impassibilidade sempre virgem, *chóra* de amanhã em línguas que já deixamos de falar ou ainda não falamos. Esse lugar é único, é o Um sem nome. *Dá lugar, talvez,* mas sem a menor generosidade, nem divina nem humana. Aí a dispersão das cinzas não chega a ser prometida, nem a morte executada.

(*Eis, talvez, o que eu teria desejado dizer de um certo monte Moriah — indo a* Capri*, no ano passado, pertinho do Vesúvio e de* Gradiva*. Hoje, lembro-me do que tinha lido, havia algum tempo, em* Genet à Chatila *— desse livro seria necessário evocar, aqui, tantas premissas em tantas línguas, os atores e as vítimas, e as vigílias e a consequência, todas as paisagens e todos os espectros: "Uma das questões que não hei de evitar é a da religião."*[38])

(Laguna, 26 de abril de 1995.)

38. J. Genet, *Genet à Chatila*, Paris, Solin, 1992, p. 103.

O VESTÍGIO DO VESTÍGIO*

Gianni Vattimo

Diz-se amiúde que a experiência religiosa é a experiência de um êxodo; mas se êxodo for, trata-se provavelmente da partida para uma viagem de retorno. Talvez não devido a uma natureza essencial qualquer; mas, de fato, em nossas condições de existência (Ocidente cristão, modernidade secularizada, estado de ânimo de final de século tenso devido aos prementes e inéditos riscos apocalípticos), a religião é experimentada como um retorno. É o restabelecimento presente de algo que acreditávamos ter esquecido em definitivo, a reativação de um vestígio adormecido, a reabertura de uma ferida, a reaparição de algo que fora removido, a revelação de que o que pensávamos ter sido uma *Überwindung* (superação, aquisição de veracidade e consequente descarte) ainda é somente uma *Verwindung*, uma longa convalescença que tem de tornar a enfrentar o vestígio indelével de sua doença. Se retorno for, poderia ser um modo de a religião se reapresentar que permanece acidental em relação à sua própria essência? Como se — por algum acaso histórico, individual ou social — simplesmente tivesse nos acontecido de esquecê-la, distanciando-nos dela (talvez com sentimento de culpa), e agora, por alguma outra circunstância fortuita, o esquecimento de repente tivesse se tornado mais rarefeito? Mas um mecanismo dessa natureza (há uma verdade essencial, nesse caso da religião, que está imóvel em algum lugar, enquanto, ao seu redor, os indivíduos e as gerações vão e vêm, num movimento totalmente exterior e irrelevante) já se tornou impraticável em

* Tradução do italiano por Roberta Barni.

filosofia: se dissermos que uma tese é verdadeira, devemos tachar de estupidez ou de irracionalidade precoce todos os grandes ou nem tão grandes pensadores do passado que não a reconheceram? E, se não, isso significa que há uma história da verdade (uma história do ser) que não é tão inessencial para o seu "conteúdo"... Baseando-nos sobretudo em considerações como essas, parece preferível a hipótese segundo a qual o reaparecimento, a volta da religião em nossa experiência, não é um fato puramente acidental, a ser posto de lado para simplesmente nos concentrarmos nos conteúdos que desse modo retornam. Podemos, ao contrário, supor legitimamente que o retorno seja um aspecto (ou o aspecto) essencial da experiência religiosa.

Sigamos então o rasto desse vestígio, assumindo como o traço constitutivo, para uma renovada reflexão sobre a religião, o próprio fato de seu retorno, de sua reaparição, de seu apelo numa voz que estamos certos de já termos ouvido. Se assumirmos que o retorno não é um aspecto exterior e acidental da experiência religiosa, então até os modos concretos desse retorno, assim como o experimentamos em nossas condições históricas extremamente determinadas, deverão ser considerados essenciais. Mas o que será preciso observar para considerar as atuais modalidades concretas do retorno do religioso? Essas modalidades parecem ser principalmente de dois tipos, que não permitem o estabelecimento de uma ligação imediata, ao menos à primeira vista. De um lado, com presença mais patente na cultura comum, o retorno do religioso (como exigência, como nova vitalidade de igrejas, seitas, como busca de doutrinas e práticas outras — a "moda" das religiões orientais, etc.) é antes de mais nada motivado pela premência de riscos globais que nos parecem inéditos, sem precedentes na história da humanidade. Teve início logo depois da Segunda Guerra Mundial com o medo da guerra nuclear, e hoje, com esse risco parecendo menos iminente por causa das novas condições das relações internacionais, difunde-se o medo da proliferação descontrolada desse mesmo tipo de arma e, de uma forma mais geral, a ansiedade diante das ameaças que pesam sobre a ecologia planetária e os receios ligados às novas possibilidades de manipulação genética. Outro medo, também bastante difundido, ao menos nas sociedades mais avançadas, é o da perda do sentido da existência, do verdadeiro tédio que parece acompanhar inevitavelmente o consumismo. O que evoca e atualiza aquela "hipótese extrema demais" que era Deus para Nietzsche é sobretudo o caráter radical desses riscos, que parecem ameaçar a existência da espécie e sua própria "essência (o código genético pode ser modificado...). Mesmo aquela forma de retorno do religioso que se expressa na busca e afirmação das identidades locais, étnicas, tribais — amiúde de modo violento — pode ser remetida na maior parte dos casos a uma recusa da modernização enquanto causa de uma destruição das raízes autênticas da existência.

No que diz respeito à filosofia e à reflexão explícita, o retorno do religioso parece acontecer segundo modalidades totalmente diferentes, ligadas a experiências teóricas que nos parecem bastante distantes, e em contraste com a inspiração quase sempre "fundamentalista" da nova religiosidade inspirada nos medos apocalípticos difundidos em nossa sociedade. A queda dos interditos filosóficos contra a religião, já que é justamente disso que se trata, coincide com a dissolução dos grandes sistemas que acompanharam o desenvolvimento da ciência, da técnica e da organização social modernas; e, portanto, com o desaparecimento de qualquer fundacionalismo — em outras palavras, daquilo que a consciência comum parece buscar em sua volta à religião. Naturalmente — e esta também é uma ideia difundida — pode ser que a nova vitalidade da religião dependa justamente do fato de a filosofia e o pensamento crítico em geral, por terem abandonado a própria noção de fundamento, já não conseguirem fornecer à existência aquele sentido que se busca, por conseguinte, na religião. Mas essa leitura da situação — que muitos sustentam, mesmo onde não esperaríamos encontrá-la — de pronto dá por resolvido o próprio problema do retorno, de onde começamos. Isto é, pensa a historicidade da condição atual em termos de um desgarramento puro e simples que nos teria conduzido para longe do fundamento — sempre presente e disponível — produzindo também, pelo mesmo motivo, uma ciência e uma técnica "desumanas"; desse ponto de vista, o retorno que se trataria de realizar não passa de um abandono da historicidade e da recuperação de uma condição autêntica que só pode ser pensada como uma "permanência no essencial". O problema que assim se instaura é se a religião seria inseparável da metafísica no sentido heideggeriano da palavra; isto é, se é possível pensar-se Deus apenas como o fundamento imóvel da história, do qual tudo parte e ao qual tudo deve retornar — com a consequente dificuldade de designação de um sentido qualquer a esse enorme vaivém. Note-se que exatamente esse tipo de dificuldade estava entre as que levaram Heidegger a fazer o apelo para que se repensasse o sentido do ser fora dos esquemas objetivistas e essencialistas da metafísica. Nos anos cruciais em que preparava *Sein und Zeit* [*Ser e tempo*], como sabemos, Heidegger estava profundamente interessado numa reflexão sobre a religião mesma em relação aos problemas da historicidade, da temporalidade e, em última análise, da liberdade e da predestinação.

Diante desta contradição — que não é só aparente — entre a necessidade de fundamentos que se expressa no retorno da religião na consciência comum e a própria redescoberta da (plausibilidade da) religião em decorrência da dissolução das metanarrações metafísicas, a filosofia parece ter de procurar reconhecer e trazer à tona as raízes comuns das duas formas do "retorno". Isso sem abrir mão das próprias motivações teóricas, mas, ao contrário, fazendo com que essas valham como a base para uma radicalização crítica da própria consciência comum. (Inútil dizer que aqui também se expressa uma concepção geral da relação entre filosofia e consciência comum da época, que não cabe aqui desenvolver, e que remete não tanto a um historicismo de traços hegelianos, mas sim à reflexão heideggeriana acerca da relação entre o fim da metafísica e o desdobramento completo da ciência e da técnica como estrutura de sustentação da sociedade moderna tardia. Em outras palavras, o próprio Heidegger, ou sobretudo Heidegger, pensa e pratica a filosofia como o próprio tempo apreendido no pensamento, como uma expressão reflexa de temáticas que, ainda antes de pertencerem obscuramente à consciência comum, são histórias do ser, momentos constitutivos da época...)

A raiz comum da necessidade religiosa disseminada em nossa sociedade e do retorno da (plausibilidade da) religião na filosofia de hoje é constituída pela referência à modernidade como época da ciência e da técnica ou, na expressão de Heidegger, como época da concepção do mundo. Se a reflexão crítica quer se apresentar como uma interpretação autêntica da necessidade religiosa da consciência comum, tem de mostrar que essa necessidade não se satisfaz adequadamente com uma pura e simples retomada da religiosidade "metafísica", isto é, com uma fuga do potencial de confusão da modernização e da Babel da sociedade secularizada em função de um renovado fundacionalismo. Uma tal "demonstração" seria possível? A pergunta simplesmente traduz a questão fundamental da filosofia heideggeriana, mas também pode ser lida como variação do projeto nietzscheano do "super-humano", que deveria ser o homem capaz de se elevar ao nível de suas novas possibilidades de domínio do mundo. Reagir ao caráter problemático e caótico do mundo moderno tardio por meio de uma volta a Deus como fundamento metafísico significa, em termos nietzscheanos, a recusa ao desafio da super-humanidade; ou, ainda, a autocondenação àquela condição de escravidão que Nietzsche considera inevitável para todos os que, justamente, não aceitaram tal desafio. (Se observarmos as transformações que a existência individual e social sofre na sociedade dos meios de comunicação de massa, essa alternativa entre super-humanidade e escravidão não parece tão inverossímil ou puramente retórica.) De um ponto de vista heideggeriano, ademais, fica evidente que uma reação contra a Babel da modernidade tardia por meio de um retorno a Deus como fundamento significa simplesmente a busca de uma saída da metafísica, opondo à sua dissolução final a retomada de uma de suas configurações "anteriores", que só parece desejável por ser justamente mais desligada — mas só nas aparências — das condições atuais das quais desejamos sair. A insistência de Heidegger sobre a necessidade de esperar que o ser volte a nos falar, e sobre o caráter prioritário de seu dar-se em relação a toda a iniciativa do homem (estou pensando, é óbvio, em *Was heißt Denken?* e na carta sobre o humanismo) significa simplesmente isto: a superação da metafísica não pode consistir na oposição de uma condição de autenticidade ideal às degenerações da ciência e da técnica modernas; pois o ser só se dá em seu evento, e justamente "ali onde há perigo também cresce aquilo que salva"; a superação da metafísica e também de sua fase de extrema dissolução — portanto da Babel tardomoderna e de seus medos apocalípticos — só tem de ser buscada se corresponder de modo não puramente "reativo" (ainda utilizando um termo nietzscheano) ao apelo do ser que só se dá em seu evento, isto é, no mundo da ciência e da técnica e da organização total, no *Ge-Stell*. Observar a técnica sabendo que sua essência não é algo técnico — como Heidegger não se cansa de lembrar —, ou seja, vê-la como o ponto de chegada extremo da metafísica e do esquecimento do ser no pensamento do fundamento, significa justamente a disposição para a superação da metafísica por meio de uma escuta não reativa do destino técnico do próprio ser.

Em seu retorno à religião, a consciência comum tende a se comportar de modo reativo. Em outras palavras, tende a se desdobrar como busca nostálgica de um fundamento último e inabalável. Nos termos de *Sein und Zeit*, essa tendência seria apenas a última análise, na própria finitude da existência; e à qual a filosofia se opõe, sempre naquela obra, a possibilidade da autenticidade (também estrutural) descoberta pela analítica existencial e acessível na resoluta projeção existencial rumo à própria morte. Mas, nos termos do projeto de superação da metafísica como rememoração e audição da história do ser, tal contraposição — no fundo platônica — entre filosofia e consciência comum já não parece imaginável. A filosofia provavelmente deve se pensar como audição crítica — isto é, como rememoração do *Ge-Schick* do ser, as vicissitudes de suas *Schickungen* — do apelo que só se torna audível na própria condição de inautenticidade que já não se concebe como estrutural, mas como ligada ao evento do ser, nesse caso ao dar-se do ser no momento final da metafísica. Tudo isso pode ser dito muito mais simplesmente insistindo-se no caráter não acidental do dar-se, para nós, da experiência religiosa como retorno.

É (só) porque as metanarrações metafísicas se dissolveram que a filosofia redescobriu a plausibilidade da religião e pode, por conseguinte, olhar para a necessidade religiosa da consciência comum fora dos esquemas da crítica iluminista. A tarefa crítica do pensamento para com a consciência comum consiste, aqui e agora, em evidenciar que também para essa consciência o reencontro da religião é *positivamente* qualificado pelo fato de se apresentar no mundo da ciência e da técnica da modernidade tardia, isto é, evidenciar que a relação com este mundo não pode ser concebida apenas em termos de fuga e de alternativa polêmica; ou, o que seria o mesmo, pelo menos do ponto de vista das diferenças entre metafísica e ontologia em termos de redução de suas novas possibilidades e supostas leis naturais, a normas essenciais (a técnica, segundo o papa...).

Dizer, porém, que a figura do retorno, portanto a historicidade, seja essencial e não acidental para a experiência religiosa não significa, primordial ou exclusivamente, que a religião à qual queremos voltar tenha de se configurar como qualificada por seu pertencer à época do fim da metafísica; antes de mais nada, o que a filosofia extrai da experiência da essencialidade da figura do retorno é uma identificação geral da religião com a positividade, no sentido de factualidade, eventualidade, etc. Pode ser que aqui só estejamos realizando a tradução do que boa parte da filosofia da religião apontou como a criaturalidade que constituiria o conteúdo essencial da experiência religiosa (mas não há motivo para recusar essa proximidade ou dependência em relação à tradicional reflexão filosófico-religiosa: ela é outro aspecto da positividade de que se trata aqui).

Aliás, de modo geral, parece essencial que a possibilidade de repensar filosoficamente a religião depende do elo entre os dois sentidos da positividade: aquele segundo o qual é determinante para o próprio conteúdo da experiência religiosa reencontrada o fato de que seu retorno se dê nas precisas condições históricas de nossa existência na modernidade tardia, qualificando-se portanto em relação a essa existência não somente como um aparecimento casual; e, em segundo lugar, que o próprio retorno indique como caráter constitutivo da religião a sua positividade como dependência de uma factualidade originária, eventualmente legível como dimensão criatural, dependência (quem sabe no sentido de Schleiermacher).

Sermos justos com o significado da experiência do retorno implica, antes de mais nada, nos mantermos no horizonte desse duplo sentido da positividade: criaturalidade como historicidade concreta e mais que determinada, mas também, ao contrário, historicidade como proveniência de uma origem que, enquanto não estrutural ou essencial do ponto de vista metafísico, também tem todos os traços da eventualidade e da liberdade. Mantermo-nos à luz dessa conexão não é tão simples: a história da religiosidade "metafísica" parece mostrar justamente essa dificuldade, em razão da qual a positividade se resolve por inteiro em criaturalidade pura e simples, com o resultado que a historicidade concreta da existência é considerada unicamente como a finitude para além da qual a experiência religiosa faria com que nós déssemos quase que um salto (em Deus, na transcendência); ou, na melhor das hipóteses, essa historicidade seria considerada como lugar em que somos postos à prova. Procurei mostrar, em outros escritos, como esse risco, e talvez mais do que risco, está presente no pensamento de Levinas e, em certa proporção, caracteriza a posição de Derrida (pelo menos de modo explícito no ensaio sobre Levinas em *L'Écriture et la differénce*). Naturalmente — como aliás fica claro se considerarmos as origens judaico-cristãs do historicismo moderno elucidadas de forma magistral por Löwith — risco simétrico a esse consiste na identificação da positividade com a historicidade intramundana, que reduziria o divino ao determinismo histórico: a história do mundo como tribunal do mundo, segundo a máxima de Hegel. Com essa insistência na positividade, o autor ao qual remetemos, evidentemente, não é Hegel, mas sim Schelling, ainda que sem nenhuma pretensão de fidelidade literal à sua filosofia última. Mas, certamente, da filosofia positiva de Schelling, a concepção da religião que aqui vai se traçando retém pelo menos a atenção à mitologia; nem tanto — e, nesse ponto, marca-se provavelmente uma diferença — como modo de conhecimento mais adequado de verdades que transcendem a razão; mas como linguagem apropriada à narração de eventos que, enquanto positivos no duplo sentido que se mencionou, só podem ser transmitidos em forma de mitos. A reflexão de Pareyson sobre a experiência religiosa e sobre a sua ligação com o mito[1] — conduzida, aliás, por meio de uma referência constante a Schelling — resulta aqui de suma importância, ainda que deva ser completada precisamente para dissipar qualquer possibilida

1. Vejam-se sobretudo os escritos reunidos no volume *Filosofia della libertà*, Turim, Einaudi, 1994.

de residual de redução da positividade da experiência religiosa a pura criaturalidade (com a consequente tendência a assumir o pensamento mítico numa espécie de abstração a-histórica, e a dificuldade até em distinguir o mito cristão do grego).[2] O termo "mito", aliás, funciona aqui como emblema de tudo o que é positivo nos dois sentidos que atribuímos à palavra. É o lugar onde se dá uma historicidade ao mesmo tempo tão radical e (justamente por isso) tão irredutível à imanência da historicidade intramundana. Com isso, também reencontramos outro aspecto importante da reflexão filosófico-religiosa contemporânea (e não só): o que insiste no "religioso" (não temos outro termo, por enquanto) como irrupção de um "Outro" e descontinuidade no decurso horizontal da história. Salvo que, ao menos nos parece, esse caráter de descontinuidade e de irrupção seja amiúde entendido — mais uma vez — como pura negação "apocalíptica" da historicidade, como novo início absoluto que renega qualquer ligação com o passado e estabelece uma relação puramente vertical com a transcendência, vista por sua vez como pura plenitude metafísica do fundamento eterno.

Ao mito como termo geral para a positividade remetem todos os conteúdos tipicamente positivos da experiência religiosa que retorna em nossa condição presente e que, como o mito, não são totalmente traduzíveis nos termos da racionalidade argumentativa. Por exemplo, e primeiramente, mais do que o sentido da culpa e do pecado, a necessidade de perdão. Não deve parecer estranho que aqui se aponte, como conteúdo característico da experiência religiosa, a necessidade de perdão mais do que o sentimento de culpa e a percepção do mal e de sua inexplicabilidade. É provável que estejamos aqui tocando um dos traços daquela historicidade específica em que hoje a experiência religiosa se nos reapresenta: quer a intensidade do sentimento de culpa, quer a radicalidade da experiência do mal parecem, com efeito, inseparáveis de uma concepção que não hesitamos em denominar metafísica da subjetividade, uma espécie de visão enfática da liberdade que

2. Discuti mais largamente esse problema no ensaio agora incluído em meu *Etica dell'interpretazione*, Turim, Rosenberg e Sellier, 1989 (cap. 4, p. 49-62).

parece se chocar contra os aspectos excessivos daquela mesma espiritualidade que hoje reencontra a religião. Em outros termos: se é verdade que a religião hoje se nos reapresenta como uma exigência profunda e também filosoficamente plausível, isso se deve, também e primeiramente, a uma dissolução generalizada das certezas racionalistas das quais o sujeito moderno se alimentou; exatamente aquele sujeito para o qual o sentimento de culpa e a "inexplicabilidade" do mal são elementos tão centrais e decisivos. O mal e a culpa são menos "escandalosos" se o sujeito não se levar a sério de modo tão dramático como pretende a mentalidade metafísica, explícita ou implicitamente racionalista. Isso, porém, não significa que a experiência da finitude, sobretudo como inadequação de nossas respostas à "pergunta" que procede dos outros (ou mesmo do Outro, no sentido de Levinas), deixe de se configurar como necessidade de um "suplemento" que só conseguimos representar a nós mesmos como transcendente. Não seria difícil, provavelmente, atribuir a essa necessidade — que é, ao mesmo tempo, desejo de responder à pergunta do outro e apelo a uma transcendência capaz de preencher a insuficiência de nossas respostas — quer o sentido das três virtudes teologais da tradição cristã, quer os postulados da razão prática kantiana (ao menos os que dizem respeito à existência de Deus e à imortalidade da alma).

No horizonte do mito que inclui a positividade do modo como nos propusemos defini-la fazem parte, como a necessidade de perdão, outros aspectos constitutivos da experiência religiosa: o modo de se confrontar com o enigma da morte (a própria morte, mas antes de mais nada a dos outros) e com o da dor; a experiência da oração, talvez, entre as mais difíceis de traduzir em termos filosoficamente sensatos. Seja a necessidade de perdão, seja a experiência vivida da mortalidade, da dor e da oração, são caracteristicamente "positivas", como modos de encontrar a eventualidade radical da existência, modos de expressar um "pertencer" que também é proveniência e — em algum sentido difícil de especificar, embora o experimentemos na própria experiência do retorno — decaimento, ao menos na medida em que o retorno também nos parece recuperação de uma condição da qual "decaímos" (na *regio dissimilitudinis* de que falam os místicos medievais).

Mas de novo: esses "conteúdos" positivos, caracteristicamente positivos, da experiência do retorno em que se dá, para nós, o religioso, também são positivos, sobretudo no sentido de que não os encontramos numa reflexão abstrata sobre nós mesmos, como êxitos do aprofundamento de uma autoconsciência humana em geral. São, ao contrário, dados já numa linguagem determinada, que, em termos mais ou menos literais, é a linguagem da tradição judaico-cristã, da Bíblia. Seria mais justo, então, falarmos do retorno à letra dos textos sagrados, Antigo e Novo Testamento? Por que, por exemplo, insistir na necessidade de perdão em vez de, pura e simplesmente, no pecado original, na promessa da redenção, no relato da encarnação, paixão e morte de Jesus? Mas o retorno que experimentamos é realmente um retorno à verdade da Escritura? Poderíamos ser justos com a experiência do retorno ao concebê-lo como um movimento que diz respeito somente a nós, que estaríamos reencontrando um objeto esquecido, a Sagrada Escritura que permaneceu intacta em algum lugar esperando que — por algum motivo misterioso — nós (a nossa cultura, o mundo contemporâneo, etc.) a redescobríssemos? Se, como aqui nos parece, a hermenêutica como filosofia de interpretação só podia surgir no âmbito da tradição judaico-cristã[3], também é verdade que essa tradição permanece profundamente marcada por ela. Eis outro aspecto de positividade do qual não podemos prescindir: fazemos a experiência do retorno do religioso num mundo onde também se tornou imprescindível a consciência da *Wirkungsgeschichte*[4] de todo o texto e, antes de mais nada, do bíblico; isto é, do fato que os textos sagrados que marcam a nossa experiência religiosa se dão no interior de uma tradição que também os transmite — a sua mediação não os deixa substituir como objetivos imodificáveis — e talvez a insistência de todas as ortodoxias sobre a letra

3. Remeto aqui às hipóteses ilustradas no ensaio "Storia della salvezza, storia dell'interpretazione", in *Micromega*, 1992, nº 3, p. 105-112.

4. Refiro-me, obviamente, às noções de "storia degli effetti" e de "coscienza storico-effettuale", elaboradas por Gadamer em *Verità e metodo* (1960), tradução italiana, Milão, Bompiani, 1984.

dos textos sagrados registre, mais do que previna, exatamente esse estado irremediável de mediação. Meio "vertiginosamente", mas nem tanto, os traços da experiência do retorno já pertencem ao próprio texto sacro — o Antigo e o Novo Testamento — ao qual nos percebemos retornando. E que a experiência religiosa se dê, para nós, como um retorno já é um sinal e uma consequência do fato de que essa experiência nós a vivemos nos termos da Sagrada Escritura judaico-cristã. A partir de Santo Agostinho e de sua reflexão sobre a Trindade, a teologia cristã é, desde as suas bases mais profundas, uma teologia hermenêutica: a estrutura interpretativa, a transmissão, a mediação e, talvez, a *deiettività* não concernem somente ao anúncio, à comunicação de Deus com o homem; caracterizam a própria vida íntima de Deus, que exatamente por isso não pode ser pensada nos termos da plenitude metafísica imutável (com respeito à qual, justamente, a revelação seria somente um episódio "sucessivo" e um acidente, um *quoad nos*).

Estaríamos simplesmente traduzindo em termos bíblicos e teológicos uma temática filosófica reconhecível, de modo bastante claro, a da eventualidade do ser? Talvez isso também. Mas seria contraditório, justamente do ponto de vista da eventualidade do ser, assumirmos até esse fato como um dado marginal, como se a filosofia, tendo por conta própria alcançado o problema da superação da metafísica, descobrisse "por conseguinte" a própria analogia com os conteúdos da tradição judaico-cristã. A eventualidade do ser, assim, afirmar-se-ia como um dado encontrado objetivamente por dois modos de pensamento, duas formas de experiência diferentes, cada qual tendo chegado a isso pelos próprios meios: mais uma vez, como maneiras acidentais de nos depararmos com um dado independente, colocado em algum lugar do próprio ser. Mas a filosofia que se descobre "análoga" à teologia trinitária não provém de outro mundo: a filosofia que responde ao apelo da superação da metafísica provém da tradição judaico-cristã, e o conteúdo de sua superação da metafísica nada mais é do que a maturação da consciência dessa procedência.

Não se trata, como vemos, de articular o discurso filosófico de modo a dar lugar à plausabilidade da religião *também*, como no fundo sempre pensou aquela filosofia que se concebeu "aberta" e amigável com relação à experiência religiosa, a começar pela que cultivou a ideia de ilustração dos *preambula fidei*, quer como teologia natural de instalação metafísica, quer só como teoria antropológica da finitude, da problematicidade da existência que requisitaria o salto em direção à transcendência (até mesmo a passagem da filosofia negativa à positiva em Schelling, talvez, não seja muito mais do que isso). A experiência religiosa como experiência da positividade no sentido que apontamos parece antes levar a um questionamento extremo de toda figura tradicional da relação entre filosofia e religião. O retorno do religioso que vivemos no senso comum e, em termos diferentes, no discurso filosófico (no qual caem as interdições metafísicas, científicas ou historicistas contra a religião) apresenta-se como uma descoberta da positividade que, em seu sentido, nos parece idêntica ao pensamento da eventualidade do ser, ao qual a filosofia chega a partir da meditação de Heidegger. A constatação dessa identidade, se deseja corresponder radicalmente ao seu próprio conteúdo, não pode permanecer como simples constatação. É justamente o pensamento da eventualidade do ser a excluir que aqui possa se tratar de uma mesma estrutura metafísica experimentada por dois diferentes modos de pensamento. A positividade ou eventualidade chama a atenção sobre a procedência. Pode ou deve uma tal consciência se resolver num retorno à própria origem? Em outros termos: a filosofia que se descobre procedente da teologia judaico-cristã é, por isso mesmo, chamada a deixar de lado a própria figura "derivada" para a recuperação da original? Assim seria se o próprio conteúdo da teologia que aqui descobrimos como origem não excluísse toda a superioridade metafísica da origem; ou seja, se aquela teologia não fosse uma teologia trinitária. Que a proveniência, como tal, seja tão central em nossa experiência religiosa, aliás, é um traço constitutivo do retorno do religioso, e é ao mesmo tempo o êxito de uma filosofia que não é mais metafísica e o "conteúdo" da própria tradição religiosa que assim se redescobre: o Deus trinitário não é alguém que nos chama para o retorno ao fundamento no sentido metafísico da palavra, mas, segundo a expressão evangélica, chama-nos antes a ler os sinais dos tempos. Vale, em suma, embora em termos diferentes, tanto para a filosofia quanto para a religião que aquela reencontra, a máxima radical de Nietzsche: o conhecimento progressivo da origem aumenta a insignificância da origem; uma expressão que, nem tão paradoxalmente, pode ser apontada como um eco extremo da teologia trinitária cristã.

Para a filosofia, a reencontrada consciência da proveniência da religião não se resolve, então, num salto para trás, como que querendo recuperar a própria linguagem autêntica; e isso justamente para não contradizer o sentido do que se reencontrou. Mas poderia significar, então, um simples permanecer nos limites daquele processo ao qual descobrimos pertencer, sem que a consciência da proveniência implique algo mais do que um fortalecimento desse mesmo pertencer? Mas — como mostra a contraditoriedade de todo o historicismo radical — esse tipo de postura acabaria apenas atribuindo ao processo o mesmo valor peremptório e cogente do *óntos ón*, do fundamento metafísico. Encontram-se aqui as mesmas aporias que o pensamento da superação da metafísica sempre acaba encontrando em seu caminho (a partir da impossibilidade de concluir *Sein und Zeit*...): como falar do evento do ser como uma linguagem ainda e sempre moldada na estabilidade das essências; ou, enfim (na temática do pós-moderno), como decretar o fim das metanarrativas, a não ser narrando a história de sua dissolução.

Talvez justamente (e só) ao reconhecer a própria procedência da teologia trinitária, a filosofia se encaminhe para a superação dessas aporias, ou pelo menos a descobrir-lhes o sentido não puramente contraditório. Que temos de tratar precisamente da teologia trinitária e não de uma "teologia natural" qualquer, de uma abertura genérica ao transcendente, etc., nós o vemos confirmado por aquilo que (ao menos segundo minha hipótese, que ilustrei de forma mais ampla em outros escritos[5]) é uma recaída metafísica de filosofias que, ainda que intensamente moldadas no sentido religioso, não se mantêm em nível da eventualidade do ser, isto é, tendem a pensar mais uma vez essa mesma eventualidade em termos puramente "essencialistas" e estruturais. É o caso das posições de Emmanuel

5. Cf. o meu "Metafisica, violenza, secolarizzazione", in G. Vattimo (org.), *Filosofia '86*, Roma-Bari, Laterza, 1987, p. 71-94.

Levinas, para o qual a filosofia se abre, sim, à experiência religiosa, como a um irromper do Outro, mas essa irrupção acaba se resolvendo numa dissolução da própria eventualidade, que perde todo o significado específico. É difícil reconhecer em Levinas qualquer atenção aos "sinais dos tempos"; o que é objeto do tempo, a temporalidade existencial característica do homem, é apenas a eternidade de Deus, que se revela como alteridade radical e chama à assunção de uma responsabilidade que só de modo acidental se pode considerar qualificada historicamente (o próximo sempre é, com certeza, alguém concreto, mas justamente *sempre*).

É natural que a referência a Levinas aqui não represente um simples exemplo de recaída metafísica entre muitos outros. Levinas talvez seja o filósofo contemporâneo mais atento a correlacionar o esforço de superação da metafísica (que ele chama de ontologia) com o reencontro das raízes bíblicas do pensamento ocidental, ao lado das raízes gregas. A herança bíblica é a que remete a filosofia ao que — em termos heideggerianos e não levinasianos — chamamos de eventualidade do ser, guiando-a para o reconhecimento do caráter violento da essencialidade do metafísico de origem grega. Mas, enquanto permanecer limitado ao Antigo Testamento, esse retorno à Bíblia não irá além do reconhecimento da criaturalidade. Se o Deus que a filosofia reencontra é somente o Deus pai, pouco caminho fizemos para além do pensamento metafísico do fundamento — aliás, talvez tenhamos dado uns passos para trás.

Aquela eventualidade radical do ser que o pensamento pós-metafísico encontra no seu esforço de se libertar da constrição do simplesmente presente não é compreensível apenas à luz da criaturalidade que permanece no horizonte de uma religiosidade "natural", estrutural, elaborada em termos existencialistas. Para a filosofia, uma concepção de si própria como leitura dos sinais dos tempos, sem que isso se reduza a puro registro passivo do curso dos tempos, só parece ser possível à luz da doutrina cristã da encarnação do filho de Deus. "À luz" da Encarnação, mais uma vez, é uma expressão que procura entender uma relação cuja problematicidade irresolvida constitui o próprio cerne da experiência da eventualidade: a encarnação de Deus, de que aqui se trata, não é apenas um modo de expressar em termos míticos o que a filosofia finalmente descobre como resultado de uma busca racional. Tampouco a Encarnação é a verdade última, desmistificada e reconduzida ao seu sentido próprio das enunciações da filosofia. Como já apareceu em diversos modos nas páginas anteriores, essa relação problemática entre filosofia e revelação religiosa é o próprio sentido da Encarnação. Deus encarna, isto é, se revela, num primeiro momento, na anunciação bíblica que, no final, "dá lugar" ao pensamento pós-metafísico da eventualidade do ser. Só na medida em que reencontra a própria proveniência neotestamentária é que esse pensamento pós-metafísico pode se configurar como um pensamento da eventualidade do ser, não reduzido à pura aceitação do existente, ao puro relativismo histórico e cultural. Ou ainda: é o fato da Encarnação a conferir à história o sentido de uma revelação redentora, e não somente de um confuso acúmulo de acontecimentos que perturbam a estruturalidade pura do verdadeiro ser. Que a história tenha um sentido redentor (ou, em linguagem filosófica, emancipativo) — ainda que seja, ou justamente por ser história de anúncios e respostas, de interpretações, e não de "descobertas" ou da imposição de presenças "verdadeiras" — é algo que só se torna imaginável à luz da doutrina da Encarnação.

No esforço de superação da metafísica, em correspondência com o apelo da época em que a metafísica se mostra como definitivamente incontínua (é a história do niilismo narrada por Nietzsche e emblematizada por Heidegger na própria vontade de poder nietzscheana), a filosofia — que desse modo se torna hermenêutica, audição e interpretação de anúncios trans-mitidos (do *Ge-schick*) — vê-se chamada a uma renúncia, a renúncia à peremptoriedade tranquilizadora da presença. Que não há fatos, mas somente interpretações, como ensina Nietzsche, não é, por sua vez, um fato inequívoco e tranquilizador, mas "somente" uma interpretação. Essa renuncia à presença confere à filosofia pós-metafísica, e principalmente à hermenêutica, um inevitável caráter *deiettivo*. A superação da metafísica, em outras palavras, só pode acontecer como niilismo. O sentido do niilismo, porém, se não deve, por sua vez, resolver-se numa metafísica do nada — como aconteceria se imaginássemos um processo em que, no final, o ser não é, e o não ser, o nada, é — só pode ser pensado como um processo indefinido de redução, de adelgaçamento, de enfraquecimento. Seria imaginável um pensamento desses fora do horizonte da Encarnação? Talvez seja essa a pergunta decisiva à qual a hermenêutica de hoje, se quiser realmente prosseguir pelo caminho que o apelo de Heidegger abriu, apelo à rememoração do ser (isto é, do *Ereignis*), deve procurar responder.

Pensar a religião*

O símbolo e o sagrado

Eugenio Trías

1. Razão e superstição

Os recentes acontecimentos que ocupam o primeiro plano nos meios de comunicação, como a queda dos regimes autoritários do Leste, a crise no golfo Pérsico ou o conflito iugoslavo, puseram em evidência a importância radical dos substratos religiosos ou religioso-culturais que sustentam as sociedades que disputam a hegemonia de nosso mundo. O chamado para uma cruzada contra um inimigo satanizado combina-se com discursos oportunistas de reconstrução espiritual (cristã) que buscam preencher o vazio, de sentido e de valor, deixado por regimes políticos desmantelados.

Tudo isso tem por marco e horizonte uma crise geral que afeta a ideia ou o ideal de razão que o Ocidente, desde o Iluminismo, tem forjado e estabelecido. Convém, portanto, pegar o touro pelos chifres e não fugir ao processo de comprovação lúcida da magnitude de tal crise. Essa razão proclamada por nossos antepassados ilustrados foi cega em relação a tais substratos religiosos que agora surgem com inusitada força e vigor.

Ela jamais se propôs a compreender, em toda sua riqueza e razão de ser, esses substratos. Utilizou-os como *sombra* ou como bode expiatório a partir dos quais se funda e se constitui como razão soberana. Na luta com a religião, a Razão quis obter sua autojustificação. A religião foi julgada e criticada por meio de um termo abjeto que nossos ancestrais romanos inventaram para o caso: a palavra "superstição".

---

* Tradução do espanhol por Tadeu Mazzola Verza.

Este termo, *superstitio*, foi adotado por advogados, leguleios e burocratas como o reverso negro (condenado e rechaçado) da *religio* romana, única forma de religião que consideravam legítima. Diante dos precisos e minuciosos cerimoniais oficiais e familiares por meio dos quais se canalizava a *religio*, nomeavam com o termo *supersticio* as formas orientalizantes e exóticas da religião que, sobretudo no Baixo Império, foram minando o caráter puramente convencional da *religio* oficial, oferecendo seiva vital e sentido à exigência popular de imperiosa salvação.

Superstitio significava, sem dúvida, sobrevivência, algo como um resíduo fóssil do mundo ancestral anterior à hegemonia de Roma. Max Webber sugere que essa palavra queria traduzir o termo grego éxtasis. Diante das religiões extáticas (supersticiosas), remanescentes arcaicas do culto à Magna Deusa (Cibele, Ísis, Ishtar, Afrodite celestial) com suas sangrentas cerimônias, como as festas do Taurobólio ou os célebres e terríveis ritos orgiásticos do templo de Hierópolis; diante das impudicas incursões dos *galli*, automutilados em trágica identificação com Átis, filho da deusa, ou diante dos cultos esotéricos mitraicos, gnósticos ou cristãos, revelou-se a "religião racional" de caráter ritualista e legalista dos genuínos romanos, um culto oficial do Estado ou um exercício privado e familiar de *piedade* com os ancestrais. Essa *religio* só pôde obter um horizonte difuso de vitalidade e sentido em virtude de próteses filosóficas estoicas e do platonismo tardio.

No esplendor da autoconsciência europeia, satisfeita e feliz de ter alcançado a idade adulta da humanidade (Kant), reaparece essa velha distinção romana. O Iluminismo, sobretudo o francês, busca tal "religião da razão", de caráter vagamente deísta e com inflexões sentimentais, uma religião de acordo com a "natureza humana" e com a natureza em geral, radicalmente diferenciada de todas as fraudes "supersticiosas" que as castas sacerdotais e os déspotas insensíveis têm usado para manipular as turbas ignorantes. É nessa clara demarcação que a propaganda ilustrada dos chamados *philosophes*[1], esses arautos do jornalismo moderno, funda sua esplêndida consciência.

1. Em francês no original de Trías. [N.T.]

As chamadas "filosofias da suspeita" do século romântico e positivista são, a esse respeito, mais refinadas. Herdam os estilos inquisitoriais voltairianos, mas os sutilizam e sofisticam. Sua crítica à religião é indireta e policial: em vez de anatematizá-la no que contém de "superstição", tentam interrogá-la e abrir-lhe um procedimento judicial no curso do qual revele ao cientista ou ao pesquisador a verdade e o sentido que possui, ainda que sem sabê-lo. A chave dessa verdade e desse sentido é reservada, evidentemente, ao pesquisador: este a conhece antes de iniciar tal processo. Em diferentes princípios hermenêuticos, surpreendemos o mesmo procedimento metódico, como nas abordagens à religião de Hegel, Marx, Nietzsche, Freud ou Durkheim.

A religião será, então, entendida como ideologia e falsa consciência, forma opiácea de conduta substitutiva de um mundo sem coração, forma vicária de felicidade, de *bonheur*[2] em um marco socioeconômico insatisfatório e infeliz, cuja chave do sentido e cuja verdade devem ser buscadas e encontradas na luta de classes e nas relações de propriedade. Isto é, em síntese, a religião para Marx, Engels e seus seguidores.

A religião também será concebida como uma revelação da *essência absoluta* em forma e *representativa* em figura, a metade do caminho entre a arte e a filosofia: uma revelação que não alcançou, no entanto, a forma ajustada à Verdade, sua forma conceitual. Assim a entenderá Hegel, seguido por seus discípulos ortodoxos. Também se entenderá por religião uma projeção abstrata e alienada da essência humana, ou do homem como *ser genérico*, incluindo, da mesma forma, o paradigma de toda alienação do homem no abstrato e separado. De certo modo, o trinitarismo cristão já haveria revelado essa verdade do evangelho humanista, ainda que de uma forma indireta. O cristianismo, religião do ser humano, haveria adiantado, mas de maneira errada, o descobrimento *antropológico* da ciência e da filosofia verdadeira: isso para Feuerbach.

Também se pode entender por religião a expressão e o sintoma de uma *vontade de poder* que decai, a manifestação de uma vontade enferma procurando contagiar toda vontade afirmativa com

2. Em francês no original de Trías. [N.T.]

o sentimento que envenena suas entranhas: um sentimento que é ressentimento, desejo de vingança e luta até a morte contra todo o vital e tudo o que sobressai. Assim, surge um poder sacerdotal capaz de inverter estimativas e valores ou de conceber o simplesmente mau, nocivo e indesejável (*Schlecht*) como o maligno e o predador (*Böse*).

A religião será, então, em suas formas mais visíveis, esse contravalor criado pelas castas sacerdotais; ou será também, em suas formas mais sublimes (Gautama Buda, Jesus de Nazaré), a expressão quintessencial de uma vontade de poder que se precipita até o ocaso e que, como último lamento antes de consumar sua absoluta autoanulação, anuncia o evangelho (ou *des-evangelho*) do Nada: Nietzsche.

Por último, à religião será dado o estatuto de uma *ilusão* que se opõe inutilmente à necessidade e ao destino (expressos pelo "princípio de realidade"). Nos períodos secularizados, nos quais predomina o *homem interior*, essa ilusão refugia-se na privacidade recôndita do sujeito individual, fornecendo toda a sortida panaceia das neuroses comuns.

A *ilusão religiosa* atua, portanto, como motor inconsciente; arranha e imobiliza o próprio corpo por meio de complexos sistemas míticos, tal como ocorre na histeria; regulamenta a mais íntima e vergonhosa privacidade por meio de complexas cerimônias rituais, como ocorre na neurose obsessiva; gera construções teológicas ou teogônicas que confundem o sujeito desdobrado pela dupla figura do perseguidor e do perseguido, como acontece na paranoia; ou eleva a um estatuto idólatra o lado morto e perdido do sujeito desdobrado, em relação ao qual o lado vivo do sujeito guarda a dor e veste-se de luto, como ocorre na melancolia.

O *espírito absoluto* hegeliano e a *trindade* arte, religião e filosofia permanecem nesse diagnóstico de Freud e seus seguidores, convenientemente desmascarados. A religião, em sua vertente artística, manifestar-se-ia na histeria; em sua modalidade filosófica e teológica, na obsessividade e na melancolia.

É inegável a força explicativa de todas as variantes discutidas na *filosofia da suspeita*, nas quais o fenômeno e a experiência religiosa passam pelo julgamento e pelo veredicto de um determinado conceito de razão (idealista, materialista, genealógico ou psicanalítico). Mas não se pode, nessas abordagens, ignorar um método de difícil discussão: em todas elas a religião é explicada *de fora de si mesma*. Parte-se da premissa, racionalista e ilustrada, de que a religião, por si mesma, é ilusão, ideologia, conceito inadequado, enfermidade, falsa consciência.

Sua verdade e seu sentido não podem se encontrar no horizonte da experiência e no espaço de jogo (jogo linguístico ou pragmático) no qual se manifesta. Supõe-se que sua verdade e seu sentido se encontrem atrás, sempre atrás, num substrato inconsciente ou subjacente do qual o filósofo, o cientista ou o pesquisador deve remover os espinhos (e o qual deve também desmascarar).

A religião, na medida em que é cobaia da razão, é conduzida até o tribunal da ciência, da razão (ou da genealogia da *vontade de poder*), com o objetivo de ser examinada, interrogada, experimentada e questionada. Toda a riqueza e variedade da experiência religiosa e dos "jogos linguísticos" por ela promovidos é então reconduzida, seguindo sua inconsciente verdade, até essa via de mão única que, de maneira autoritária, se estabelece em tais discursos como razão exclusiva.

Mas talvez seja o momento de dizer, em voz alta e com toda clareza e contundência, que *lógos* e *razão* não têm o mesmo sentido. Lógos é o signo que distingue o sujeito *humano*, o que o identifica e capacita como humano. E esse *lógos* se manifesta e se esparrama em uma multidão, complexa e misturada, o que Wittgenstein chamou de "jogos linguísticos". Cada um desses jogos tem, em princípio, sua lógica imanente, sua verdade e seu sentido. E mais, são jogos "linguísticos" nesse sentido radical (antropológico e ontológico), que permite pensar a linguagem como o que distingue o humano propriamente dito.

2. A RELIGIÃO DO ESPÍRITO

Talvez seja o caso de preparar o surgimento de uma nova religião: a verdadeira *religião do espírito*, que já no final do século XII foi profetizada pelo abade calabrês Joaquín di Fiore, e recordada já no século romântico e idealista por Novalis e Schelling. Talvez a única forma de se opor às *guerras da religião* que explodem por toda parte consista em estabelecer as bases para a fundação de um novo estágio. Ocorre que um evento de tal natureza não surge por meio de um decreto voluntário: para que se produza, deve ocorrer uma gama de diferentes fatores. Talvez se trate de simplesmente aplainar o terreno, para que, de repente, possa surgir o *acontecimento*.

É evidente que os retalhos de religião subsistentes, em suas diversas formulações, não parecem capazes de unificar e aglutinar um mundo cada vez mais regionalizado e disperso. Servem, antes, de estimulante para aguçar os ressentimentos mútuos, as desconfianças e o ódio. O mundo que emerge depois do final da Guerra Fria e dos blocos Leste/Ocidente se caracteriza por um policentrismo claro no qual os diferenciais *ideológicos* retrocederam em favor dos *substratos culturais*, e estes sempre se enraizaram no terreno extremamente firme dos fundos de reserva *religiosos*. A cultura, entendida em sua verdade, consiste sempre no manifestar-se numa sociedade de determinado *culto*. E o culto é, como acertadamente afirma Hegel, o centro inalienável da complexa síndrome constituinte do que se costuma chamar de *religião*.

Demonstrou-se, sobretudo por meio do amargo conflito iugoslavo, que o verdadeiro "fato diferencial" cultural, aquele que pode suscitar o "combate à morte" hegeliano, não é a língua (como certos nacionalistas românticos supõem), mas a religião. Pode-se falar a mesma língua e sentir-se profundamente convencido de pertencer a realidades nacionais diferentes e divergentes. É necessário que exista uma diferença importante, a qual apenas a religião proporciona. Bem mais importante que a língua *falada* (comum) é a diferença entre os caracteres da escrita (cirílicos, latinos). As diferenças da *escrita* se revelaram, nas comunidades, mais importantes que a fala: aqui se pode dar razão aos "gramatólogos". Será, talvez, que *o sagrado* age principalmente no ato de presença da escrita, convertendo-a em *escrituras sagradas*? Ler em cirílico ou em latim: eis aí o "fato diferencial"! (Entre parênteses: se os bascos fossem huguenotes e os catalães xiitas, há séculos seriam independentes; da mesma maneira, se uns e outros, ainda que falando a *koiné* imperial, aprendessem a ler caracteres cirílicos ou góticos, em vez de latinos ou canônicos.)

O certo é que esse mundo policêntrico exige perspectivas abertas. Não há privilégio algum em nenhuma das formas culturais existentes. Em face do futuro, a pergunta interessante não será, então, em que marco cultural, religioso, surgiu a forma de sociedade (capitalista) que parece se impor sem competência? (Resposta padrão, via Marx Weber, hoje em dia bastante questionada: no seio do protestantismo calvinista.) Mas uma pergunta muito mais cheia de presságios encara o futuro: que marco religioso e cultural está mais apto a se adaptar às novas formas do vitorioso capitalismo tecnológico? (Resposta provisória: o xintoísmo e a cultura *zen* do Japão; sem dúvida, a síntese do confucionismo e do taoismo do eterno Império Celeste.)

No momento, repito, trata-se de ir aplainando o terreno para que o pensamento se acomode ao policentrismo cultural, anterior talvez a uma nova reformulação que, no entanto, é imprevisível. A respeito disso, cabe exercitar diversas estratégias. Num livro que se encontra em preparação, intitulado *A idade do espírito*, pretendo levar a cabo uma verdadeira *arqueologia* dos principais movimentos de *ideias* que geraram desde as grandes religiões mundiais aos principais sistemas filosóficos. No entanto, não almejei fazê-lo à exaustão, com tal livro: desejei antes penetrar profundamente em alguns dos principais entraves de nosso mundo: o pensamento e a religião da Índia, o mundo iraniano, Israel, Grécia, o incipiente Cristianismo, o Islã, o mundo da Idade Média, o Renascimento, a Reforma, a *Idade da Razão*, o Iluminismo e o Romantismo. Esse tipo de escavação arqueológica é necessário, mas evidentemente deve ser complementado com prospecções mais adequadas ao mundo em que vivemos. Hoje, talvez mais do que nunca, é urgente recobrar uma perspectiva *universal, mundial*. Hoje, mais do que nunca, faz-se necessário que o *engagement*[3] com a própria realidade particular tenha como contraponto uma ampla visão *planetária*.

Em um momento de declínio da pálida ideia europeísta, demasiadamente entregue às cegas forças da economia e da

3. Em francês no original de Trías. [N.T.]

burocracia, e de renascimento dos Estados-nação ou de toda a plêiade de nações sem Estado candidatas a esse estatuto, cabem apenas duas possibilidades: inibe-se por completo esse infame processo de descomposição e de retorno ao pior passado, ou abre-se o olho e a mente às perspectivas universais. Talvez se trate de ver além da estrita unidade Europa, que no fim das contas se revela pouco firme em suas capacidades de coesão. Como dizíamos, Rafael Argullol e eu, em nosso colóquio intitulado "A fadiga do Ocidente", talvez não exista Europa sem *adjetivos*: Europa Oriental, Europa latina, Europa nórdica, Europa anglo-saxônica, Europa central; ou, caso se prefira, Europa bizantino-ortodoxa (Bulgária, Rússia, Grécia, Sérvia), Europa católica, Europa protestante. Não se pode construir um projeto ambicioso e de grande envergadura baseado apenas num terreno tão movediço e aleatório como o econômico. A Europa agora está pagando por sua mais íntima traição: ter pretendido construir sem ter posto em primeiríssimo plano a questão *cultural*. Havia um ano, pensava, com Rafael Argullol, que era um organismo cansado. Hoje começo a pensar que se encontra em seu estado terminal. Mas digo isso com verdadeira amargura, pois meu ser, minha vida e meu destino são, evidentemente, europeus.

Uma Europa em franca decadência, com a cruz nas costas (por seus próprios pecados) de uma guerra civil incrustada em seu coração; uma Espanha novamente unificada pelo lado do sinistro, quer dizer, pela teimosa obstinação em trazer à tona seus demônios seculares, seus nunca resolvidos combates em torno de sua própria *identidade*. Se se abrem os olhos e a mente ao mundo complexo, com todas as suas marcantes diferenças de cultura e civilização, talvez seja possível encontrar o fio de Ariadne. Pois, de fato, esse mundo-todo se estabelece em um labirinto no qual cada um dos estágios e cada uma das paradas constitui um peculiar entrave *cultural* que vem formado e informado por uma determinada fundação religiosa (*cultual*) procedente de um passado glorioso: ortodoxo-cristão, reformista, islâmico, xiita, hindu, judeu, budista. Com isso, retornamos ao intuito primeiro deste artigo: é preciso pensar, seriamente, na *possibilidade* de se criar o terreno propício para o surgimento de uma nova religião, a *religião do espírito*. Pois, como diz muito bem esse grande homem e grande sábio que é Rafael Sánchez Ferlosio: "Enquanto não mudarem os deuses, nada muda."

3. O símbolo e o sagrado

O certo é que a religião surge e nos provoca a pensá-la de verdade. Já não basta se preocupar com a saúde, à maneira voltairiana, tachando a religião de superstição. Não basta apenas falar do "ópio do povo", do "platonismo para o povo" ou do "porvir de uma ilusão". Avançamos muito pouco por meio da repetição *usque ad nauseam* de algum desses estribilhos *ilustrados*, filhos da filosofia da suspeita.

Trata-se, portanto, de se abrir ao fenômeno religioso por meio da reflexão; ou que a religião seja *pensável*, para o que é preciso destacar algum fenômeno que nos facilite a tarefa. Tentarei, a seguir, tomar como fio condutor uma "palavra-chave" que pode me permitir essa reflexão. Tal palavra é o *símbolo*. Como ele deve ser entendido? Por que decidi destacar essa palavra como aquela que melhor me conduz a uma possível reflexão sobre o fenômeno religioso?

O que é, em que consiste, o que pode ser chamado *símbolo*?

Entendo-o como a revelação sensível e manifesta do *sagrado*. A religião é, ao meu ver, re-ligação *relativa* ao sagrado (entendendo, evidentemente, a ambivalência radical que essa palavra expressa: *sacer/sanctus*, o sagrado e o santo).

Trata-se de pensar o símbolo e determinar as categorias que podem ser deduzidas dessa reflexão. Com isso, entender-se-á o sentido original e etimológico do termo. Falar-se-á mais de "simbolizar" (forma verbal) que de símbolo (substantivo). Com efeito, far-se-á referência à ação mediante a qual "lança-se ao mesmo tempo" (*sym-balein*) dois fragmentos de uma moeda ou medalha dividida, que formam, em sinal de reconhecimento, uma aliança.

Um desses fragmentos pode ser considerado disponível (o fragmento que se possui). O outro, por sua vez, encontra-se "em outra parte". O acontecimento *sim-bálico* constitui um complexo processo, ou curso, no quadro do qual pode ter lugar o encaixe e a coincidência de ambas as partes. Uma delas, a que se dispõe, pode ser considerada a parte "simbolizante" do símbolo. A outra, a que não se dispõe, constitui essa outra metade sem a qual a primeira necessita de horizonte de sentido: a que envia a primeira para obter significação e sentido (aquela que, da parte simbolizante, constitui o que esta simboliza: o nela simbolizado).

4. O ACONTECIMENTO SIMBÓLICO

O símbolo é uma unidade (*sym-bálica*) que pressupõe um rompimento. Em princípio, encontram-se desencaixadas nele a forma simbolizante, ou o aspecto manifesto e manifestativo do simbólico (dada a visão, a percepção e a audição), e aquilo que é simbolizado no símbolo é que constitui seu horizonte de sentido. Eles possuem certas formas, figuras, presenças, traços ou palavras, mas não dispõem das chaves que permitem orientar-se devidamente com relação ao que significam. Há, portanto, um rompimento originário, ou partição, em forma de premissa de todo o drama simbólico. Determinada aliança prévia ao desfazer dos nós de tal drama prepara e dispõe esse cenário de exílio no qual se encontram separadas as duas partes que atuam como *dramatis personæ*: a parte simbolizante e a que se encontra subtraída. O drama orienta-se em direção ao cenário final de reunião, ou de unificação, no qual se "lançam" ambas as partes e se assiste a sua desejada união.[4]

As *categorias* simbólicas fornecem determinação a esse cenário dramático e ao processo ou curso que constitui seu argumento. Tais categorias revelam, ou destacam, as condições que permitem ou possibilitam o acontecimento final, ou o desenlace do drama[5],

4. Símbolo era, em sua origem, um reconhecimento: uma moeda ou medalha cortada que se entregava como presente de amizade ou de aliança. Aquele que a dava ficava em posse de uma das partes. Aquele que a recebia ficava com a outra metade, que no futuro poderia ser usada como prova de aliança, fazendo apenas encaixar sua parte com aquela que o outro possuía. Nesse caso, as duas partes eram aproximadas, para que vissem se se encaixavam. Vem daí a expressão *symbolon*, que significa aquilo que se "lançou conjuntamente".

5. Do conceito kantiano de "categoria" retenho aqui o sentido de "condição de possibilidade" (nesse contexto, condição que faz possível a produção do acontecimento simbólico). Essas categorias são condições necessárias, de forma que todas elas constituem requisitos indispensáveis para que ditos

e se encontram escalonadas: a primeira prepara a segunda, esta constitui a condição da terceira, etc. São diferentes *revelações*, em virtude das quais emergem à plena luz as condições da manifestação simbólica. Tais revelações estabelecem uma *escala* que pode figurar em forma musical, como a escala dos intervalos musicais, supondo que a primeira revelação determine a segunda, esta a terceira, etc.

Destaca-se, no curso do processo, a forma ou figura simbolizante. Mas esta pressupõe uma condição que intervém como fundamento: a matriz própria de toda a manifestação simbólica. Tal matriz, ou matéria, dota o símbolo de suporte físico. Deve certamente ser tomada ou transformada, para que então se apresente como *forma* ou *figura* simbólica.

Essa matéria simbólica se revela como a primeira condição ou categoria: ela abre o caminho e o movimento que culmina no acontecer simbólico. Este não pode se produzir sem pressupor a dimensão material, que atua como o mais baixo e fundamental intervalo da escala (para descrevê-lo em termos musicais). Essa dimensão material constitui o *basso ostinato* que suporta o edifício tonal. E, nesse sentido, em todo símbolo se destaca o caráter material ou matricial.

Sobre tal matéria simbólica pode-se, portanto, estabelecer a segunda condição. Para que haja acontecer simbólico, esse substrato materno, matricial, deve ter sido ordenado e delimitado até surgir como um *cosmos*. Deve ter "criado" ou "formado" um mundo (que conceda à *matéria indiferente* limites, demarcações, determinações). Tais demarcações do material surgem como recorte espacial (*témenos*, *templum*) ou como marca temporal (hora, *tempora*, *tempus*: determinação festiva).[6] Templo e festa se apresentam, portanto,

---

acontecimentos possam ter lugar. Essas categorias são, ademais, *revelações* sucessivas e escalonadas desse acontecimento.

6. *Témenos* ("templo", em grego) significa "demarcação, recorte" (radical *tem*, com o sentido de "cortar"). Demarcação e recorte, ou delimitação de um espaço sagrado; por exemplo, a criação de uma "clareira" no meio do bosque mediante o cortar de árvores ou o aproveitamento de uma abertura; deve-se marcar o limite do espaço desejado por meio do corte das árvores que o circunscrevem, já que os limites desse lugar sagrado são *tabu*, ou só podem ser transitados de forma ritual. Templo é, portanto, o *lugar* do sagrado, que é limitado pelo "natural" (selvagem ou boscarejo). Introduz um "estreitamento"

como os efeitos (no espaço e no tempo) dessa transformação da matéria em cosmos ou em mundo.

Com isso se dispõe portanto do cenário que intervém como condição de possibilidade do *acontecimento simbólico*. Isso sempre constitui um encontro ou uma relação (*sym-bálica*) entre certa *presença* que sai das sombras e certa *testemunha* que a reconhece (e que determina sua forma ou sua figura). Essa presença (do sagrado) e essa testemunha (humana) compõem uma correlação: uma genuína *relação presencial* que sela, de forma clara, tal encontro. Em virtude dessa *relação presencial*, a presença adquire forma ou figura: como teofania, figura suscetível de ser representada, ou como *aura* de glória, ou irradiação luminosa.

A referida relação presencial constitui, portanto, a condição de possibilidade de uma genuína comunicação entre a presença e a testemunha (por meio da palavra ou da escrita). Tal comunicação verbal ou escrita consuma a manifestação simbólica, ou arremata o processo *simbolizante* do símbolo. Surge, como resultado dessa comunicação, uma revelação em forma de palavra (sagrada) ou de escrita (santa). Com isso resulta selada e cerrada a série escalonada das categorias simbolizantes.

Esta última categoria (verbal, escrita) constitui a condição (material) da primeira categoria relativa ao *simbolizado*. A revelação (oral, escrita), consumada por meio da comunicação, impõe agora uma exegese: um envio ou uma remissão do lado simbolizante manifesto (literalidade da palavra ou do texto) às chaves (hermenêuticas) que lhe podem revelar o sentido. Sem manifestação prévia ou revelação (poética, profética, inspirada), tal remissão é impossível. Mas, uma vez concluída essa manifestação, é necessário determinar o método (exegético, alegórico) que conduz a tais chaves, atuantes como formas *ideais* do sentido.

Ocorre que essas formas ou ideias (platônicas, gnósticas, neoplatônicas) se chocam preliminarmente com um obstáculo final

---

da densidade boscareja em virtude da qual surge um lugar para o sagrado, ou este ocupa um lugar. O templo é, em síntese, *o sagrado como lugar*; enquanto a festa é o tempo do sagrado, *o sagrado como tempo*. Tempo, *tempus*, possui a mesma raiz que templo. Ver Ernst Cassirer, *A filosofia das formas simbólicas*; Nissen, *Das Templum*.

em que o impulso exegético e alegórico é refreado. A remissão ou o envio conduz essa manifestação de *ideias* ou de *formas* até o extremo mais longínquo, no qual parece anular-se toda indagação de sentido. O símbolo (diferentemente da alegoria ou do esquema conceitual) traz sempre um resquício *místico* que revela seu caráter estruturalmente religado a um substrato secreto, selado, santo (ao sagrado, com sua peculiar ambivalência).[7] As condições ideais do sentido são, portanto, as que atuam como condição dessa elevação até o místico.

Mas esse encontro místico, para consumar-se como acontecer simbólico, deve, portanto, retroceder até um âmbito no qual se pode produzir o *enlace* entre as duas partes consideradas, a simbolizante e a simbolizada. Nesse sentido, a mística abre a necessidade de um retrocesso nessa elevação, negativa e superlativa, sobre o constitutivamente transcendente, em direção ao *espaço fronteiriço* no qual o símbolo pode se pôr à prova, tratando então de se constituir como um encaixe possível, de natureza *sim-bálica*, entre a parte simbolizante e o que nela se simboliza.

Portanto, nesse espaço fronteiriço tem lugar a consumação simbólica: as duas partes do símbolo, simbolizante e simbolizado, encontram sua conjunção e seu lugar de coincidência. Então, por fim,

7. Essa ambivalência encontra-se registrada nas línguas grega e latina (e castelhana): *ágion* (*sanctus*, santo) e *hiéreon* (*sacer*, sagrado). Trata-se de duas dimensões articuladas de um mesmo *fenômeno* (o santo-e-sagrado). O santo faz referência ao mais alto e elevado: o que não pode ser tocado nem alcançado (nem sequer visto) pela testemunha. O sagrado, por sua vez, pode ser tocado, pode-se trabalhar com ele (no objeto de culto ou sacrifício), com o qual pode se destruir e se consumir; o sagrado pode fazer referência a algo execrável que deve ser rechaçado. Sagrado pode chegar a significar "execrável, condenável, sinistro" (assim como o *sacer* latino). Veja Freud, *Totem e tabu*. Sobre a forma dupla de apresentar-se do sagrado, como um mistério que produz horror (*phóbos*) e/ou fascinação, ver Rudolf Otto, *Das Heilige*. Esse autor conceitua "o sagrado-e-o-santo" como o referente de uma experiência de radical alteridade, relativa ao "Grande Outro" (*Ganz Anderes*). Trata-se de uma alteridade radical que se encontra encerrada no "mistério" ou que mantém algo escondido e encerrado, ou enclausurado (*mýstes*, o encerrado em si). Tal mistério dá lugar à dupla experiência do *mysterium fascinans* (aspecto encantador e fascinante do sagrado) e do *mysterium tremendum* (aspecto terrível e ameaçador do sagrado). Ambas as dimensões se encontram intimamente vinculadas.

o símbolo se produz como verdadeiro acontecimento. O símbolo se realiza como *símbolo*, ou alcança sua teologia imanente. Assume, assim, todas as condições que lhe são preparadas e predispostas, promovendo-se como *acontecimento simbólico*.

5. Categorias simbólicas

Pretende-se pensar o simbólico em todas as suas dimensões. Por símbolo, entende-se aqui um acontecimento de caráter *verbal*, em virtude do qual "lançam-se conjuntamente" duas peças: fragmentos de uma medalha ou moeda, partida pela metade. Trata-se, pois, de determinar as condições que fazem possível esse evento simbólico em virtude do qual ambas as partes possam chegar a coincidir. Uma intervém como a parte *simbolizante* do símbolo (o fragmento disponível); a outra, como aquela (subtraída do âmbito do aparecer) à qual remete essa parte disponível, intervém para preencher seu sentido: a parte na qual pode se determinar o *sentido* do fragmento disponível, ou que proporciona os instrumentos, ou chaves hermenêuticas, que dotam a primeira de sentido, permitindo-lhe, assim, atingir a finalidade que a define, a simbolização.

Portanto, símbolo não é uma coisa ou um objeto, ou não o é preferencialmente. Mais do que este ou aquele símbolo, deve-se falar aqui deste ou daquele acontecimento simbólico. Nele deve-se provar e experimentar se os dois fragmentos da moeda ou medalha, no princípio separadas, podem se encaixar ou se desencaixar. Caso se encaixem, então se realiza o acontecimento simbólico.

As dimensões do símbolo são aquelas *condições* que fazem possível o acontecimento de tal evento, ou a coincidência das duas partes, juntando o que estava anteriormente cindido. Tais condições intervêm como genuínas *categorias simbólicas* (entendendo *categoria* no rigoroso sentido kantiano).

Trata-se, portanto, de determinar as distintas categorias a partir das quais o ato ou acontecimento no qual se unificam as duas partes do símbolo possa se realizar. Tais categorias podem se estabelecer seguindo o curso desse movimento que se consuma na coincidência entre ambas as partes. Portanto, são as diferentes escalas ou graus que conduzem a essa prova ou experimento decisivo no qual "se lançam conjuntamente" a parte simbolizante e a parte simbolizada. Tais são as próprias etapas, ou escalas, desse processo simbólico: limites distintos de um argumento que termina ou se resolve na prova simbólica final, a qual constitui o *ato* simbólico em si.

Esse caráter escalonado permite formalizar as categorias em termos musicais, na forma de distintas *claves* que cobrem o espaço simbólico: aquele âmbito que deve ser percorrido para que tenha lugar o ato ou acontecer simbólico. Deve-se entender, em primeiro lugar, as condições que fazem possível a parte simbolizante; em segundo, as condições do que esta simboliza; e em terceiro, as condições relativas ao encaixe ou à coincidência. A análise dessas condições permite desgrumar as distintas e escalonadas *categorias simbólicas*.

Aqui as categorias não derivam de uma analítica relativa às formas de enlace dos juízos, como em Kant, nem procedem de um exame, consciente ou inconsciente, das formas genéricas da linguagem, como em Aristóteles. O que permite estabelecer aqui uma *tábua categorial* é a análise do processo em virtude do qual tem lugar o acontecimento simbólico (ou encaixe unificador das partes, simbolizante e simbolizada).

Para que se possa constituir a parte simbolizante, necessita-se de quatro condições:

1) Que essa parte possua um substrato *material*.

2) Que, não obstante, tenha sido ordenada e disposta num âmbito de exposição a que se deve chamar *cosmos, mundo*.

3) Que esse cosmos possa, então, se estabelecer como o cenário que torna possível um *encontro* entre determinada presença (sagrada) que sai das sombras e determinada testemunha (humana) que possa comprová-la.

4) Que esse encontro, ou relação presencial, possa se consumar por meio da comunicação (por palavra, por escrito).

Essas quatro condições determinam a parte simbolizante, disponível e manifesta, mas esta a envia ou remete à parte simbolizada, que não está disponível. Em consequência disso:

1) O símbolo manifesto deve enviar a determinadas chaves hermenêuticas aquilo que permita determinar as figuras (ideais) em virtude das quais se possa fixar o sentido do símbolo manifesto.

2) As chaves exegéticas têm, necessariamente, que se chocar com um limite maior que aniquile toda procura de sentido, de maneira que apenas sob *forma mística* possa se consumar a remissão.

Uma vez determinadas as condições simbolizantes (matéria, cosmo, presença, *lógos*) e as condições relativas ao simbolizado (chaves do sentido, substrato místico), foram fixados todos os requisitos indispensáveis para que se possa produzir o acontecimento simbólico. Resta apenas determinar as condições da unificação ulterior das partes do símbolo. Surge, portanto, a última e decisiva categoria, a qual instaura a necessidade desse restabelecimento do distante e separado.

Eis aqui a tábua das categorias simbólicas:

Categorias simbolizantes

1. Matéria
2. Cosmos
3. Relação presencial (entre presença e testemunha)
4. Comunicação (verbal, escrita)

Categorias relativas ao simbolizado no símbolo

5. Chaves (exegéticas) do sentido
6. Substrato sagrado e santo (ou místico)

Categoria unificadora

7. Conjunção das partes do símbolo

A EXPERIÊNCIA RELIGIOSA COMO EVENTO E INTERPRETAÇÃO*

Aldo Gargani

A reflexão sobre a religião corre hoje perigo, o seu maior perigo: o de transmitir aos temas da religião a preocupação, que remonta tanto à tradição metafísica quanto ao positivismo, de uma verificação da realidade e da presençados entes que são o objeto do discurso religioso. O perigo que a filosofia pode correr não seria justamente o de fazer com que o significado e o valor do discurso religioso dependam da inspeção de suas entidades demonstráveis, como entidades presentes e de alguma forma verificáveis? Pelos instrumentos da razão ou da experiência? Devemos então fazer com que o significado do discurso religioso — como o de qualquer outro discurso — dependa do método de controle sobre a consistência daquilo de que se fala, enquanto se fala? Devemos então atrelar o destino do discurso religioso ao destino de uma regra metódica, que atribui legitimidade e plausibilidade aos objetos conforme aos próprios procedimentos canônicos? Mas se, ao contrário, nos emanciparmos da noção de racionalidade, concebida como estado de coerção das regras, estaremos então condenados à caça de imagens ilusórias, ou seja, estaremos penetrando num território em que, por assim dizer, tudo é mais ou menos permitido? Ao reagirmos às atitudes da metafísica tradicional, que aspirava à certificação da presença dos entes como condição preliminar de seu significado, e ao nos rebelarmos em seguida contra a dura disciplina neopositivista, segundo a qual seria possível falar de Deus e de todos os outros objetos que têm efeito de discurso

* Tradução do italiano por Roberta Barni.

religioso se dispuséssemos de *sense-data*, *Erlebnisse*, como diriam respectivamente Russell e Carnap, poderíamos nos entregar ao modo anafórico do discurso, ou seja, àquele que estabelece a referência ou a denotação do que se diz, unicamente, em virtude do discurso? Como quando Leibniz observava nos *Novos ensaios*, durante o inverno em Hannover, que, mesmo não havendo cerejas na natureza, as cerejas permaneciam como referentes do discurso, em virtude do próprio discurso? Mas o discurso anafórico é só o indício da dificuldade de que estamos tratando, pois é somente o sintoma da nostalgia do esquema referencialista, que exige que um nome e uma proposição tenham significado se, e somente se, a eles corresponder respectivamente um objeto e um fato. O discurso anafórico é uma formação de compromisso vicarial do paradigma semântico-referencialista da presença.

Por efeito de uma aproximação intelectual — vale lembrar que a aproximação não é exclusividade da esfera das emoções e dos instintos —, enquanto se reintroduz o discurso religioso, que depende de circunstâncias históricas precisas, assim como de exigências especulativas e psicológicas bastante sutis, a primeira questão, que é a primeira inquietação que atravessa a mente e o discurso de um filósofo, é: poderíamos falar de Deus sem enfrentar todos os argumentos fundamentados a favor e contra as provas de sua existência? Ou ainda: como falar de religião sem nos engajarmos, de algum modo, em uma das teses relativas à existência de Deus? Se Deus é um objeto irreal, fantasmático, liquidado pela tradição empirista, iluminista e neopositivista, poderemos ainda alcançar o nível de uma força inimaginável para tecermos um discurso sobre a religião, ou estaremos condenados à balbúcie dos que querem ou se obstinam em falar de religião, enquanto sua consciência especulativa os remordem, pois têm a impressão de estar dando um salto no escuro, por não saber encontrar o caminho da referência semântica e epistemológica para Deus?

No âmbito religioso, parece ainda não ter sido desbloqueado aquele campo discursivo que, durante este século, em outras disciplinas da cultura já se emancipou. Vamos citar alguns exemplos: a partir da linguagem comum, na qual aprendemos a usar as palavras fora do esquema objeto-designação, empregando palavras como "Socorro!" ou "Vamos lá!" sem ter coisas ou substâncias de reserva para substanciar nossas expressões. A partir da matemática, aprendemos que não é preciso termos dívidas para compreender o significado dos números algébricos negativos; aprendemos ainda o uso dos números transfinitos sem com isso ter a pretensão de exibir o infinito como uma totalidade atual de objetos. Das ciências naturais, em que se fala de objetos existentes apenas na medida em que esses são necessários para satisfazer as funções proposicionais da teoria — concebida holisticamente — se, assim como pretende W. O. Quine, o conceito de "elétron", usado para explicar o relâmpago, não é menos mítico em si do que o conceito de "ira de Júpiter", ainda que dentro da teoria eletromagnética de Maxwell[1] pareça sê-lo menos. É claro, poderíamos dizer que o emprego das palavras é provocado por causas, mas a causa não contém e não predetermina o significado das palavras que provoca. Quero dizer que as forças causais nos levando a falar do DNA ou da quantização da energia são do mesmo tipo de forças causais que nos levam a falar de "experiência pós-moderna" ou de "crise da democracia" ou de "crise do romance". Se não quisermos fazer filosofia de modo grosseiro, temos de admitir que há causas nos levando a dizer aquilo que dizemos, mas não responsáveis pelo significado das palavras que provocam. Nesses termos, o mundo não se torna texto — uma asserção metafísica que pode ser substituída com perfeição pela asserção oposta e especular, e igualmente metafísica, "só existem átomos". Mas quem de fato se preocupa com o texto sabe que não há texto sem anexos.

A reflexão filosófica que em nossos dias retoma a esfera religiosa permaneceria inibida em sua meta caso se manifestasse num movimento do discurso que comede o seu próprio teor segundo a discriminação sentida como decisiva e fatal (por efeito da tradição cultural ontoteológica que pesa sobre os filósofos), entre o que existe, que é presente e real, e o que, ao contrário, vive no sopro fantasmático do mito, no horizonte da crença infundada e do relato que concede apenas uma existência anafórica aos objetos

1. W. O. Quine, *From a Logical Point of View*, trad. para o italiano por E. Mistretta, *Il problema del significato*, Roma, Ed. Astrolabio-Ubaldni, 1966, p. 17, 42-43.

de que fala. Não teria sentido e não levaria a lugar nenhum um discurso cujo projeto fosse a refundação teórica, em termos lógico-metafísicos e epistemológicos, das entidades das quais, historicamente, a teologia se ocupou. Mas a resistência a se subtrair daquele pressuposto e daquele vínculo é tenaz. O discurso religioso deverá então perder o vasto horizonte do seu significado e abrir mão de sua atualidade para não ter de renunciar ao empenho ontológico para com os seus objetos? Em outros termos, deveremos falar de Deus como de uma entidade antropomórfica idealizada, que transcende o mundo empírico, espaço-temporal, e subsiste numa região ontológica diferente? Deveremos viver a fé como uma postura que se projeta para além da razão finita e limitada, na verdade para, com um salto na aproximação, realizar o que a razão não pode — ou seja, estabelecer a presença de entidades como Deus, esferas angelicais, reinos da beatificação, da expiação e do castigo do inferno? Deveremos imaginar o inferno, o castigo, a culpa como pano de fundo de um fogo real que queima as almas penadas e o paraíso como um estado completamente distinto, atravessado pelo amor? Nada em comum entre inferno e paraíso? Essas são só algumas das perguntas que poderíamos nos fazer no contexto dessa questão.

Nossa visão permanecerá inevitavelmente superficial até que não tenhamos superado a metafísica da presença dos objetos teológicos e até que não tenhamos superado aquele vértice que, coincidente com a experiência efetiva da atualidade da religião, reconhece no discurso religioso uma perspectiva hermenêutica por meio da qual devemos olhar para a vida. Veremos então cair, como distinções inertes, as dicotomias tradicionais entre vida terrena e vida celeste, inferno e paraíso, humanidade e divindade, para nos engajarmos no jogo mais alto e mais fecundo de suas afinidades e diferenças. Ora, as diferenças não marcam despenhadeiros ou abismos insuperáveis entre as regiões do discurso, mas, antes, seu envolvimento interno na economia de um discurso que se reconhece como tal e procede como discurso interminável. Poderia parecer uma tentativa de superação ou de abandono da tradição, mas, ao contrário, trata-se da recuperação dos signos da tradição religiosa que ainda não foram pensados exaustivamente. Abandonar os compromissos metafísicos sobre o estado ontológico dos referentes do discurso teológico poderia então significar a recuperação dos signos e dos anúncios imanentes à historicidade de uma tradição religiosa. Uma vez desativada a sua carga metafísica, os objetos da tradição religiosa se tornam *figuras para uma perspectiva de interpretação da vida*. E é nessa capacidade interpretativa dos movimentos da existência em que estamos mergulhados, e não na predisposição a atrair e tragar os processos da vida e da história num outro domínio ontológico de entidades transcendentais, que é possível colher, hoje, o vértice mais apropriado para repensar de maneira filosófica a experiência religiosa.

Diferentemente do que acontece — e de todos os que hoje aproveitam na religião a oportunidade para se entregar a um sentir cego imediato como um mergulho na transcendência a que chamam fé, mas que do ponto de vista formal pode ser qualquer coisa que não passe pelo caminho da mediação discursiva e racional —, a modalidade da recuperação e da atualização da experiência religiosa consiste exatamente no movimento inverso e precisamente *no movimento de reflexão e de experiência que reaproxima a religião à imanência e que lhe reconhece os símbolos nas figuras da nossa vida*. E não no movimento inverso, portanto, que prossegue despejando as condições do mundo humano nas precedências de entes e eventos transcendentes. Se a transcendência religiosa não fosse uma diferença que emerge das figuras atuais e da nossa experiência, nem sequer poderia ser mencionada. A transcendência se apaga, desse modo, como repartição das raias ontológicas entre classes de entes, mas não se anula como ponto crítico da atividade de interpretação dentro do fluxo dos fenômenos da vida e da história. A religião, afinal, não será o discurso que descobre e revela um Outro Objeto, uma Outra Entidade, mas um termo de comparação segundo o qual as situações, as figuras e os processos da nossa vida são reinterpretados. Não um objeto imane para se ver, extraordinário por se distinguir de todos os objetos da experiência ordinária da vida, mas antes um não objeto, um paradigma que torna extraordinários os objetos e as situações da nossa vida ao elevá-los ao nível de uma força simbólica extraordinária.

Por outro lado, o movimento em direção à imanência, que traçamos aqui, consoante ao verdadeiro movimento no interior da transcendência religiosa. Poderíamos também prosseguir por meio de exemplos, cuja soma levaria ao resultado aparentemente paradoxal de que a transcendência religiosa alcança o seu significado nas reentrâncias de uma reflexão que recompõe a imanência dos seus termos. *A transcendência se torna imanente*. O traço distintivo do que eu chamaria de ponto de vista metafísico e objetivista da transcendência, que da ontologia platônica chega ao realismo empírico do positivismo (a atitude que inspeciona e verifica a presença efetiva de entes), institui dicotomias rígidas dentro da experiência religiosa. Trata-se de uma expropriação a partir de um núcleo decisivo e fecundo de pensamentos que são traídos e desviados naquela que em psicanálise se chama *linguagem de órgão* (por exemplo, a paciente que, incapaz de alcançar o éros em nível simbólico, persiste em falar do comprimento em centímetros dos pênis dos homens que encontrou).

Repartir o destino de uma alma, de uma psique, de uma mente, em reino do inferno e reino do paraíso também é *linguagem de órgão*. No paraíso, as almas avançam em calma e longa viagem rumo ao amor de Deus; no inferno, ao contrário, são prisioneiras das chamas do castigo que as atormenta numa pena infinita. Trata-se de dois domínios ontológicos distintos e separados. Essa separação, que parece marcar o ápice da transcendência, trai o significado da transcendência religiosa. Ao contrário, o movimento do pensamento que torna a atribuir uma condição de imanência aos termos e às relações que estão em jogo é o que devolve o sentido da experiência religiosa. Nessa segunda versão, devemos então dizer que o fogo do inferno não é o tormento imposto por Deus aos homens que não souberam reconhecê-lo, mas antes que expressa a resistência que os homens opõem ao amor de Deus. O que implica que o amor de Deus no paraíso é o mesmo fogo a atormentar as almas que são danadas por resistir ao amor. Não há um lugar ou um sítio ontológico do inferno, assim como não há um sítio ontológico para o paraíso. Paraíso e inferno descrevem dois destinos contrastantes em relação à mesma chama. O fogo do paraíso é a mesma razão do fogo do inferno. Ora, os bem-aventurados e os condenados do inferno já não são divididos por regiões metafísicas, distinções espaciais, discriminações ético-jurídicas (afinal, todas expressões da linguagem de órgão), mas por uma postura diferente em relação ao mesmo fato essencial — o amor de Deus, que, além dos destinos, constitui a moldura de imanência dessa vicissitude.

Como deverá ser interpretado então o mandamento "Não pronunciarás o nome do Senhor teu Deus em vão"? Nos termos da proibição de pronunciar o nome de uma superentidadde e de uma suprema autoridade transcendental simplesmente fora do horizonte da nossa existência, ou então nos de um *significado decisivo* e de uma *história decisiva* que parte de uma tradição de anúncios, mensagens e chega a tocar a condição presente da nossa vida, não podendo nem ser inserido em nenhuma verbalização nem amoldado às expressões ordinárias do discurso normal? Então, como o que não pode ser dito, seja lá como ou quando for, mas que deve ser guardado num silêncio respeitoso de profundidade e de sua diferença? Mas, nesta segunda acepção, esse mandamento, se por um lado é autenticado na medida em que não se normaliza nas expressões pronunciadas, faladas ou escritas habitualmente em quaisquer circunstâncias — portanto, na matéria comum dos intercâmbios verbais —, por outro acaba envolvido nas figurações da vida. Nesse sentido, "não pronunciar o nome de Deus em vão" significa guardar o valor da palavra contra as tentativas de distorcê-la, de equivocá-la, de arrancá-la de seu inconfundível contexto, de subtraí-la à sua ligação com o silêncio que a cerca, com a irrealidade constituída pelo depósito de sentido em relação à *presença* de coisas e pessoas que já não têm sentido, que são justamente *presentes* simplesmente porque estão exaustas e esgotadas. Nesses termos, "não pronunciar o nome de Deus em vão" guarda a história secreta da palavra. A palavra, por exemplo, do psicanalista, que não deve ser mencionada em vão, ou seja, fora da sessão em que encontrava, por assim dizer, sua pátria e que, levada para fora da sessão, do teatro em que é encenada, perde o seu significado e acaba exposta ao ultraje do equívoco e da incompreensão. "Não pronunciar o nome de Deus em vão" é a ordem com a qual a linguagem poética guarda a si própria enquanto se defende das paráfrases, das explicações e das elucidações que a assimilam, explicando-a àquela linguagem contra a qual a expressão poética, em sua unicidade, insurgiu com o objetivo de estabelecer uma diferença, um salto, um alarme perceptivo, um assombro que a didática, assim como a pornografia, ou seja, dois dispositivos cinéticos tipicamente baseados em processos mecânico-casuais, normalizam por meio da assimilação à linguagem comum.

O mandamento "Não pronunciarás o nome do Senhor teu Deus em vão" é inerente ao gesto que preserva a vida contra os seus assassinos, contra os que percebem na vida um objeto de domínio e submissão à própria vontade e, mais uma vez, no que concerne à expressão, à linguagem de órgão, ao regime da intolerância, da inveja e da desconfiança. Escapando ao superego imposto pelas autoridades parentais e sociais que gostariam de nomear, explicitar e uniformizar tudo, esse mandamento guarda os significados e os valores por meio dos quais a vida se protege da violência. Desse modo, o mandamento "Não pronunciarás o nome do Senhor teu Deus em vão", por um lado, é o vestígio procedente da tradição de um *anúncio* submetido a uma elaboração ininterrupta e demoradamente sedimentado em nossa história e, por outro, coincide com a interioridade da vida como evento imprevisível, gerador de diferenças. O anúncio, o evangelho, é precisamente o evento essencial da religião. A transcendência de Deus significa a transcendência do valor e da palavra com relação às circunstâncias histórico-sociais da intolerância, do fanatismo religioso, do integralismo e das perseguições das ideologias que tudo englobam, que gostariam de uniformizar os fenômenos da vida com um código preestabelecido de padronização violenta.

Consequentemente, só pode causar a maior perplexidade a atitude de muitos padres que, antes de se entregar à escuta de uma mensagem, de um anúncio, de um rastro, que se ramificaram numa tradição e numa história e que, desse modo, se destinam a uma elaboração espiritual e existencial, de fato se distanciam dela, distorcendo perigosamente seu significado e seu traçado perspéctico, limitando-se ao papel de *moralistas*. Moralismo é o termo que expressa a distorção responsável pela degradação de um anúncio, o evangelho, a um preceituário dos comportamentos humanos. Mas o moralismo também é, consequentemente, *a perda da consciência teológica*, no sentido alto e vigoroso do termo, ou seja, como reflexão, mediação racional do anúncio e exercício da dúvida. O moralismo, ou seja, a experiência religiosa reduzida a um código de prescrições sobre os comportamentos, é desprovido do amor que desperta a investigação teológica. No significado mais profundo e decisivo estabelecido pela teologia liberal do século XVII, por Chillingworth e John Locke[2], com base no socinianismo, a tolerância se torna o próprio sintoma da caridade, pois o respeito pela liberdade de busca — conduzida pelos homens — dos conteúdos da fé é o sinal distintivo do amor pelo próximo. Com a afirmação da tolerância — não somente em termos sociais e políticos, mas em termos teológicos que estabelecem sua coincidência com a atitude fundamental da caridade —, na tradição do cristianismo deu-se uma virada que deslocou a experiência religiosa da primazia dos *conteúdos* dos artigos de fé à primazia da *forma* da busca. Mas o que ainda não deixa de nos surpreender e até de parecer maravilhosamente paradoxal é a seguinte circunstância: a *formalidade* da atitude da tolerância recupera o núcleo decisivo da mensagem contida no Evangelho.

"Deus ordena que não se pronuncie o seu nome em vão" corresponde nem tanto à manifestação de uma autoridade inexorável impondo o respeito por si própria, mas sim à defesa dos valores e dos significados que foram transmitidos por uma história e uma tradição, que, no entanto, ao mesmo tempo, estão a caminho de uma reelaboração e portanto pedem para se tornar os custódios do futuro, para preservar o que ainda não é, com relação ao já dito, ao já feito, àquilo que é fundamentado, protegido e popular. "Não pronunciarás o nome do Senhor teu Deus em vão" expressa a preservação do que é especificamente humano e mesmo divino, e precisamente da palavra que instaura uma diferença incomensurável entre os fenômenos da vida, entre aquilo que é visível, acessível, alcançável de um modo direto e palpável e o que, ao contrário, se subtrai, afastando-se para se refletir no silêncio que constitui o grande banco de prova de toda a linguagem.

Por meio do jogo e da evolução dessas distinções decisivas, a existência humana não se inscreve no horizonte da pura transcendência

2. Cf. W. Chillingworth, *The Works*, Oxford University Press, 1838.

metafísica e tampouco se encerra na angústia da imanência historicista, sociologista e antropologista, mas acaba sendo a evolução das diferenças de suas figuras e de sua alternância trágica. Os signos contidos na experiência religiosa não são os designadores inflexíveis, as provas cabais de uma realidade, mas o anúncio e o presságio do sacrifício de partes da vida em vista de outras que ainda não são e que reivindicam um significado mais decisivo da realidade existente em cuja perspectiva o homem se transporta para *um outro estado* ao qual sente pertencer enquanto ainda não o alcançou. E faz tudo isso sem sair de si, sem a pretensão de alcançar uma verdade, uma realidade fora de si, como algo que se agarra estendendo a mão a partir da não verdade, mas como consequência de um movimento interior que cumpre um trespasse, um salto na vertigem do ainda-não-dito e ainda-não-feito, num regime de meia-luz. Se os anúncios e os sinais da experiência religiosa não fossem incertos, precários e obscuros, coincidiriam com a realidade indicada. Na Primeira Carta aos Coríntios, São Paulo observa que se a profecia e a fé fossem conhecimentos certificados e finitos, então não havia nem profecia nem fé. "Porque agora nós conhecemos parcialmente e parcialmente profetizamos" (I Cor., 13, 9).[3] A fé religiosa, em seus termos essenciais de anúncio, poderia então ser comparada a um pensamento em busca de pensadores. Um pensamento e um sinal que subsistem, mesmo podendo os homens ignorá-los. O dia esperado do retorno de Cristo é imprevisto. No Evangelho de São Mateus está escrito que o dia da vinda de Deus chegará inesperado, como um ladrão na noite. "Portanto, se vos disserem: 'Eis que Ele está no deserto!', não saias; 'Ei-lo no interior da casa', não acrediteis; porque assim como o relâmpago sai do oriente e se mostra até no ocidente, assim há de ser a vinda do Filho do homem... Portanto, vigiai, porque não sabeis em que dia vem o vosso Senhor. Mas considerai isto: se o pai de família soubesse a que hora viria o ladrão, vigiaria e não deixaria que fosse arrombada a sua casa. Por isso, ficai vós também apercebidos; porque, à hora em que não cuidais, o Filho do homem virá" (Mat., 24, 26, 27; 24, 42, 43; I Tess., 5, 4).

3. Cf. S. Quinzio, *Un commento alla Bibbia*, Milão, Adelphi, 1991, p. 483.

O acesso à experiência religiosa parece parar naquilo que constitui sua fase incoativa ou primária, mas que, ao contrário, é a sua condição perdurável, precisamente na *iniciação ao evento* e mais precisamente na iniciação, ao mesmo tempo, a uma perspectiva interpretativa e a uma espera marcada pela imprevisibilidade e pela dor. Na Primeira Carta aos Tessalonicenses, São Paulo escreve, a propósito da segunda vinda de Jesus Cristo: "Irmãos, relativamente aos tempos e às épocas, não há a necessidade de que vos escreva; pois vós mesmos estais inteirados com precisão de que o dia do Senhor vem como o ladrão na noite. Quando andarem dizendo 'Paz e segurança', eis que lhes sobrevirá repentina destruição, como vem a dor do parto à que está para dar à luz; e de nenhum modo escaparão" (I Tess., 5, 1-3).

Nunca poderemos deixar de lembrar que o vocabulário da experiência religiosa não deve ser assimilado ao das leis mecânicas da causalidade científica e do discurso epistemológico; tampouco a doutrina calvinista da predestinação é uma lei da história para prever a sorte dos eleitos, mas é, ao contrário, uma perspectiva segundo a qual é possível interpretar a história humana. O destino de uma experiência religiosa não pode ser traçado num anúncio, numa mensagem que acaba se consolidando e solidificando numa entidade transcendente diante da qual uma palavra acaba porque há *a coisa, a grande coisa,* ou melhor, a *coisa imane* do mistério religioso. Mas como um mistério poderia ser contido na presença de uma coisa, mesmo que imane? Aqui também atua, como efeito de uma assimilação imprópria de vocabulários diferentes, o esquema referencialista do realismo metafísico e da epistemologia positivista, ou seja: aqui a palavra, lá a coisa; aqui a palavra "Rex", lá o cachorro Rex. O mistério que culminasse na verificação de uma coisa aterradora como uma substância metafísica imane e como uma instância de autoridade e de ordem inexorável seria a morte da palavra, ou seja, da especificidade do homem que no momento exato da sua conversão se desloca para um outro estado, para aquilo que é outro, pois esse outro é conhecimento, imagem, palavra, anúncio do novo caminho. O mistério da religião cristã não foi anunciado originariamente como amor, ou seja, como a paixão paradoxal que descobre o desespero e a impossibilidade da salvação na forma de vida humana que se subtrai à relação com o outro e à tensão inevitável que deriva disso? O mistério religioso foi finalmente anunciado como um sintoma e um chamado que procede de tudo o que transcende a identidade em que o homem se fecha e se tranca, ou seja, sua equação autorreflexiva, o ponto de fuga da realidade, da história do amor e da dor, ou seja, o ponto de uma evasão que ao longo do tempo se torna a prisão em que ele está destinado a se sufocar lentamente.

Como foi observado, o amor pregado por Jesus Cristo é essencialmente um paradoxo e, ao mesmo tempo, e também essencialmente, um anúncio. É um paradoxo porque é um anúncio e vice-versa, pois não se limita à tautologia de amar quem já amamos ou quem é amável, mas porque, longe disso, convida a amar os inimigos. O amor pelos inimigos, torturadores e perseguidores, parece paradoxal e contraintuitivo se não o entendermos ao mesmo tempo como um anúncio e precisamente como o presságio e a iniciação ao processo do drama, da transformação, da dor e do arrependimento, e da redenção dessas figuras. Dando comida e bebida ao inimigo, escreve São Paulo na Carta aos Romanos, o homem adia a vingança e a recompensa que, de acordo com a sabedoria bíblica, cabem a Deus (Deut., 32, 35)[4], e vence o mal com o bem. "Não vos vingueis a vós, amados, mas dai o lugar à ira; porque está escrito: 'A mim me pertence a vingança; eu retribuirei', diz o Senhor. Pelo contrário, se o teu inimigo tiver fome, dá-lhe de comer; se tiver sede, dá-lhe de beber; porque fazendo isso, amontoarás brasas vivas sobre a sua cabeça" (Rom., 12, 19-20; I Ped., 2, 23). O amor pelos inimigos se revela como o ponto de vista de um anúncio e mesmo de uma profecia, é tudo exceto uma atitude de aproximação à presença daquilo que é, e em relação à presença do que cada um é; este é, ao contrário, o lugar de uma diferença que, na tensão entre amor e inimizade, entre paz e guerra, abre o horizonte de uma interpretação do nosso próximo e de nós, em nosso envolvimento em seu destino, como se nós também nos descobríssemos não mais como idênticos a nós mesmos, mas como *próximos* a nós mesmos. Dessa forma, descobrindo um completo regime de diferenças e distinções, reconhecemos que o problema

4. Cf. S. Quinzio, op. cit., p. 415-416.

representado pelos outros homens é o nosso problema, que a linha que separa cada um de nós dos outros é a mesma que nos separa de nós mesmos; *porque seja qual for a história que nos contam, afinal, é de nós que nos fala*. Essa consciência é, por sua essência, produtora de uma tolerância que não constitui apenas um dom ou uma dádiva ou uma concessão aos outros, que vistos assim nada mais seriam do que um projeto moralista, mas constitui a razão e a salvação de nós mesmos. Não somente a economia de violência para com os outros, mas também a redenção da violência que está em nós mesmos.

Nesse sentido, revela-se plausível, no horizonte da análise filosófica, o que de fato acontece em nosso tempo, o retorno da reflexão de inspiração religiosa. Entre outras, em primeiro lugar a ideia de não considerar a dor e o mal exclusivamente como inimigos. A experiência religiosa da tradição ocidental, mas também das religiões orientais, contém, de forma constitutiva, como traço distintivo, uma teodiceia cujo significado não é necessariamente um projeto de política religiosa para justificar Deus, para conciliar a providência com o saque de Roma, com a peste em Milão e com o terremoto em Lisboa. A ideia da apologética está aqui contaminada pelo modelo iluminista e racionalista que assume a divindade como uma legalidade científica a ser confrontada com os fatos e com a ordem da natureza. Mas, justamente, Deus não é uma hipótese científica, porque nem sequer é uma hipótese. A apologética religiosa tem de ser repensada em sua essência como a disciplina que transmite uma relação diferente com o mal, que não o exorciza, que não tenta anunciar a sua eliminação, mas se lhe aproxima, atravessa-o e reconhece-o como um fator que nos é próximo, assim como o nosso próximo, e que acresce o princípio de responsabilidade, pois é justamente ao achar que se distanciou do mal, da dor e da injustiça que o homem corre o perigo máximo de cometer a maior violência. Se podemos concordar com Richard Rorty sobre a exigência de revogação do discurso logocêntrico e metafísico sobre a natureza humana como matriz universal dos direitos e dos valores ético-jurídicos[5], podemos todavia observar

5. Cf. R. Rorty, *Philosophical Papers*, vol. I, p. 175 et seq.; trad. para o italiano por M. Marraffa, *Scritti filosofici*, Roma-Bari, Laterza, 1994, p. 237 et seq.

que a doutrina política e ética necessita, como todas as coisas, de uma reflexão que é filosófica e também religiosa.

É preciso refletir sobre a circunstância de que ideologias e crenças que defenderam os direitos dos oprimidos, dos homens e dos pobres, tais como o cristianismo e o marxismo, levaram respectivamente às cruzadas, à Inquisição e aos *gulags*. Cada um desses eventos procurou-se justificar numa pretensa lei histórica de autocumprimento, de modo que das torturas da Inquisição deveria nascer a cidade celeste, e dos campos de concentração soviéticos, a sociedade sem classes, sem exploradores ou explorados. São essas ideologias metafísicas e funcionam como uma fechadura que estala e se tranca ao redor do núcleo do próprio mal, destinado a se transformar inevitavelmente em bem. A circunstância que, contudo, requer uma reflexão filosófica, bastante diferente de uma definição metafísica universal da natureza humana, consiste no reconhecimento de que as ideologias dos humildes e dos oprimidos, como o cristianismo e o marxismo, degeneraram em instrumentos de perseguição individual e social. O verdadeiro núcleo antimetafísico da política e o centro de uma reflexão filosófica adequado não se encontram só ou suficientemente definidos na alternativa de uma sociedade cooperativa baseada em valores compartilhados de modo solidário, mas também na aquisição da consciência de um *tertium desconhecido e ignoto acima das partes* (se não quisermos jogar o jogo paradoxal e impraticável das culpas e da responsabilidade) que exerceu o poder de fazer degenerar valores, culturas e programas de emancipação moral e social em formas históricas de opressão social e de crueldade.

Se é difícil falar de responsabilidade política, é mais pertinente e com certeza mais interessante falar da responsabilidade intelectual e filosófica que consistiu em seguir, por assim dizer, a voz do bem, sem dar ouvidos à do mal, que se insinua no bem desempenhando-lhe o papel por vezes até melhor do que ele próprio. Diremos então que o autêntico e consistente núcleo antimetafísico da política é constituído por uma reflexão filosófica e uma motivação religiosa que se expõem à escuta do mal, da insídia, daquele vago e obscuro pano de fundo da realidade que sobranceia indivíduos, cidades, sociedades e Estados, envolvendo-os e corroendo-os em silêncio, assim como fazem a umidade e a ferrugem. O fato fundamental a considerar é que a política, assim como a metafísica, foi se tornando cada vez mais um discurso encerrado nos termos do seu próprio vocabulário totalizador, mantendo relações prático-teóricas apenas com a *finalidade positiva* do próprio projeto, do próprio programa, e assumindo o mal e a negatividade como fatores externos personificados em partes sociais e políticas opostas. Aquela política metafísica e ideológica identificou o mal na figura do adversário, consolidou-o e cristalizou-o numa presença político-social como se fosse uma entidade, uma presença distinta e específica. Negligenciou a circunstância de que o mal, o negativo, está em toda parte, que também estava e está em seu interior; e que, portanto, estando em si mesma assim como na figura do adversário, o negativo já não é um ente específico, mas um fator até imprevisível e indefinível que cerca de todo lado qualquer gesto ético e político.

Deveríamos estar desalentados há muito tempo, se considerarmos que os políticos sempre olharam diante de si para a frente, abalroando qualquer limite, que sempre foram mais capazes de correr do que de andar, sem olhar para os lados, para trás ou acima de si próprios, e só depois em si próprios, dentro do dispositivo que operavam. Sempre olharam diante de si, se lançaram em direção ao direito, ao bem, à equidade, cheios de conforto moral e de arrebatamento social, sem se darem conta de que, enquanto se arremessavam à justiça, ao progresso, ao bem social, também desencadeavam crimes, delitos e violência. Sem perceber as diferenças inexoráveis que o mal e o negativo cavavam dentro de sua própria ação. A interação com a causalidade do mundo externo, com os seus eventos imprevisíveis, seus enigmas, suas armadilhas, com o caráter aleatório de suas perturbações e turbulências, com a negatividade e o mal, deveria ser mais uma vez, a essa altura, apontada como o tema do ponto de vista filosófico correto que também considera os programas éticos, sociais e políticos na relação constante com o perigo da violência metafísica que sempre é iminente enquanto parece estar desempenhando o papel do bem melhor do que o próprio bem. Repropor à reflexão e à consciência os rastros daquele *tertium* ignoto e desconhecido, que também envolve os processos sociais e os eventos políticos, bem como, aliás, todo traço da existência humana, constitui o tema de uma reflexão filosófica e religiosa que, da lógica, da semântica e da epistemologia se estende à política e à doutrina da sociedade. O *tertium* é o sinete da divindade, é o silêncio, é o pano de fundo do que é Outro, de qualquer diferença, paradoxo e ambiguidade, é a capacidade de cada termo ou pensamento se transformar em seu contrário.

É na perspectiva desse *tertium* que as palavras, assim como as relações humanas de todo tipo, estreitam suas ligações recíprocas e atam suas condições de sentido. É possível, pois de quando em quando de fato verificou-se ser possível, que os homens acreditem ter ou caiam na ilusão de ter esgotado a capacidade de sentido de convívio em suas relações pessoais definidas, assim como os jogadores de xadrez podem cair na ilusão de estar jogando em dupla.[6] E naturalmente os homens alcançam o limite extremo da secularização enquanto se reduzem a nomes sem substância. Na realidade, entre os homens, inevitavelmente, sem que eles o suspeitem, insinua-se um *tertium*, que é coisa nenhuma, ente nenhum, indivíduo nenhum, presença nenhuma, mas é o pano de fundo que, como toda experiência religiosa, *faz com que estejam juntos enquanto ao mesmo tempo os separa*, que dá sentido e alívio aos seus gestos, às suas palavras, às imaginações que trocam entre si enquanto inventam um segundo nascimento e contam aquilo que está para acontecer, um aspecto de destino, uma iniciação a um novo movimento, a um empreendimento, a tudo aquilo que toma o nome de produção do sentido. Os homens podem nem sequer suspeitar o *tertium* que os cerca. Assim como os jogadores de xadrez têm a ilusão de estar sozinhos, mas não poderiam jogar se não houvesse um terceiro protagonista, que é o próprio jogo de xadrez, com suas regras e suas possibilidades de movimento. Da mesma forma, os homens, nas várias circunstâncias de sua vida, podem ignorar os sinais de um *tertium* que está diante

6. Cf. Stefano Levi della Torre. *Mosaico: Attualità e inattualità degli ebrei*, Turim, Rosenberg & Sellier, 1994, p. 17-49; Id., Ebraismo, em "I viaggi di Erodoto", *Novecento*, vol. VIII, nº 22, Milão, Bruno Mondadori, 1994, p. 216-220.

dos seus olhos ainda que não os percebam ou suspeitem e, por isso, o dia esperado do Senhor chegará inesperado como um ladrão à noite.

A condição religiosa é outro estado que se subtrai à sequência linear do tempo, ou antes subsiste entre os tempos, *zwischen Zeiten*, como diziam os teólogos de Tübingen; não nos garante um tempo ao qual pertenceremos. É tudo, portanto, exceto uma garantia da presença. O que equivale a dizer que Jesus Cristo permanecerá em agonia até o fim. "Eis que estou convosco todos os dias, até a consumação dos séculos" (Mat., 28, 20). Na nossa época, a condição religiosa se insere entre a ebriedade, que é toda ideologia e todo integralismo, e a perda de sentido, que é o desencanto da filosofia atual.[7] Hoje, a experiência religiosa, enquanto extrapola as entificações e as hipóstases metafísicas, se situa especificamente como desdobramento das diferenças, como desenvolvimento dos rastros do Outro, do *tertium*, em relação à identidade rígida e bloqueada, com o seu vocabulário próprio, representada pela ideologia, leiga ou eclesiástica, de que o incêndio do integralismo, do fanatismo e da intolerância se alimenta. "Vestígio" e "diferença" são os sintomas de um pano de fundo, de um *tertium* que, por meio de seus desvios e de suas desesperadas distâncias, articula as produções das palavras, de seu sentido, os desequilíbrios responsáveis pelos eventos e pelas manifestações da vida. Com razão, Derrida afirmou que o termo "diferença" não é um conceito ou palavra, mas um limite, por sua vez inexprimível, e é a condição de possibilidade dos conceitos e das palavras, "a raiz comum de todas as oposições conceituais que marcam o ritmo de nossa linguagem".[8] Traduzindo em linguagem wittgensteiniana, poderíamos dizer que "diferença" é o indizível que torna possível o dizível. Vale dizer, a palavra ressoa como se viesse de longe, de um fundo silencioso, e isso lhe devolve a procedência divina, ou seja, o seu caráter de

7. Cf. B. Forte, *Cattolicesimo*, em "I viaggi di Erodoto", vol. cit., p. 221-224. Desejo especificar que a experiência mística, que constitui essencialmente uma condição de "ebriedade do sentido", não está de modo algum envolvida na dicotomia de ideologia e desengano, de que aqui tratamos.

8. Cf. J. Derrida, *Positions*, Paris, Minuit, 1972, trad. para o italiano por M. Chiappini e G. Sertoli, *Posizioni*, Verona, Bertani, 1975, p. 47.

dom que desfecha um mistério, seu poder redentor e salvífico, ou seja, a "palavra resolutiva", o "pensamento resolutivo", que não fornecem provas de realidade e certeza nas quais seja possível se deter, mas que nos consolam sem suprimir a dor e a nostalgia que revelam; que transmitem o reconhecimento e a legitimação do problema que somos a cada vez; afinal, por assim dizer, o direito de focalizar na linguagem aquilo que nos tornamos e aquilo que somos, num ponto temporal da nossa existência histórica, sem por isso passar por um sentimento de culpa. Não seria esse o caminho pelo qual tínhamos ouvido — tínhamos nos lembrado das palavras, mas esquecido o seu sentido no decorrer do tempo — que Deus é amor, é caridade e que o Verbo era Deus? Afinal, como sustenta Vattimo, não somos nós, ocidentais, e extraocidentais também, a consequência desses anúncios?

Durante os dias do seminário em Capri no inverno de 1994, do qual participaram Jacques Derrida, Maurizio Ferraris, Hans-Georg Gadamer, Eugenio Trías, Gianni Vattimo, Vincenzo Vitiello e o autor deste texto, tinha sido naturalmente levantada a questão de por que enfrentar a temática religiosa, a distinção entre discurso filosófico e discurso religioso, a comparação dos respectivos vocabulários na consciência de que se abriu na nossa época um novo espaço retórico, um novo espaço público de comunicação. Durante a discussão, Maurizio Ferraris observou que o esgotamento do trabalho filosófico como análise crítica da metafísica devolveria uma legitimidade ao discurso sobre a religião, com o resultado, todavia, de tornar problemática a distinção entre filosofia e religião. É de observar, por outro lado, que evitar uma análise filosófico-estrutural do discurso religioso, tal como proposta por Gianni Vattimo, encontrou amplo consenso. É estranho, embora compreensível, que exatamente esse aviso tenha salvado a autonomia do discurso filosófico, que, evitando o exercício da categorização e da análise lógico-linguística, subtraiu-se de um lado à opção puramente especulativa de conteúdos, posições e teses das tradições religiosas (ou à elaboração de uma teologia natural a partir de um vocabulário próprio, fechado e totalizador) e, de outro, ao risco de um procedimento técnico, aparentemente neutro, mas na verdade subordinado — conscientemente ou não — à adesão ou à recusa de determinados artigos de fé e aparatos de crenças. Pessoalmente, creio que a filosofia, ao tomar conhecimento da variedade dos vocabulários da cultura, da inconclusão característica de seu próprio discurso e dos componentes heterogêneos que o estruturam como conexão inferenciais, associações não inferenciais de metáforas e similitudes, descobre os limites do próprio vocabulário. Limites que têm por efeito preservá-la da tentação do discurso totalizador, da violência assimiladora da metafísica tradicional, da inclinação a gerar o cosmo a partir de um punhado de axiomas autoevidentes no interior de um regime de racionalidade autárquica. Acredito que essa condição contribua internamente para o esclarecimento do trabalho filosófico como tal, assim como para a definição da sua distância, que é uma distância fecunda e próspera em relação ao discurso religioso. Essas distinções, essas decifrações de limites, contribuem ao requisito de tolerância, que é uma razão de constituição e de geração do discurso filosófico como de qualquer outro exercício de palavra. São justamente essas distâncias, esses desvios e essas delimitações a fecundar a relação da filosofia com a religião, a possibilidade de a primeira se referir à segunda sem destruí-la e sem, por outro lado, precipitar-se em seu interior sem mais nenhuma distinção. A disposição para ouvir, para o que é outro, a recuperação da surpresa como "tonalidade afetiva fundamental da filosofia" e, mais precisamente, como a *desmedida da indecisão* entre o que um ente é, na medida em que é o ente que é, e o que nesse ente não tem estabilidade, não tem estrutura, é ininterruptamente arrastado e se revela enquanto se subtrai e se esconde, a repressão do "instinto de tomar posição"[9], mantendo a filosofia, assim como qualquer outra potência criadora, num estado de indecidibilidade e inexplicabilidade[10], são mais indícios, sinais e cláusulas da ligação que hoje entrelaça o discurso filosófico com a experiência religiosa.

---

9. Cf. M. Heidegger, *Grundfragen der Philosophie: Ausgewählte "Probleme" der "Logik"*, Frankfurt/Meno, Klostermann, 1984, traduzido para o italiano por U. M. Ugazio, *Domande fondamentali della filosofia*, Milão, Mursia, 1988, p. 114.

10. Ibidem, p. 116-117.

Se o tradicional esquema de referência e representação de objeto-palavra, *adœquatio rei et intellectus*, identidade do conhecedor e do conhecido — isto é, toda a filosofia metafísica da presença —, entrou em crise, também é verdade que grande parte da filosofia analítica da linguagem corre o risco do idealismo reformulado numa versão linguística e que grande parte da filosofia e da epistemologia pós-analítica, os *ways of worldmaking* de Nelson Goodman, os paradigmas de Thomas Kuhn, os esquemas de decidibilidade racional de Hillary Putnam e a antropologia do conhecimento de Jehuda Elkana[11] transformaram o trabalho filosófico numa filosofia da cultura, ou seja, num exercício intelectual que se alimenta de si mesmo, dos próprios resultados, expugnando qualquer vestígio de diferença, qualquer confronto com a alteridade interna e externa, numa normalização metodológica autorreferencial da realidade, da alteridade e de todo mistério e enigma. Com a desconstrução do neopositivismo, obtivemos, por fim, versões do mundo sem que haja mais mundo. A filosofia perdeu o sentido de *des-acordo* com a realidade que se presta a pensar. A filosofia, de fato, pensa enquanto há algo que se presta a pensar: a história, o evento, a singularidade que marca um anúncio e um caminho. A epistemologia pós-neopositivista e pós-analítica, ao contrário, constrói versões do mundo a partir da asserção de um sujeito interpretante que aplica esquemas conceituais a um fluxo neutro, em suspenso e informe de experiência, repetindo a dicotomia kantiana entre esquema e conteúdo, posteriormente retomada, entre outros, por Ernst Mach, Bertrand Russell e Rudolf Carnap. Assim, Goodman escreve que existem as versões do mundo de Descartes, Newton, Canaletto e Van Gogh, sendo que nenhuma delas é mais objetiva do que a

11. Cf. T. Kuhn, *The Structure of Scientific Revolutions*, Chicago University Press, 1962, trad. para o italiano: *La struttura delle rivoluzioni scientifiche*, Turim, Einaudi, 1969; N. Goodman, *Ways of Worldmaking*, Indianapolis-Cambridge, Hackett Publishing Company, 1978, trad. para o italiano por C. Marletti, *Vedere e costruire il mondo*, Roma-Bari, Laterza, 1988; H. Putnam, *Reason, Truth and History*, Cambridge University Press, 1981; trad. para o italiano por A. N. Radicati di Brozolo, *Ragione, verità e storia*, Milão, Il Saggiatore, 1985; J. Elkana, *Anthropologie der Erkenntnis*, Frankfurt/Meno, Suhrkamp, 1986, ed. italiana *Antropologia della conoscenza*, org. R. Rini, Roma-Bari, Laterza, 1989.

outra, estando todas elas num plano de paridade, e que cada uma delas capta um traço interessante da experiência.[12]

Mas as doutrinas das versões do mundo, dos paradigmas e dos esquemas de decidibilidade racional constituem um sistema insuficiente de autocompreensão, no sentido de que é difícil reconduzir as motivações que geram versões do mundo na ciência, na arte, na política, à doutrina filosófica e epistemológica das versões do mundo.[13] Acreditávamos ter dado um passo adiante e, ao contrário, nos encontramos exatamente no ponto de partida, em que o problema recomeça e a solução ainda não é visível. Às doutrinas dos paradigmas, das versões do mundo e dos esquemas de decidibilidade racional escapa o efeito de atrito, que é o início da interrogação filosófica e que é constituído por uma *singularidade*: um evento, um processo de experiência, um acontecimento histórico, uma mensagem, um anúncio, um evangelho. Ou seja, o que se dá a pensar e que se tradicionaliza na vicissitude dos processos interpretativos. Tomemos por exemplo a física: Einstein declarava que a teoria física não se esgota num sistema hipotético-dedutivo de inferências lógico-matemáticas a partir de um punhado de axiomas. Na origem da relatividade, subsistia o fenômeno da singularidade da luz, que orientava a organização da teoria; no plano metodológico mais geral, Einstein sustentava que na base da ciência física deve existir uma empatia, uma *Einfühlung* por parte do cientista em relação aos fenômenos naturais, que precede a elaboração matemático-experimental. "O objetivo mais alto do físico" — escreveu Einstein — "é chegar àquelas leis universais que permitem a reconstrução do universo por via dedutiva. Nenhum caminho lógico leva a essas leis universais; somente a intuição, fundamentada na compreensão simpatética da experiência, pode levar a elas... O mundo empírico determina praticamente o sistema teórico, apesar de não existir nenhuma ponte lógica entre os fenômenos e seus princípios teóricos."

---

12. N. Goodman, op. cit., p. 4.

13. Cf. A. G. Gargani, *Lo stupore e il caso*, Roma-Bari, Laterza, 1986, 2ª ed., p. 25-44; Id., *L'attrito del pensiero*, em *Filosofia '86*, org. G. Vattimo, Roma-Bari, Laterza, 1987, p. 5-22, incluído posteriormente em *Stili di analisi*, Milão, Feltrinelli, 1993, p. 43-60.

Einstein afirmava que psicologicamente os axiomas se apoiam nas experiências, "mas não existe nenhum caminho lógico que leve das experiências aos axiomas, apenas uma conexão intuitiva. Moral: se não se peca contra a razão, não se realiza nada (*Moral, wenn man gar nicht gegen Vernunft sündigt, kommt man überhaupt zu nichts*)".[14] Desse modo, a teoria científica não é, para Einstein, um reflexo, uma representação da realidade, mas um instrumento de pesquisa (*ein Instrument der Forschung*). "Os filósofos naturais daquela época (séculos XVIII e XIX) estavam, na maioria das vezes, impregnados pela ideia de que os conceitos fundamentais e os postulados da física não fossem, de um ponto de vista lógico, livres invenções (*freie Erfindungen*) da mente humana, mas que pudessem ser deduzidos da experiência 'por abstração', ou seja, por meios lógicos. Um óbvio reconhecimento da falsidade dessa noção só se deu, na verdade, com a teoria da relatividade geral (...)."[15] O caráter fictício dos princípios fundamentais é demonstrado com clareza pelo fato de podermos indicar duas bases teóricas essencialmente diferentes, cada uma das quais se revela, em suas consequências, em grande acordo com a experiência. Isso indica que toda tentativa de derivação lógica dos conceitos básicos e das leis da mecânica a partir dos dados últimos da experiência se destina a falir. Significativamente, a epistemologia neopositivista e pós-analítica e a filosofia da linguagem consideram o mistério, o enigma, a admiração, como um fenômeno de perturbação e de mau funcionamento da linguagem ordinária. Àquela epistemologia e àquela filosofia escapa a distinção entre sujeito legislador e construtor da experiência e da natureza e sujeito interpretante de eventos, acontecimentos, anúncios, apelos, mistérios e enigmas.

A partir dessa análise, vai se delineando o acontecimento crítico e problemático que, a meu ver, atravessa atualmente a filosofia, a epistemologia, a estética e a religião, arrombando os seus limites

14. A. Cf. Einstein, *Lettres à Maurice Solovine*, Paris, Aubier, 1956, p. 120 e 128.

15. A. Cf. Einstein, *On the Method of Theoretical Physics*, proferido no âmbito da Herbert Spencer Lecture, Oxford, Clarendon, 1933, p. 11; cf. A. G. Gargani, *La "buona austriacità" di Ernst Mach*, introdução a E. Mach, *Conoscenza e errore: Abbozzi per una psicologia della ricerca*, Turim, Eunadi, 1982, p. VII-XXXIII.

recíprocos. De fato, há hoje um conflito entre *heteronomia* (pluralidade dos vocabulários, das linguagens, variedade dos métodos da filosofia da ciência até a hermenêutica) e *homonomia* (método único, decisão e demarcação entre estilos de descrição). A homonomia pressupõe que haja um único método e uma única descrição, pois assume que existe uma única realidade a ser investigada. A homonomia presume que o fenômeno da variedade dos estilos e das descrições empregados pela heteronomia seja um estetismo; por sua vez, a heteronomia considera puro estetismo a escolha unívoca e privilegiada pela qual a homonomia optou. No atual debate filosófico, a acusação de estetismo se revela conturbadora. Para dar alguns exemplos, Richard Rorty, um fautor da heteronomia, ergue a acusação de estetismo contra W. O. Quine por este conceder uma posição privilegiada às ciências da natureza, *Naturwissenschaften*, em detrimento das ciências do espírito ou ciências humanas, *Geisteswissenschaften*; fato que Rorty interpreta como fruto de uma escolha *purely æsthetic*.[16] Mas quem poderia ser considerado menos estetizante que Quine? Contudo, a observação de Rorty tem um fundamento nem um pouco banal. Por sua vez, Rorty, defensor da pluralidade de interpretações e de vocabulários da cultura, pode também receber a acusação de estetismo. Num ensaio de 1992[17], e posteriormente num debate na Universidade Estadual de Milão, Gianni Vattimo, ao se colocar o problema da racionalidade do empreendimento hermenêutico, observava que, salvo as críticas à cultura ontoteológica e à filosofia da presença, Rorty se expõe ao perigo do estetismo, ao jogo arbitrário das interpretações, pensado como um *coup de dés*. Por sua vez, Vattimo reconhece o elemento discriminante dentro da variedade das interpretações na vicissitude de uma experiência histórica, de uma tradição na qual se consumiu uma história dos efeitos da interpretação, a que Hans-Georg Gadamer chama *Wirkungsgeschichte*.

Desse modo, o termo "estético" concerne cada vez menos à disciplina ou forma do belo, e cada vez mais a um estilo, uma

---

16. Cf. R. Rorty, *Philosophy and the Mirror of Nature*, Oxford, Blackwell, 1980, p. 203: "*This tactic makes his preference for physics over psychology, and thus his concern about 'irresponsible reification', purely aesthetic.*"

17. G. Vattimo, em *Filosofia '91*, Roma-Bari, Laterza, 1992, p. 93.

intencionalidade do pensamento. Podemos rastrear uma atitude homonômica na arte e uma atitude heteronômica na teoria filosófica ou na científica (os vários modos paritários e de igual poder de praticar o jogo da ciência, de acordo com P. Feyerabend, por exemplo). A poesia ou a literatura que se declina como versão da única realidade a ser considerada é homonômica, tanto quanto o é uma teoria referencialista como a de Saul Kripke, H. M. Fields, ou uma teoria realista como a de B. Williams. Inversamente, uma doutrina filosófica ou uma teoria científica que pressupõe uma variedade de jogos alternativos se presta à caracterização ou à acusação de ser opção estética. O problema crucial é investigar se na heteronomia haveria, por efeito de uma implicação sub-reptícia, um aspecto homonômico, como se dá com o historicismo e o relativismo que não conseguem historicizar e relativizar a si próprios (o espírito absoluto de Hegel, a vontade de poder de Nietzsche). Na concepção tradicional do conhecimento como correspondência, na concepção representacional da filosofia e da ciência, em que sujeito e mundo eram assumidos em suas identidades rígidas, o fenômeno estético era a heteronomia que, como tal, é desprovida de verdade. Na cultura contemporânea, essas identidades foram despedaçadas, quer na cultura das ideias (pluralidade dos vocabulários, das abordagens metodológicas e dos estilos de interpretação), quer na vida social (igrejas, seitas, partidos, movimentos políticos, associações, divórcios, etc.). Diga-se de passagem, a doutrina da pluralidade das visões do mundo de Goodman, Kuhn, Putnam, geradas por um sujeito que permanece idêntico a si próprio (a relação sujeito-mundo como uma relação um-muitos), só constitui meio passo, ou mesmo um retrocesso revolucionário, a *revolucionary setback*, um efeito retardador. Uma vez que tanto o objeto quanto o mundo são passíveis de uma pluralidade de versões, o heteronômico não constitui mais o traço distintivo da experiência estética. O problema é que resta saber se o heteronômico pode abrir mão do homonômico. O que pensa o pensador da heteronomia? Quero dizer precisamente: enquanto reflete sobre as diversas dimensões da realidade que descreve, ele não tem um pano de fundo unitário, algo como um *arrière-goût* filosófico? (A tentação e o núcleo de verdade do realismo.) O problema, então, é o seguinte: para pensar as variedades de versões do mundo é necessário ter — nada menos que — uma visão unitária de fundo, ou seja, a homonomia? Quero dizer, ela não seria necessária como suporte ou ponto de apoio, como *Halt*, como *footing*, ainda que só como intencionalidade, para se tecer a variedade e a diversidade do mundo? O mistério da vida consiste naquilo pelo que o pensador da heteronomia se responsabiliza, reconhecendo-o como a sombra, mas também como o companheiro, que acompanha seus pensamentos. (A língua alemã dispõe do termo *der Gefahrte*, para indicar quem ou aquilo que nos acompanha a distância, sem ter estabelecido nenhum pacto ou acordo conosco.) Aqui está o ponto de contato da análise filosófica com a experiência religiosa. Ponto de discriminação que institui um duplo regime e abre o desenvolvimento das diferenças, da difusibilidade dos pensamentos, das palavras e das situações existenciais, de tudo o que se manifestou, mas que, ao mesmo tempo, sobrou de uma instância unitária ulterior; o lugar de seu recolhimento, a pátria de sua coexistência, a morada da sua motivação, enfim, o pano de fundo de uma única nostalgia.

Há um sonho de homonomia, ou seja, de um fundo unitário distinto — é óbvio — do universalismo do racionalismo metafísico, pois se opõe à homonomia de qualquer "concepção do mundo" consolidada, na nostalgia do Deus de cada homem vivente. Essa condição existencial é o que se narra de um médico, num conto de Tchekhov:

> *Gostaria de acordar daqui a uns cem anos e espiar, ao menos com um olho, o que será da ciência. Gostaria de viver mais uns dez anos... e mais o quê?*
>
> *Mais nada. Penso, fico muito tempo pensando, e não consigo inventar mais nada. E por mais que eu pense, onde quer que se espalhem os meus pensamentos, é evidente para mim que em meus desejos falta algo essencial, algo muito importante. Na minha paixão pela ciência, no meu desejo de viver, neste ato de ficar sentado numa cama alheia e na ânsia de conhecer a mim mesmo, em todos os pensamentos, sentimentos e concepções que eu formo a respeito de tudo, não existe algo geral que una tudo isso num todo. Cada sentimento e cada pensamento vivem em mim*

isolados, e em todos os meus juízos sobre a ciência, o teatro, a literatura, os alunos, em todas as imagens que desenha a minha imaginação, mesmo o analista mais hábil não encontrará o que se chama de uma ideia geral, isto é, o Deus do homem vivo. E, se não existe isso, quer dizer que não existe nada.

Com semelhante indigência, bastaram uma doença séria, o medo da morte, a ação das circunstâncias e das pessoas, para que tudo o que eu considerava antes a minha concepção do mundo, em que eu via o sentido, e a alegria da minha vida, se emborcasse e desfizesse em fiapos.[18]

Esse é o ponto de transcendência até de nós mesmos, do que fomos, somos e seremos, em que reflexão filosófica e experiência espiritual religiosa começam a se olhar, a se encontrar em sua proximidade, a trocar, por assim dizer, os corpos sem se tocar no horizonte extremo da espera, a envolver-se reciprocamente, cada qual no porvir da outra. Novalis escreveu que "a filosofia é propriamente nostalgia, um impulso em estarmos como em nossa própria casa, onde quer que estejamos"[19], ou seja, estarmos sempre e em qualquer lugar na totalidade enquanto ela tenta passar além do homem e do humanismo e, contudo, a partir da nossa finitude, da mortalidade e da suspeita, vez ou outra, de termos topado casualmente com o universo.

---

18. Anton Tchekhov, O *beijo e outras histórias*, tradução e notas de Boris Schnaiderman, São Paulo, Abril, 1979, p. 297.

19. Cf. F. Novalis, *Schriften*, vol. II, Fragmento 21, Jena, J. Minor, 1923, p. 179; cf. M. Heidegger, *Die Grundbegriffe der Metaphysik. Welt – Endlichkeit – Eisamkeit*, Frankfurt/Meno, Klostermann, 1983, trad. para o italiano por C. Angelino, *I concetti fondamentali della metafisica*, Gênova, Il Melangolo, 1992, p. 10-11.

Deserto, *éthos*, abandono*

Contribuição para uma topologia do religioso

Vincenzo Vitiello

Às vésperas do terceiro milênio, da idade que nós, europeus e cristãos, definimos como terceiro milênio, o espetáculo que se apresenta à nossa frente é dos mais preocupantes. Se a queda do império soviético nos mostrou, com a evidência dos fatos, como uma ideologia fundamentada nos mais altos valores da solidariedade humana é capaz da mais impiedosa opressão dos direitos humanos, os integralismos religiosos que se afirmam dentro e fora da Europa parecem confirmar, mais do que a máxima de Lucrécio — *tantum religio potuit malorum* —, a sentença de Nietzsche sobre a "morte de Deus".

Nietzsche profetizou: "O deserto aumenta." Escrevia narrando a *nossa* história, a que para ele era a história futura, "a história dos dois próximos séculos". E a história é deserto não por falta de valores, mas por sua presença. O deserto de nossa história é criado pelos valores — foi o que nos disse, *profeticamente* — Nietzsche.

Mas a imagem do *deserto* é muito mais antiga do que o pensamento de Nietzsche. E nem sempre teve valor negativo. Para compreendermos Nietzsche, e nosso presente, portanto, será oportuno nos remetermos àquela imagem mais antiga, até para explicar como surgiu o seu valor negativo. Ou seja, aquela significação primeira — a mais disseminada e no fundo mais banal — de *niilismo*.

* Tradução do italiano por Roberta Barni.

I. DESERTO E ERRANTES: A CONCEPÇÃO JUDAICA DE DEUS

1.1 Figuras

a) Abraão

Relemos estas palavras antigas:

> *Ora, disse o Senhor a Abraão: "Sai da tua terra, da tua parentela e da casa de teu pai, e vai para a terra que te mostrarei; de ti farei uma grande nação e abençoar-te-ei e engrandecer-te-ei o nome. Sê uma benção."*
>
> (Gên., 12, 1-2)

Essas palavras já contêm todo o *destino* do povo judaico. Não se faz necessária uma interpretação *alegórica* para se colher o "espírito" que ultrapassa o "literal". A terra não é o símbolo do corpo, nem a parentela o é da sensação, nem a casa do pai o é da linguagem — como interpretava Fílon de Alexandria.[1] Nem sequer a ordem de Deus deve ser entendida como a vontade de purificar a alma do homem, soltando-a dos laços do mundo terreno. *A migração de Abraão* deve ser compreendida na forma mais concreta e *literal*: o Deus judaico é um Deus ciumento, que não quer dividir sua gente com nada nem ninguém. Por isso, separa a sua nação — a que será a sua nação — até da terra dos ancestrais, dos afetos, dos hábitos, dos costumes da família e, portanto, das divindades que habitam aquela terra. À ordem se junta uma promessa, que em seguida se torna — especialmente quando sente vacilar, em sua gente, a confiança Nele — um pacto. Desse pacto, dessa *aliança*, que no decorrer do tempo se renova mais vezes, seus protegidos do sexo masculino deverão carregar um sinal indelével até no corpo.

Deus ciumento, que distancia. Não somente da terra dos ancestrais, mas também dos dons que Ele próprio provê. Concedeu a Abraão e Sara, já velhos, que tivessem o filho prometido. Mas,

1. Também conhecido como Fílon, o Judeu. [N.T.]

para que o amor do filho não diminua a dedicação a Ele, ordena o extremo sacrifício.

Kierkegaard, em página de profunda meditação religiosa, colheu o sentido da extrema solidão de Abraão. Ele não fala nem com Sara, nem com Eliezer, nem com Isaac. Não pode falar, porque, à diferença do herói trágico, não pode justificar seu ato. Agamenon sacrifica Ifigênia, rompe os vínculos do sangue, visando um "interesse" (*inter-esse*) mais *amplo*, um *éthos* comum; Abraão está só e assim permanece perante Deus: ele mantém uma relação absoluta com o *Absoluto* — uma relação desprovida de qualquer elo com Aquele que não tem elo algum, com Quem está desligado de tudo. Abraão ama "seu filho até o fundo da alma".

> *Quando Deus lhe pede esse filho, tem de amá-lo, se for possível, ainda mais; e somente então pode sacrificá-lo. Porque é o seu amor por Isaac que, em sua paradoxal oposição ao amor que ele tem para com Deus, faz de seu ato um sacrifício. Mas o sofrimento e a angústia do paradoxo fazem com que Abraão absolutamente não possa conseguir a compreensão dos homens. Ele só sacrifica Isaac no momento em que o seu ato está em absoluta contradição com o sentimento; todavia, com a realidade de sua ação, ele pertence ao Universal; e, nessa esfera, ele é e permanece sendo um assassino.*
>
> (*Timore e tremore*, p. 97)

Kierkegaard não tem coragem, porém, de pensar em profundidade o *caráter absoluto* da relação que liga Abraão ao seu Deus, o *caráter absoluto* do vínculo religioso hebraico. Ele põe no coração de Abraão a fé de que não haverá sacrifício, mas se houver de existir, que "o Eterno [lhe] dará um novo Isaac, em virtude do Absurdo" (ibidem, p. 138). Pensador cristão — do cristianismo *histórico* que nasceu com Paulo, e não com a palavra de Jesus —, Kierkegaard, nisso, assim como Fílon, o Judeu, embora seja de cultura grega, dá à errância um termo, uma finalidade e um fim. É precisamente isso que o judeu ignora: para ele, a Terra Prometida, lugar onde fluem leite e mel, permanece sempre a terra por vir.

b) Moisés

Se a errância de Abraão procede do comando divino que o desarraiga da terra dos ancestrais, o nascimento de Moisés é, ele próprio, errático. Nasce das águas do Nilo, e lhe é permitido viver apenas depois de entregue à correnteza do rio, a filha estéril do faraó salva-o das águas. Tudo o que há antes, o seu nascimento *natural*, não conta, é fantasmático — na verdade, ele *não-é*. Ou, pelo menos, deveria *não-ser*. E, no entanto, o fantasma desse nascimento natural está sempre presente. Mas justamente como *fantasma*, como um ser que não é, e que subtrai a *realidade* do nascimento *socialmente* reconhecido, o único nascimento que o estado do faraó pode admitir. Egípcio e judeu ao mesmo tempo, e não egípcio e não judeu. Moisés tem o nascimento diante de si, como meta a ser conquistada. Para fazê-lo, tem de se afastar de ambas as comunidades a que pertence, mesmo não lhes pertencendo. Moisés encontrará a sua pátria de "peregrino em terra estrangeira" (Êx., 2, 22). Por isso, quando escolhe a sua *origem*, e com essa o *seu* povo, volta ao Egito para trazê-lo de volta consigo. Moisés não se reconhece em seu povo senão na errância.

Terra, pátria, para ele, é só o deserto — a ausência de pátria. A origem é perigo e ameaça de morte. Primeiramente, o nascimento judeu; depois, a correnteza do rio; enfim, a terra do Egito. *Enfim*? Há um fim para Moisés, um fim do perigo e da ameaça? Para ele, toda parada é traição; toda quietude, abandono, e toda satisfação, sacrilégio. Quando pede a seu Deus permissão para vê-Lo, seu Deus passa à sua frente cobrindo-lhe o rosto. Moisés só pode ver Deus de costas. Assim comenta Gregório de Nissa essa passagem:

> *Por isso, Moisés, que anela ver a Deus, agora aprende como ver Deus: seguir Deus por onde nos guia, isto é ver Deus [...]. Por isso ele diz a quem guia "Não verás o meu rosto"; isto é: não venha de frente a quem te guia. Pois o percurso seria na direção totalmente oposta. O bem, de fato, não olha de frente para o bem, mas o segue.*
>
> (*La vita di Mosé*, II, 252-3)

O Deus de Moisés está sempre adiante, além. A sua verdadeira raiz — o bem — não está no *passado*, mas no *futuro*. O passado e o presente têm valor *para* o futuro. A concepção judaica do tempo diverge profundamente não apenas da concepção "circular" dos gregos, mas também da concepção "linear" do cristianismo histórico, paulino. O tempo judaico não se centra no *presente* de Cristo, mas no *futuro* do Deus, sempre outro e sempre além do Deus "de outro modo de ser". Se o *passado* é perigo e ameaça, o presente é *deserto* e não tem em si nenhum valor. A terra a ser habitada está sempre por vir. Toda a cadeia do tempo está suspensa no futuro. O deserto, portanto, não é um período de prova, mas um *destino*. É a condição permanente do povo judeu.

Mas o deserto não é somente errância e pobreza; também é *promessa*. A coluna de fumaça que guia Moisés e Israel já é *encontro*. No deserto, e somente no deserto, encontra-se o Deus-guia. Israel habita o errar. Para tanto, fazem-se necessárias algumas leis — ainda que duras: tão duras quanto a vida no deserto. O Deus que se mostra em sua ausência, que aparece se ocultando, exige fidelidade. Uma fidelidade constantemente renovada. Isaac não é um episódio do passado. Mesmo o sacrifício de Abraão só tem valor se renovado — somente *no futuro* de todos e de cada um, no futuro de todo Israel. Por isso o Deus futuro exige a primogenitura de homens e animais. Cabe a Ele, a cada vez, o adiamento do holocausto. O encontro com Deus sempre é um sacrifício. O sacrifício do presente, o qual não tem valor senão sacrificado; ou seja, anulado. Apenas o aniquilamento do presente confere valor e dignidade ao presente. O deserto não é *deserto* senão para o Deus que o avilta, o anula e o nega. O encontro com Deus é a experiência de exaltação do próprio aniquilamento por devoção total, por uma devoção que desconhece um *fim*.

Por esse motivo, quando Israel pede descanso, quando a dureza do deserto cada vez mais deserto traz à memória a mais leve recordação da escravidão do Egito, então a condenação de Deus cai impiedosamente sobre aquele povo, *seu* povo, incapaz de recebê-lo — rebelde ao seu julgamento exigente. Mas não só o povo de Israel *rebela-se* contra Deus. Moisés também conhece o cansaço de uma meta que nunca cessa de ser meta, de um

Deus que permanece encerrado em sua nuvem impenetrável, ciumento até de sua imagem. Que só oferece apoio quando a sua gente está esgotada, mas que logo impõe a retomada do caminho no deserto. Não é impossível entrever no episódio do bezerro de ouro algum tipo de "responsabilidade" de Moisés, um envolvimento, ainda que apenas indireto. Basta considerar o fato de que a fusão do ouro para formar o ídolo foi essa ideia de Arão, a "boca" de Moisés. Aliás, a punição de Moisés, a de morrer sem tocar a Terra Prometida, é demasiado dura para que possa ser atribuída ao segundo, e não comandado, golpe de cajado, com o qual ele tocou a rocha de onde Deus fez brotar a água para tirar a sede de Israel.

1.2 Interpretações:

a) Hegel

As páginas do jovem Hegel sobre a religião se caracterizam por uma profunda hostilidade para com o judaísmo. Comparando Abraão a Cadmo, o Danao e a outros heróis gregos, Hegel escreve que por onde estes "andaram em busca de uma terra onde fossem livres e pudessem amar" aquele, o da nação judaica, "*não* quis amar, nem ser livre para amar" (*Der Geist ds Christentums*, p. 227; it. p. 355). O abandono da terra dos ancestrais era somente o primeiro ato de uma liberdade que se queria absoluta, livre de qualquer ligação com o mundo. Mesmo o amor pelo filho, pelo único filho que tivera, lhe pesava. Pôde aceitá-lo somente ao ter a certeza de "que esse amor não era tão forte a ponto de torná-lo incapaz de atingir o filho amado com a própria mão" (ibidem, p. 279; it. p. 357).

O julgamento sobre Moisés não é menos grave: ele tinha libertado o seu povo de um jugo só para lhe impor outro, mais pesado. A "recusa a amar" de Abraão, que tornara a sua nação inimiga de todas as gentes encontradas em seu errar, é dirigida, por Moisés e Arão, também contra seu próprio povo:

> *Os atos de Moisés e Arão operaram sobre os seus irmãos exatamente como sobre os egípcios, isto é, como uma força; e nós vemos que os últimos se defenderam contra a submissão exatamente com o mesmo meio.*
>
> (ibidem, p. 281; it. p. 359)

Claramente, o juízo negativo não poderia deixar de atingir o próprio Deus de Israel, Seu ser irreconhecível. É esclarecedora a comparação entre o caráter secreto dos mistérios eleusinos e a dimensão abstrusa do Deus de Moisés:

> O *recesso de Deus no "sancta sanctorum" tinha um sentido totalmente diferente do "mysterium" das divindades eleusínias: ninguém era excluído das imagens, dos sentimentos, do entusiasmo, da devoção por* Ceres[2], *dessas revelações do Deus; só não se devia falar sobre isso, pois pelas palavras seriam profanadas; os judeus, ao contrário, podiam falar de suas coisas, de seus atos e de suas leis, de seu serviço (Deut., 30, 11) pois isso não era nada de sacro, mas o sacro estava eternamente fora* deles, não visto, não sentido.
>
> (ibidem, p. 285; it. p. 362)

Hegel só compreendeu o *negativo* da visão judaica da vida, que, para ele, era niilismo, nada mais que niilismo. O *deserto* não passa de uma imagem da ausência de amor, da ausência de valor, da ausência de Deus. Ao aniquilamento da criatura corresponde o Nada do Criador. Hegel recorda a desilusão de Pompeu, que, "aproximando-se da parte mais interna do templo, com a esperança de ali conhecer as raízes do espírito nacional... a alma vivificante desse povo notável e extraordinário... achou que aquele lugar era um espaço vazio" (ibidem, p. 284; it. p. 361).

Observando bem, todas as críticas de Hegel têm por centro a concepção judaica do tempo. Herdeiro do cristianismo paulino — do cristianismo histórico —, ele não podia conceber um tempo totalmente suspenso para o futuro, um tempo que não tivesse o

2. Elêusis ou Ceres. [N.T.]

seu centro no presente. O seu infinito é totalidade, *positividade, presença*. Revelação, *Offenbarung*. O deus que não se manifesta, que não ama, que não se revela, o deus sempre e somente *futuro* é, para Hegel, um deus pobre, faltante. O futuro de Hegel está somente na *certeza* do presente, na *verdade do advento*. O Messias veio. O tempo cumpriu-se. Por isso, todos os males do mundo — os *mala mundi* — são vencidos e superados no bem total. Superado e vencido, com os *mala*, também é o *malum*, a morte. A morte é para a vida: à Sexta-Feira da Paixão segue a Páscoa da ressurreição — na verdade da filosofia não menos do que na fé da religião.

b) Benjamin e Jabès

Dentro da interpretação hegeliana do judaísmo não parece possível explicar aquela grandeza de Israel que o próprio filósofo reconhece ao definir esse povo como *ausgezeichnet*, notável, extraordinário (ibidem). Além disso, no discurso de Hegel, a função do Messias na concepção religiosa judaica não é absolutamente compreendida. Ele se limita a observar que o "judeu comum, que estava disposto, sim, a sacrificar a si próprio, mas não a seu objeto, buscou conforto na esperança do Messias que virá" (ibidem, p. 295-296; it. p. 371). No entanto, o Messias desempenha um necessário papel de mediação. A distância do Deus judaico, a absoluta ulterioridade de seu ser-futuro, sempre está no limite do ponto de ruptura com qualquer relação com o presente e, portanto, correndo o risco de perder a sua própria natureza de *futuro*. O Messias não aproxima o futuro, não o *atualiza*; ao contrário, mantém a sua distância — mas justamente a mantém. O *Profeta* — aquele que fala no futuro para medir a *presente* miséria espiritual: a *infidelidade* de sua gente a Deus — exige que a ligação com o divino, em nome do qual fala, não parta somente dele, não seja apenas *sua, subjetiva*, mas *objetiva*, isto é, que o próprio Deus o queira. O Messias é a manifestação da fidelidade de Deus à aliança, contraposta à *infidelidade* do povo de Israel. O Messias é a presença do *futuro* divino no *presente* humano. Mas ainda presença de uma ausência, que é, ao mesmo tempo, condenação do presente. O Messias também, permanece, portanto — e deve permanecer sempre —, futuro. Nele se encerra e se expressa toda a complexidade do tempo judaico. De tal complexidade, Walter Benjamin, desde os seus primeiros escritos, foi um intérprete dos mais peculiares e sutis.

Benjamin distingue língua de revelação, ou *expressiva*, e língua comunicativa: a que, ao nomear, exprime e é a *essência* das coisas, essa que, imagem das coisas, é veículo útil de informação. Essa distinção, porém, não é histórico-efetiva, pois do tempo do pecado original, isto é, do tempo do nascimento da história, o homem perdeu a língua da revelação, paradisíaca (*Über die Sprache überhaupt...*, p. 140-157; it. p. 177-193). A "língua pura" é somente uma memória arcaica — a memória de um passado que sempre foi passado. De fato, existiram e existem somente "as centenas e centenas de línguas" da humanidade *histórica*, e todas elas são *traições* — e portanto *tradições*, também, *transmissões* — daquela língua pura e originária que nunca *existiu* e que no entanto está meta-histórica e axiologicamente presente em toda a linguagem histórica (*Die Aufgabe des Übersetzers*, p. 9-21; it. p. 157-170).

A interpretação benjaminiana do tempo é intencionalmente oposta à de Hegel. Mesmo o tempo trágico, que pertence, propriamente, à *pré-história* do homem, se é como o tempo messiânico, um tempo cumprido (*erfüllte Zeit*), é, no entanto, *cumprido* no sentido de ser diametralmente oposto ao da concepção hegeliana. Cumprido é o tempo do herói trágico, pois que a morte não marca simplesmente o fim da vida, mas dá *forma ao seu destino*. *Cumpre* o "princípio", o que era desde o início. A morte confere imortalidade ao herói trágico. Mas trata-se de uma "imortalidade irônica" (*Trauerspiel und Tragödie*, p. 133-137; it. p. 168-171). Se, também para Benjamin, *a verdade do finito é o infinito* — como reza uma célebre asserção hegeliana —, em sua interpretação do trágico, todavia, o infinito não é a conciliação do divino com o humano, a reconstituição da "ordem ética do mundo", mas sim a negação absoluta e não dialética do finito. No mutismo do herói trágico se revela o caráter não histórico do seu destino. A morte do herói trágico não *abre* uma história — revela, com a gratuidade do destino, a "superioridade" do herói em relação a seus deuses. Nisso reside a sublimidade *moral* (em sentido kantiano) da tragédia (*Schicksal und Charakter*, p. 171-179; it. p. 117-124).

Se tal é o caráter de cumprido do tempo trágico, em que consiste o "caráter de não cumprido" do tempo histórico? Aqui a divergência de Hegel se torna, se é que isso é possível, ainda mais profunda. Walter Benjamin opõe à imanência do conceito a transcendência da ideia, ao caráter relacional do simbólico o excesso do alegórico. Em suma: à exaltação da história opõe um radical niilismo histórico. O curso da história não é um caminho de conquista e de salvação; pelo contrário, é um acúmulo interminável de destroços. A história é somente o espaço do efêmero, do sem-sentido, que encontra a sua expressão mais apropriada na linguagem fragmentada do *Trauerspiel*. Separado do Eterno, o tempo, em si próprio dividido, não pode ter outra continuidade a não ser a de uma mera agregação espacial (*Ursprung des deutschen Trauerspiel*, caps. I e IV).

Todavia, na miséria criatural da história, ainda está presente a nostalgia de Deus. Nostalgia nenhuma, mas provocada pela ausência de Deus. Do Deus — presente por intermédio do Messias. Cada ponto do tempo, cada segundo — afirma Benjamin — "é a pequena porta por onde o Messias pode entrar" (*Über den Begriff der Geschichte*, p. 704; it. p. 86). *Pode* entrar e, de fato, entra. Entra como consciência da miséria humana, como exigência do divino, como aquele Nada que mede a nossa nulidade. Benjamin descobre assim a função *historicizante* da figura do Messias, sem, aliás, conceder à exaltação historicista da história. O Messias hebraico permanece futuro, e *futuro eterno* — nisso, o seu vulto divino ainda assim é aquela eternidade futura que tem a força de chamar a si o presente, enquanto o condena e a este se nega. É o messianismo que explica a força desse povo *ausgezeichnet*, notável, extraordinário.

A experiência hebraica do *divino* enquanto *ausência* encontra, em Edmond Jabès, mais um intérprete excepcional. O *presente* é a negação de Deus. E não apenas o *presente* do homem: o presente da palavra que pretende dizer o Silêncio de Deus. Antes ainda que o presente do homem, o presente de Deus, a *criação*, é a negação de Deus:

Deus, antes da Criação, é o Tudo; depois, ah! Depois Ele é o Nada?

O Tudo é invisível. A visibilidade está entre o Tudo e o Nada, em cada uma das partes arrancadas ao Tudo.

Para criar, Deus colocou-se fora de Si próprio, com a finalidade de poder penetrar em Si e destruir-se.

Depois de ter criado o mundo, Deus foi o Tudo sem o céu e a terra.

Depois de ter criado o dia e a noite, Deus foi o Tudo sem os astros.

Depois de ter criado os animais, os vegetais, Deus foi o Tudo sem a fauna e a flora do globo.

Depois de ter criado o homem, Deus foi sem vulto.

Ninguém viu Deus, mas as etapas de Sua morte são, para cada um de nós, visíveis.

(*Le Livre des questions*, 2, p. 319)

É a *plenitude* de Deus, a sua perfeição ou cumprimento o ser Ele Todo Uno, a reduzir a terra a deserto. Não, não o homem: nenhuma culpa humana, nenhum pecado do homem poderia ser tão poderoso a ponto de diminuir Deus. Só Deus pode destruir Deus, e a obra de Deus. Não, não por causa do homem, mas por Ele próprio, por sua própria *essência divina*, a criação é *a negação de Deus*. Aliás, pecado e culpa do homem só são possíveis *depois* da criação, *depois* do deserto. Mas, desse modo, o sentido de habitar o deserto está invertido. De negativo se torna positivo. Migrar, errar no deserto, aceitar o exílio é o único modo pelo qual o homem pode corresponder com Deus, com a criação de Deus. A própria recusa de Deus é co-responder a Ele, à sua *obra*:

O C*riador é rejeitado pela criação. Esplendor do universo.*
O *homem se destrói criando.*

(*Le Livre des questions*, 1, p. 396; it. 165)

O pecado do homem seria, então, a não aceitação do exílio e do nomadismo e da perpétua migração. Mas se a terra é deserto, como poderia o homem não aceitar a errância? Na verdade, os caminhos do pecado são infinitos: o homem é capaz de transformar até o deserto em morada e o exílio em pátria. Por isso, Jabès percebe a necessidade de duplicar o próprio nomadismo, reivindicando ao mesmo tempo a estranheza da terra da qual foi exilado e a estranheza da terra que o acolheu (*Un Étranger...*, p. 107) — a estranheza até da língua em que escreve. O exílio é, para ele, sempre exílio *do* exílio: *Voyage dans le voyage. Errance dans l'errance* (ibidem, p. 18).

Mas, por mais que Jabès insista no ser "estranho" — *L'étranger de l'étranger, ai-je, une fois, écrit* (*Le Parcours*, p.16) —, no final é levado, pela coerção do pensamento, a reconhecer a *primazia da Hospitalidade*. Certamente, a hospitalidade no deserto não admite intimidade. O estranho é acolhido como tal, o viajante anônimo, mesmo que conhecido, inesperado, mesmo que esteja sendo esperado (*Le Livre de l'hospitalité*, p. 84-85). Em outras palavras, a acolhida hospitaleira do deserto encerra a inquietude da ausência de Deus, que é própria do lugar. Mas de que modo a encerra? A "estranheza" é sempre inquietadora, mas é do hóspede — do anfitrião ou do hospedado não faz diferença — nunca da acolhida em si. A *hospitalidade* é em si segura, se a inquietude também estiver *nela*. Contra a sua própria intenção, Jabès transforma o deserto em morada capaz de tudo acolher. A ausência de Deus num lugar sempre seguro da presença do homem. E o livro, que testemunha aquela ausência (*Le Parcours*, p. 30), no lugar de esperança:

> — *A esperança está na próxima página. Não feche o livro.*
> — *Virei todas as páginas do livro sem encontrar a esperança.*
> — *A esperança é, talvez, o livro.*
> (*Le Livre des questions*, 1, p. 380, it. p. 151)

E, no entanto, em *Le Parcours*, ele escreve — em estilo estranhamente "gritado":

> *Deus não é Deus. Deus não é Deus. Deus não é Deus. É. É antes do signo que o designa. Antes da designação.*
> *É o vazio antes do vazio, o pensamento antes do pensamento; logo é também o impensado antes do impensado — quase como se pudesse haver um nada antes do nada.*

É o grito antes do grito, o tremor antes do tremor.

É a noite sem a noite, o dia sem dia. O olhar antes do olhar, a escuta antes da escuta.

É o ar antes da respiração. O ar inspirado e expirado pelo ar. Ainda não vento, mas o ar leve, indiferente, em seu ócio primitivo.

Oh, infinito vazio!

(p. 35)

Seria demais sentir nessas palavras como que o eco de outro "grito"? De um grito que nasce e expressa totalmente *outra* experiência do divino?

II. *ÉTHOS*: A EXPERIÊNCIA GREGA DO DIVINO

Se o Deus de Israel vira as costas ao seu povo — ele é sempre futuro, longe, distante: é guia, se e quando for benévolo, nunca é companheiro de estrada —, os deuses da Grécia se mostram, ao contrário, sempre de frente. Píndaro recorda que "uma só é a estirpe dos humanos e dos deuses", e "uma é a mãe, à qual devemos o sopro de vida, sejam os primeiros, sejam os segundos", ainda que "o poder separe e distancie: nada deste lado; do outro a sede imota, o céu de bronze" (*Nemea* 6, versos 1-4). Aliás, antes do início da história, era hábito dos Celestes compartilhar as refeições com os mortais. E mesmo depois da deslealdade de Prometeu contra Zeus ter posto um ponto-final nesse hábito, os deuses não desdenharam de se deitar com mulheres mortais, tampouco as deusas com os homens. Na Grécia, o divino morava na casa do homem. Uma anedota relatada por Aristóteles narra que alguns forasteiros, de passagem por Éfeso, indo ter com o mais célebre *sábio* do lugar, hesitavam, surpresos por verem um homem daqueles aquecendo-se ao fogo do lar; e Heráclito, convidando-os para entrar (ἐίναι γὰρ καὶ θεούς) — "aqui também estão os deuses". (Heidegger, *Humanismusbrief*, p. 351)

II.1 *Figuras*

a) Ulisses

Abraão e Moisés se põem a caminho para se afastar da terra de origem, do passado de sua procedência. Ulisses enfrenta todos os perigos da viagem para voltar à terra natal. Ele bem sabe que Calipso ultrapassa Penélope em beleza, mas ainda assim almeja voltar. Sabe estar renunciando ao dom da imortalidade, mas aceita morrer, contando que possa rever a sua ilha (*Odisseia*, V, versos 203-224). O seu futuro mais verdadeiro é a sua origem. A nostalgia, seu sentimento fundamental. A aventura é bela e busca-se o risco como o sal da vida. E, para Ulisses, voltar para casa é mais destino do que meta. Em verdade, o maior perigo para ele é a ilusão de já estar em casa. Esse é o feitiço de amor da maga Circe. E a esse feitiço o herói não se subtrai sozinho, mas pela ajuda dos companheiros que, ansiosos por suas famílias, lembram-lhe a verdadeira pátria (*Odisseia*, X, versos 472-474). O retorno, todavia, impõe uma longa volta — mais longa do que a mente humana poderia imaginar. Uma viagem para a Terra dos Mortos. Ali Ulisses encontra a mãe. O fim se une ao início; é o círculo da vida, que os olhos cegos de Tirésias, ali no Hades, leem para ele adiantados: o retorno a Ítaca, a vitória sobre os pretendentes, as viagens do porvir e os futuros retornos; e ainda a doce morte (θάνατος ἀβληχρός). No mar, sim (*Odisseia*, XI, versos 134-136); mas tudo faz pensar no mar amigo, também pátrio, de Ítaca. A aventura inteira se dá no presente, no círculo encantado de uma hora eterna, em que passado e futuro, passando, *são*.

b) Apolo

Os deuses gregos habitam o mundo dos homens. Ainda assim, na proximidade, permanecem distantes. O Céu envolve e abraça a Terra, mas para dominá-la. Quando o mito passa da narração das vicissitudes humanas à dos eventos divinos, o tom se enaltece. Porque do mutável e acidental chega-se ao eterno e necessário. Ulisses desce ao Hades para conhecer de Tirésias o seu futuro. As previsões vão se tornar realidade, mas a certeza do acontecimento futuro, já presente no pensamento do vidente, é só certeza *de fato*. Falta, nas palavras de Tirésias, a legalidade do ordenamento necessário do mundo. Muito diferente é a *vista* de Apolo. O filho de Zeus é guardião do *Nómos* do pai. O seu presente é a ordem *legal* do acontecimento. Por isso, Apolo, propriamente, não prevê — ele *vê*. Vê, no horizonte do tempo, o ordenamento de todos os tempos.

"Febo" Apolo, o "puro". Pois a sua vista não é contaminada pela acidentalidade do acontecimento. Deus da beleza: o mais belo, porque *ekphanéstaton*, "o mais manifesto", torna todas as coisas manifestas. Ele é a luz que desenha os contornos e os limites do que é. A ele — segundo o conto de Aristófanes platônico —, Zeus, depois de ter cortado em duas metades o soberbo andrógino originário, mandou "virar o rosto do homem em direção ao corte para que, contemplando a própria secção, fosse mais moderado" (Platão, O *banquete*, 190e). É com Apolo, portanto, que a consciência surge. A consciência do limite humano em relação aos deuses. A consciência, portanto, do tempo, do tempo *dividido* e *ordenado* do homem. O mito de Aristófanes guarda, entre outras, a memória do nascimento da tumultuada, indistinta, caótica natureza primigênia, da ordem do tempo *escandido* em passado, presente, futuro.

Apolo é a figura divina da verdade eterna de Parmênides. A prefiguração *mítica* do presente epistêmico que toda a nossa tradição ocidental — por inteiro — primeiro a *sophía*, depois a *philosophía* — esforçou-se em pensar. Mas não é *só* isso.

Lembremos que os veredictos do oráculo de Delfos eram ambíguos. A ambiguidade não era atribuível à mente fraca dos homens, mas ao querer do deus — o oblíquo, o *Lóxia*, como os gregos também o chamavam. Oculta, mas nem tanto, na "verdade" de Apolo havia uma vigorosa vontade de mentira, cuja companheira era a violência, pois a pequena e pedregosa ilha de Delos receou ser a sede do parlamento de Leto (*Inno ad Apollo*, versos 66-69). Na verdade, o mais grego dos deuses gregos não era de origem grega. No conto da altercação com Hera e da matança do dragão ao qual a deusa confiara sua progenitora monstruosa, Tífon (*Inno ad Apollo*, versos 331-369), fica evidente a memória da violência originária operada sobre a natureza ilimitada, informe, orgiástica da Mãe Terra, da qual nasceu a ordem cósmica do Pai Zeus, fundada sobre a medida e a Lei. As raízes de Apolo remontam, portanto, à mais antiga cultura *mediterrânea*. E mesmo quando foi assumido no Olimpo grego, o mito manteve a memória da sua mais remota origem. Narra, com efeito, que os próprios deuses, em sua primeira aparição na morada de Zeus, "tremeram" (*Inno ad Apollo*, versos 1-4).

Heráclito também fala da natureza ambígua de Apolo, quando percebe que o oráculo de Delfos "não diz e não oculta, mas envia sinais" (fragmento 93). E talvez Heráclito ainda pensasse na figura de Apolo ao afirmar que "a natureza ama esconder-se" (fragmento 123). A natureza mais bonita, a mais manifesta.

II.2. *Intepretações:*

a) Platão

A palavra da filosofia não é primitiva, mas derivada. Mais antigos que os filósofos são aqueles sábios que, verdadeiros legisladores (*nomothéti*), impuseram nomes às coisas, e com os nomes a ordem (*Crátilo*, 390a-391d). Os gregos, *filósofos*, "sempre são moços, um grego que seja velho não existe" (*Timeu*, 22b). Consciente disso, a filosofia fala, antes de mais nada, por meio das palavras do *mýthos*, que narra da geração do tempo. O fator divino do mundo, para tornar a sua criatura a mais parecida possível com o modelo, produziu uma certa eternidade que permanece na unidade (μένοντος αἰῶνος ἐν ἐνί) uma imagem eterna (αἰώνιον ἐίκὀνα) que procede segundo o número, o tempo, justamente. E com o tempo gerou o Céu, e os dias e as noites, e os meses e os anos, que são partes (μέρη) e formas do tempo (εἰδη). É claro que aquilo que é próprio do movimento — o "era, o "é" e o "será" — não pode ser atribuído ao que, por ser imóvel e indiviso, "é" e somente "é" (ibidem, 37d-38a).

Estranho, espantoso relato que se abre narrando do nascimento do *eterno* — ainda que de uma eternidade icônica, derivada — e se fecha com a hipótese de uma dissolução do tempo e do céu, isto é, da imagem *eterna* do eterno (ibidem, 38b-c). A esta altura, não é irrelevante notar que a eternidade da imagem-tempo é sempre expressa por Platão com o termo αἰώνιος, de αἰών, contração de ἀεὶ ὄν, o que sempre é, enquanto a eternidade que permanece na unidade também é denominada αἴδιος. E justamente porque ἀ-ίδιος é o próprio indiviso. O que não tem partes (μέρη) nem formas (εἴδη), que não é dado ver (ἰδεὶν). O tempo é, portanto, a divisão do indiviso, a imagem e a forma do que não tem imagem nem forma. É a visão do invisível.

A relação da *oposição* que há entre o modelo e a imagem indica que o que ameaça a última é justamente o modelo. Se houvesse uma perfeita adequação ao modelo, a imagem visível desapareceria no invisível, no indistinto e informe. Na palavra *derivada* da filosofia, reaparece a ameaça que o mito apresenta com a figura *ambígua* de Apolo — "belo" e "violento", grego de origem mediterrânea. Talvez não seja casual o fato de no início do "conto" da geração do tempo, Platão também usar, a propósito dos deuses, o termo ἀίδιοι. O invisível é próprio do visível, do mais visível. Assim como o terrível é próprio do belo, do mais belo: "*das Schöne ist nichts/ als des Schrecklichen Anfang*" (Rilke, *Il El.*, versos 4-5).

A tarefa a que a filosofia ocidental se deu, desde o início, foi a de exorcizar essa ameaça demoníaca, de se proteger do perigo da eternidade, que permanece no Uno. Contra o informe, o indistinto do originário, contra o ἀόριστον da ἀδύναμις, Aristóteles afirmará a primazia do ato, da ἐνέργεια, do cumprido, da *forma*: μορφὴ μάλλον φύσις τ?ς ὕλης (*Física*, B, 193b, p. 6-7). Eis a demonstração:

> *Como, de fato, poderia produzir-se movimento, se não existisse uma causa em ato? Certamente, a matéria não pode mover a si própria, mas o faz pela técnica do carpinteiro; e nem sequer o mênstruo, nem a terra movem a si próprios, mas o germe e a semente* (*Metafísica*, Λ, 1071b, p. 28-32).
>
> *Não houve, portanto, Caos ou Noite por um tempo infinito, mas sempre houve as mesmas coisas* (ταὐτὰ ἀεί), *ciclicamente ou de algum outro modo, pois realmente o ato é anterior à potência* (ibidem, 1072a, p. 7-9).

Eterno é o mundo — e sem o perigo do declínio. O deus — forma pura que, em si, não oculta nenhum informe — é o Uno eterno no qual se recolhe e se espelha a eternidade múltipla, eidética do mundo. Fiador da eternidade do tempo e fundamento do caráter absoluto da episteme. Próximo ao homem, porque tornando seguro o mundo que ele habita, permite-lhe ser πολιτικὸν ζῷον.

A filosofia participa totalmente desse *éthos* fundamentado na *proximidade* do deus. Hegel, filósofo cristão, filósofo do cristianismo histórico, *paulino*. Não que Hegel tenha ignorado o vulto noturno, *pré-grego*, do deus Apolo; pelo contrário, a sua interpretação do mundo grego inicia justamente com a apresentação de duas "massas éticas" contrapostas, expressões a primeira do direito *natural* das sombras, a segunda da lei *espiritual* do dia (*Phänomenologie des Geistes*, p. 317 et seq.). Todavia, o conflito entre o rosto noturno e o solar do deus — conflito que, segundo formas e modos sempre diferentes, caracterizou toda a história da humanidade — tem uma única meta, um único objetivo: a *revelação do profundo* (ibidem, p. 564). A *sombra*, desde o início, é destinada à luz — para ela própria se tornar, por fim, luz.

b) Nietzsche e Hölderlin

Desde o início de seu trabalho genealógico, Nietzsche tem consciência de que o nexo "religião solar" — "episteme", sobre o qual se funda a civilização ocidental a partir de Sócrates, ou seja, desde o nascimento da "filosofia" — é expressão de um *éthos*, de um modo de habitar o mundo, cuja exigência, por certo, é apenas fruto de pavor e de extrema insegurança. Como "filólogo", dobra-se então sobre as nossas raízes, as mais antigas, desejo de ver o outro rosto do deus, o rosto pré-grego do grego Apolo. Aquele rosto que ele chama: Dioniso.

Que se trata de um único deus, internamente cindido e em luta consigo mesmo, é evidente. De outro modo, nada se compreenderia de sua *colaboração*, que brota de e para o contraste. De resto, a unidade é explicitamente declarada. Nietzsche a denomina *Bruderbund*, "união fraterna". Para essa *união*, Dioniso fala a língua de Apolo, e Apolo a de Dioniso (*Die Geburt der Tragödie*, p. 139-140, it. p. 145): porque o Uno — o Uno primigênio — para aparecer, tem de assumir figura, e por isso se dividir em formas múltiplas e individuais. Formas, figuras, aparências, que sempre são aparências, formas e figuras do indiviso, do inaparente, do informe. O próprio do ícone está nisto: dar figura ao que não tem figura. Se o Uno fosse primigênio já *em figura, em forma,* o ícone não passaria de uma cópia, uma vã repetição de si mesmo.

Mas de que modo o Informe *está* na forma, o Indiviso no dividido? Não é na modalidade da *presença*. Se o ser *informe* do Uno consistisse em não ter uma forma particular e finita, *dividua*, sendo este *in-dividuo* todas as formas em que, a cada vez, se expõe, então o Dioniso de Nietzsche em nada se distinguiria do Profundo de Hegel. Mas Dioniso não é *presente*. Dioniso é o *sempre ausente*. É a *ausência*. É um ponto delicado, esse, sobre o qual devemos nos debruçar, até para compreender a *primazia* — mesmo temporal — que o coro, na tragédia, tem sobre o herói. Ou seja, a primazia da contemplação da ação sobre a ação. Mas que paradoxo é esse? O paradoxo da tragédia é, indubitavelmente, um... paradoxo: o paradoxo da contemplação da ausência. Sim, pois o que se contempla *realmente* na tragédia é a *ausência*. A *ausência* do deus. Dioniso não está *presente*. Nunca está. Todas as figuras que ele assume a cada vez, todos os heróis que dão um rosto a esse deus da tragédia nunca são Dioniso (idem, p. 62-64). Dioniso se subtrai. É o próprio subtrair-se. E é isso que torna incerta toda a certeza, desassossegada toda a quietude. Dioniso é a ausência que desassossega. *Das Unheimliche*.

O aparecimento do herói — a passagem do *ditirambo trágico* à forma *dramática* — já marca o início da *decadência* do trágico, pois, de algum modo, entrega o deus ausente a uma máscara. A tragédia, porém, se conserva em seu significado originário, até quando o coro consegue manter o seu caráter *antitético* em relação não ao herói, mas à redução do divino ao rosto do herói. Ou seja, até quando mantém a sua função de guardião da ausência do deus Dioniso.

É oportuno ler estas páginas da obra nietzscheana O *nascimento da tragédia* [*Die Geburt der...*] junto às anotações de Hölderlin sobre o Édipo e sobre a *Antígona*, de Sófocles. Há, em ambas, a mesma oposição à dialética de tipo hegeliano — oposição que indica a escolha comum de um campo de significado *epocal*, já que se põe em alternativa a toda a civilização ou tradição do Ocidente.

Para Hölderlin, a representação trágica da união do divino com o humano realiza-se *im Zorn*, na cólera, por isso "torna-se compreensível por que o ilimitado tornar-se um é purificado pelo ilimitado cindir-se" (*Sämtliche Werke*, II, p. 395-396; it. p. 73). Não é a união a *purificar* a desunião, e sim exatamente o contrário. Hegel — e tudo o que ele significa aqui — é arrevesado! E é sob essa ótica que Hölderlin concebe a função do *coro*:

> *O diálogo sempre antitético, e o coro que a este se opõe... Tudo é discurso contra discurso, que reciprocamente se subtrai.*
> (ibidem, p. 396; it. p. 73-74)

Em termos de abstração lógica, podemos nos expressar do seguinte modo: o coro é a *contradictio contradictionis* que salva a contradição do caráter contraditório de seu estar-aí. Noutras palavras, o coro trágico não aplaca, e sim aumenta o desassossego, a *Unheimlichkeit*.

Mas, por mais que Hölderlin oponha, em nome da natureza infinita, o conceito meramente humano e no entanto finito da conciliação hegeliana, ele não consegue manter fidelidade à contradição. O seu in-finito — o *aorgico* — também efetua uma forma de conciliação: pela morte — mas para que vida nova, mais elevada e mais rica, possa surgir. Falando de Empédocles, escreve:

> ... *com a sua morte concilia e reúne os extremos em luta, de onde brotara, melhor do que em vida, pois a unificação já não é em um único, e portanto não é demasiado interior, pois o divino não aparece mais sob forma sensível, porque o feliz engano da fusão cessa na medida em que era demasiado interior e único. De modo que, dos dois extremos, o Uno, o orgânico, recua apavorado do momento da passagem, elevando-se assim a uma universalidade mais pura, enquanto o outro, o* aorgico, *passando naquele, tem de se tornar, para o orgânico, um objeto da mais calma contemplação, e a interioridade do momento da passagem evidencia-se agora de modo mais geral, mais contido, mais distinto, mais claro.*
> (*Grund zum Empedokles*, op. cit., p. 118; it. p. 56)

Tanto para Nietzsche quanto para Hölderlin, Dioniso, o *deus ausente*, é tal que nenhuma forma, nenhuma identificação, nenhuma figura apolínea lhe é comparável. Mas de sua retirada brotam todas as figuras e todas as formas indivíduas. A morte do indivíduo não é derrota, mas o triunfo do princípio de individualização. O Uno primigênio, a vida em estado puro, o puro fluir, destrói para criar. E nisso se revela um "prazer primordial" (*Urlust*), que lembra "a força plasmadora do mundo", a qual Heráclito comparava "a um garoto que, brincando, ergue aqui e acolá montinhos de pedregulho e areia e logo em seguida os desmancha" (*Die Geburt*, p. 153; it. p. 160), para depois recomeçar, erguendo outros montinhos, *sem fim*. Certamente em outras páginas de *Nascimento da tragédia*, Nietzsche afirma que a música não precisa da palavra, mas apenas a tolera (ibidem, p. 51; it. p. 49). Aqui talvez devamos enxergar a primeira ideia de sua crítica ao *compromisso* wagneriano entre paganismo e cristianismo, de sua oposição ao Romantismo. Mas se o vínculo *fraterno* entre Dioniso e Apolo se rompe, como distinguir ainda a orgia de Babilônia da tragédia ática (ibidem, p. 31-34); it. p. 27-30)? A "questão", é claro, ultrapassa os limites de *Nascimento da tragédia*, para atingir como um todo o pensamento nietzscheano. Que certamente se aventurou na exaltação do movimento e do tornar-se além de qualquer medida e, como nenhum outro antes, mas que ainda assim nunca cessou, nessa exaltação, a busca de uma conciliação. Qual? A do tornar-se consigo próprio, da Vida com a Vida, da Vontade com a Vontade. E aqui basta uma única citação, do *Zaratustra*:

> *E quem ensinou à vontade a* conciliação *com o tempo, e o que está acima de toda conciliação?*
>
> É preciso que a vontade — enquanto vontade de poder — queira algo acima de toda conciliação: mas como isso pode se dar com a vontade? Quem lhe ensinou a querer para trás?
>
> (p. 181, trad. Roberta Barni, do italiano)

Se Nietzsche se deu o trabalho, nos últimos anos de vida, de buscar demonstrações científicas para a doutrina do eterno retorno (cf. *Vontade de poder*, particularmente os parágrafos 1062-1067), na certa não se tratava de perguntas retóricas. A conciliação *além* de toda a conciliação, a suprema, última conciliação, a *anulus æternitatis*, a versão mais moderna e mais antiga do ταὐτὰ ἀεί exigia um fundamento epistêmico. Nietzsche viu dois caminhos diante de si: de um lado, o aberto por Aristóteles e construído pela tradição *epistêmica e religiosa* do Ocidente; do lado oposto, o caminho da *loucura*, da loucura projetada: o pastor que não é mais pastor, que não é mais homem (*Assim falou Zaratustra*, p. 202; it. p. 194). E escolheu.

Nietzsche fechou a sua autobiografia intelectual com estas palavras: "Fui compreendido? — *Dioniso contra o crucifixo...*" (*Ecce homo*, p. 374; it. p. 385).

"Fui compreendido?" — por que essa dúvida? Se na figura do crucifixo se resume o ascetismo, a primazia do valor sobre o fato, do dever-ser sobre a vida, então como duvidar ainda, depois de *Para além do bem e do mal* e depois, sobretudo, de *A genealogia da moral*, de ter sido compreendido? Mas se, por hipótese, Nietzsche dirigisse a sua pergunta a ninguém mais do que a ele próprio? Se, por hipótese, a pergunta traduzisse uma dúvida sobre a sua própria posição? Uma dúvida que ele queria, no próprio ato da formulação, desviar de si? Tudo isso bem que pode ser considerado um exercício de psicologismo inútil. E no entanto, no entanto... se Dioniso, por fim, parece se confundir com a figura de Apolo, e a Vida parece, desde sempre, destinada à produção incessante de *formas*; se a vontade de poder tem por aspiração suprema a repetição de si, e essa repetição *quer ser* fundada *cientificamente* sobre sólidas demonstrações; se, enfim, o modelo ético-epistêmico é, afinal, o definido, em seu caráter essencial, por Aristóteles, então é realmente com uma oposição que *Ecce homo* se fecha? A questão nos impõe uma pergunta: o que é o C*ristianismo*? Até para compreender que a escolha final de Nietzsche não é *inevitável*. Entre *episteme e loucura — tertium datur*!

III. Abandono: a palavra de Jesus e o cristianismo de Paulo

III.1 *Figuras*

a) Jesus

> *Aperiam in parabolis os meum, / eructabo abscondita a constitutione mundi.*
>
> (Sl., 78,2; Mat., 13, 35)

Jesus repete as palavras do Profeta — intencionalmente. Mas, perguntemo-nos: qual é o sentido dessa "repetição"? A pergunta é fundamental, pois até as palavras extremas — as palavras gritadas na hora nona da Cruz (Mat., 27, 46) — *repetem* o início do Salmo 22, de Davi.

Em Jesus, a repetição sublinha o distanciamento, a diferença. A palavra de Jesus não é a do Profeta, não é a do Antigo Testamento. É outra. E de uma *alteridade* que não permite mediação, mas somente um rígido *aut/aut* [ou/ou]. O episódio do discípulo que pede a Jesus permissão para ir sepultar o pai e ouve uma resposta brusca — "Segue-me e deixa aos mortos o sepultar os seus próprios mortos" (Mat., 8, 22) — é sumamente instrutivo. Mesmo o ato de piedade mais antigo é considerado vão se, e na medida em que, pertence ao mundo. Ao mundo da Lei, do *visível*. "Guardai-vos de exercer a vossa justiça diante dos homens, com o fim de serdes vistos por eles" (Mat., 6, 1).

A própria oração tem de ser feita *em segredo*, fugindo dos olhares do mundo:

> *[...] não sejas como os hipócritas, que gostam de orar em pé nas sinagogas e nos cantos das praças,* para serem vistos pelos homens. *[...] Tu, porém, quando orares, entra no teu quarto, e, fechada a porta, ora a teu Pai, que está* em segredo.
>
> (Mat., 6; 5-6-; grifos meus)

O imperativo de "dar a César o que é de César e a Deus o que é de Deus" não tem, portanto, o significado banal de manter distintas as duas *Cidades*, uma religiosa e a outra política; tem, sim, o sentido profundo de marcar a diferença, insuperável, entre o interior e o exterior, a consciência e o mundo: "os cuidados do mundo sufocam a palavra, que fica infrutífera" (Mat., 13, 22). Nada é mais distante de Jesus do que a intenção de fundar uma igreja, uma comunidade. Quando o avisam de que sua mãe e os seus irmãos lhe desejam falar, responde:

> *"Quem é minha mãe e quem são meus irmãos?" E, estendendo a mão para os discípulos, disse: "Eis minha mãe e meus irmãos. Porque qualquer que faça a vontade de meu Pai celestial, esse é meu irmão, irmã, mãe."*
>
> (Mat., 12, 48-50)

Discípulos de Jesus todos são: todos os que entendem a sua palavra. Por que essa especificação? Que dificuldade há em entender a palavra de Jesus?

Aperiam in parabolis os meum — a palavra de Jesus não é uma ponte entre o interior e o exterior, a consciência e o mundo; pelo contrário, é a espada que os separa: "Não vim para trazer paz, mas espada. Pois vim causar dissensão...; *assim, os inimigos do homem serão os da sua própria casa*" (Mat., 10, 34-36). Jesus fala por parábolas, isto é, *de modo oblíquo*, pois tem consciência de que aquilo que tem a dizer não é dizível na língua do mundo — na única língua que há. A parábola é uma necessidade. E exatamente isso é o que há de mais difícil de se compreender, como atesta o episódio transcrito por Mateus: aos discípulos que lhe perguntam por que ele fala por parábolas, Jesus responde que eles o entendem porque conhecem os "mistérios do reino", mas não os outros, que "vendo não veem e ouvindo não ouvem" (Mat., 13, 10-13). Tomando essa narração ao pé da letra, poder-se-ia concluir que Jesus não veio para falar a todos, mas somente a poucos. Exatamente o contrário do que se leu pouco acima com respeito aos seus próprios "parentes". Em verdade, Jesus fala a todos e para todos. Compreendem-no, porém, somente os que entendem, além do significado explícito das palavras, os *mystéria*, ou seja, aquilo que nas palavras se re-*vela* continuamente. Os que compreendem que a palavra sempre é *dúplice*, oblíqua, mentirosa. Pois o *divino* não é traduzível em linguagem. Como expressa João: "*lux in tenebris lucet, et tenebræ eam non comprehenderunt*"[3] (João, 1, 5). Esse também é o motivo de Jesus ordenar aos discípulos que "a ninguém dissessem ser ele o Cristo" (Mat., 16, 20). Os próprios discípulos não o compreendem: quando ele anuncia pela primeira vez a sua morte — a sua morte ao mundo *já desde sempre ocorrida* —, a Pedro, que, perturbado, lhe diz "Tem compaixão de ti, Senhor; isso de modo algum te acontecerá", Jesus replica "Arreda, Satanás; tu és para mim transtorno [*skándalon*], porque não cogitas das cousas de Deus, e sim das dos homens" (Mat., 16, 23). Satanás aqui denomina o mundo dos homens. Das coisas dos homens. O reino da exterioridade. Da Lei. Σκάναλον, em grego, também expressa "insídia", armadilha. Para o próprio Jesus, o mundo é "insídia" e "armadilha" — por isso ele o teme. Por isso ele *tem de* falar de sua morte. E de sua ressurreição. Que não é um retorno à vida, um renascer, após a morte do corpo, após a morte física. A ressurreição é a própria morte: a morte para a exterioridade da Lei, que é *vida* na interioridade da *fé*, ou seja, da *consciência*. Este o seu ensinamento:

> *E quanto à ressurreição dos mortos, não lestes o que Deus vos declarou: Eu sou o Deus de Abraão, o Deus de Isaac e o Deus de Jacó? Ele não é o Deus dos mortos, e sim dos vivos.*
>
> (Mat., 22, 31-32)

Ensinamento que não somente os saduceus, mas os seus próprios discípulos não compreendem. Pois não compreendem o caráter necessariamente *oblíquo, mentiroso* da palavra. Da palavra *veritativa*. Pois não compreendem a ameaça constante que pesa sobre a palavra de Jesus, fácil de ser transformada — como logo acontecerá — em Lei, em comunidade, igreja, mundo. Porque não compreendem a diferença entre as palavras de Isaías — "Ele mes-

3. "A luz resplandece nas trevas, e as trevas não prevalecem contra ela." [N.T.]

mo tomou as nossas enfermidades e carregou as nossas doenças" (Mat., 8, 17) — e a *repetição* dessas palavras.

As palavras da Antiga Aliança eram profecia de salvação, de redenção do mal em bem; a palavra de Jesus diz, ao contrário, que nenhum mal do mundo jamais poderá tocar o homem interior. Doenças e enfermidades não desaparecem, não são *redimidas*, permanecem tais no mundo, pois o mundo não seria o mesmo na ausência de doenças e enfermidades. Nem a consciência ou a fé subtrai o homem ao mal do mundo. É no mal do mundo que o *divino* do homem *vive*. Por essa razão, ao convidar ao universal *phília*, Jesus lembra que o Pai celestial "faz nascer o sol sobre maus e bons, e vir chuvas sobre justos e injustos" (Mat., 5, 43-45).

Se agora ouvirmos novamente o grito da hora nona, compreenderemos a diferença abismal com respeito às palavras do Salmo 22. No grito do Filho, é o Pai que se revela. O abandono não é a punição de uma culpa: é a revelação do Pai. Este o paradoxo extremo, a contradição pura: o Pai é assim, é Pai somente no e pelo abandono do Filho, do Filho do Homem, dos filhos todos, do mundo. Essa a *verdade* que o Messias anuncia. Na única forma possível, a do discurso oblíquo, mentiroso, da parábola que diz "as coisas escondidas da origem do mundo" — re-*velando-as*.

b) Paulo

> *Qual a razão por que não compreendeis a minha linguagem? É porque sois incapazes de ouvir a minha palavra. Vós sois do diabo, que é vosso pai, e quereis satisfazer-lhe os desejos.*
>
> (João, 8, 43-44)

Diabo, ou Satanás — dissemos — é o mundo dos homens, o mundo da exterioridade, da Lei. Mas a sedução do mundo, a sedução da palavra mundana que se desdobra na *exterioridade* da Lei, o *mistério* da interioridade da *fé*, que tira o véu que, ao cobrir, guarda o *verdadeiro* na intimidade profunda da consciência — essa sedução também logo toma posse do ensinamento do Cristo.

Da Segunda Carta aos Coríntios:

Servimo-nos de muita ousadia no falar. E não somos como Moisés, que punha um véu sobre a face, a fim de que os filhos de Israel não atentassem para a perdição, para aquilo que se desvanecia. Mas os sentidos deles se embotaram. Pois, até no dia de hoje, quando fazem a leitura do Antigo Testamento, o mesmo véu permanece, não lhes sendo revelado que em Cristo é removido. Mas até hoje, quando se lê Moisés, o véu está posto sobre o coração deles. Quando, porém, algum deles se converte ao Senhor, o véu lhe é removido.

(*aufertur velamen* [2, 12-16])

Paulo literalmente reverte o ensinamento de Jesus. *Auferre velamen* — essa é a sua aspiração. Para tirar o véu, para traduzir a Palavra no mundo, vai a Atenas, no Areópago, e *desvela o Deus absconditus* aos gentios, àqueles pagãos pios que haviam consagrado um altar ao deus desconhecido. Segundo a narração de seu amigo Lucas (At., 17, 19-32), os sábios atenienses, depois de terem ouvido Paulo falar "da ressurreição dos mortos", alguns o escarneceram e outros foram embora. Difícil poder acreditar neste relato: a morte e a ressurreição do deus acompanha a experiência religiosa grega desde os primórdios. Não, essa não era uma novidade perturbadora para os doutos atenienses. Nem o resto que Paulo lhes tinha narrado, isto é, que aquele deus que lhes era desconhecido "fizera o mundo e tudo o que nele existia". Isso não lhes havia sido narrado, mas *explicado* e *demonstrado* por sua filosofia — particularmente pelas máximas de Aristóteles.

Paulo une o que Cristo dividira: Deus e mundo, interioridade e exterioridade, fé e lei. Uma força criadora de história. E isso com extrema, lucidíssima consciência. Nisto está a sua grandeza: ele, o judeu convertido, transportou toda a cultura judaica à *nova* religião, e assim *fundou* o cristianismo histórico, o cristianismo que nós conhecemos, e no qual "vivemos, nos movemos e somos". Cristo afirmara que não viera para abolir a lei, mas para completá-la (Mat., 5, 17-20). Que o seu *completamento* seja uma *subversão* é coisa clara para os que leem os versículos seguintes. Jesus completa, no sentido de que anuncia a outra metade do universo humano, a mais, a única importante do ponto de vista da *religião*;

o aspecto divino do humano, a *fé*, a metade *celeste* que é outra e além, absolutamente outra e absolutamente além, da *terrena*. Paulo, por sua vez, vê a lei como cumprimento-realização da fé. Ὁ δίκαιος ἐκ πίστεως ζήσεται (Rom., 1-17) — mas da fé, já com Abraão, surge a lei. E, antes da fé em Cristo, a Lei foi o "pedagogo" do judeu (Gál., 3, 24). O Apóstolo dos Gentios não nega a superioridade do judeu sobre os gentios, ainda que, por vezes, seja justamente essa superioridade que condene o judeu, o pecado do judeu, enquanto pior do que o pecado *contra a natureza* do pagão (Rom., 2-3). O cristianismo histórico, o cristianismo instituído por Paulo, portanto, é a religião da Lei fundada na fé. A religião da palavra totalmente desvendada, a religião da *Offenbarung*. A religião do judeu para o qual o Messias veio, o futuro se realizou, o Presente se tornou o espaço que une e acolhe todos os tempos. O deserto já não é deserto: de Deus pode-se também ver o rosto. *Aufertur velamen*.

Esse é o cristianismo que triunfou. O cristianismo histórico, o cristianismo que fez história, a história de nosso Ocidente. E é essa *tradição* que chega ao complemento com Hegel, filósofo cristão e ao mesmo tempo pagão, porque filósofo do presente, da presença, da *parousía* do absoluto. Filósofo daquela filosofia que define a si mesma como: "o próprio tempo apreendido em pensamentos" (*Grundlinien der Philosophie des Rechts*, p. 16).

Certamente, no cristianismo de Paulo também há o *não-ainda* da *segunda* ressurreição, o *futuro* do Apocalipse. Mas esse futuro já está presente no Anúncio. A "hora" do Cristo de Paulo compreende todos os tempos.

Séculos depois, um poeta italiano, fiel intérprete do espírito do cristianismo paulino, escreverá:

> *E degli anni ancor non nati / Daniel si ricordò.*[4]
>
> (Alessandro Manzoni, *Inni sacri: La resurrezione*, versos 55-56)

4. "E dos anos vindouros / lembrou-se Daniel." [N.T.]

III.2. *Interpretações:*

a) Agostinho

O cristianismo de Paulo é a *repetição* religiosa do presente epistêmico. Isso significa: Paulo quer redimir todo o tempo mundano. Por mais que mantenha a distinção entre "corpo animal" e "corpo espiritual", por mais que afirme que a ressurreição não será do corpo corruptível, mas do incorruptível ("semeia-se na corrupção, renascerá na incorrupção"), Paulo quer, no entanto, que renasça, com a alma, o corpo. O presente do anúncio, a "hora" do Cristo, só tem sentido para a segunda ressurreição. "E, se não há a ressurreição dos mortos, então Cristo não ressuscitou" (I Cor., 15, 13).

Agostinho certamente não nega a segunda ressurreição. E como poderia, ele, o bispo, o chefe da comunidade eclesial de Hipona? Certamente, porém, sua ênfase recai sobre a *primeira* ressurreição. Testemunho disso é o comentário que, no *De civitate Dei*, dedicou à passagem 5, 24-25 do Evangelho de João. O texto diz:

> *Em verdade, em verdade vos digo que quem ouve a minha palavra e crê naquele que me enviou tem a vida eterna, não entra em juízo, mas* passou (μεταβέβηκεν) *da morte para a vida. Em verdade, em verdade vos digo que chegará a hora* (ὥρα), *e já* (νῦν) *chegou, em que os mortos ouvirão a voz do Filho de Deus; e os que a ouvirem, viverão.*

O comentário:

> *(Jesus) ainda não fala da segunda ressurreição, da ressurreição dos corpos que se dará no fim, mas da primeira ressurreição, que se dá agora. E, para distingui-la, diz: vem a hora, e é agora. Não se trata, portanto, da ressurreição dos corpos, e sim da das almas. De fato, as almas também têm a sua morte na impiedade e no pecado. E é dos homens que morreram desta morte que o Senhor disse* "deixa aos mortos o sepultar os seus próprios mortos", *isto é, de modo que os que morreram na alma sepultem os que morreram no corpo.*
>
> (XX, 6, 1)

Agostinho faz uma nítida separação entre as duas ressurreições, e é à primeira que atribui o papel fundamental: "ressurjam então na primeira ressurreição os que não quiserem ser condenados na segunda" (ibidem, XX, 6, 2). *Venit hora, et nunc est*. Agostinho frisa esse presente — que é agora. O presente da ressurreição, do despertar da alma a si própria, à sua interioridade. Essa "ressurreição" *da* impiedade e iniquidade não diz respeito ao mundo. O mundo está e permanece na iniquidade, no abandono do pecado.

A "hora" da primeira ressurreição é o *presente* da Cruz; o *futuro* da segunda ressurreição é o *tempo* paulino, centrado na certeza da fé; não a fé na Cruz, mas, antes, no *depois* da Cruz. No entanto, a "hora" que é *agora* não é um *momentum*, não indica um trânsito, uma passagem. Antes, o estar, o estar do *in-stans*, do que *está* no tempo sem participar deste. ἔρχεται ὥρα καὶ νῦν ἐστιν: o grego ὥρα exprime a estação da juventude, da primavera, do florescimento e, portanto, do reflorescer; dá nome, ao mesmo tempo, às épocas da colheita, da plenitude, dos frutos. Isso para dizer que a *hora* que é agora nada mais espera para ter compleição: para a *alma*, a hora do despertar é a hora da maturação. A hora não é um tempo que passa, não porque a alma não possa recair no tempo do pecado e da iniquidade, no tempo do mundo, mas porque em seu instante de graça não é afetada por um movimento. A *hora* nem passa nem dura — é, simplesmente é. Se passa, é porque é arrastada pelo tempo e pelo mundo (ou por alguma outra coisa, como veremos adiante).

A segunda ressurreição acrescenta-se assim à primeira, não a completa, não a aperfeiçoa; é algo a mais, que não foi pedido, como o Evangelho de João diz, com todas as letras: "*Qui verbum meum audit*... transit *a morte in vitam*." O trânsito da morte à vida acontece no *instans*, no presente da *hora*. E é importante assinalar o destaque que a *primeira* ressurreição assume numa obra dominada pelo *futuro apocalíptico* da segunda ressurreição.

Que o cristianismo de Agostinho vai além do de Platão fica mais claro pelo *De Trinitate*. Essa obra é concebida no signo do *auferre velamen* de Paulo; ou seja, pretende demonstrar a identidade da essência divina com a revelação. *Trindade* diz justamente isso: que Deus está inteiro *na missão* do Filho, a ponto de não só o Pai mandar o Filho, mas a Trindade toda: *a Patre et Filio missus est idem Filius*. Se a eternidade dos Anjos, enquanto indica que não houve tempo em que já não estivessem presentes essas naturezas puramente espirituais, não elimina, mas, ao contrário, pressupõe a diferença entre Criador e criatura, entre eternidade de Deus e eternidade angélica (*De Civitate Dei*, XII, 16), a geração do Filho pelo Pai implica, ao contrário, a identidade de seu *ser eterno*, a sua eternidade comum (*De Trinitate*, I, 6.9-7.14). Desde as mais profundas profundezas do divino, o Deus Pai é, enquanto Uno e Trino, o Filho. Mas, então, em que consiste a diferença entre os Dois? Nisso, e só nisso: que o pai, como tal, mesmo tendo em si todas as perfeições que estão no Lógos do Filho, têm-nas, no entanto, *diferentemente* do Filho, isto é, sem distinção. Se no Filho, na Revelação, justiça e verdade, bondade e misericórdia estão distintas, no Pai estão, ao contrário, *em um*. A força do pensamento de Plotino se impõe a Agostinho contra o seu próprio querer e entendimento. Mas se o Pai é tal enquanto tudo é contido em si, na forma da *semplicissima complicatio*, então o *lógos* que *ex-plica* o mais *Simples*, τὸ ἁπλούστατον, é a verdade, a tradição, a transmissão deste, só enquanto, da mesma forma, o é da traição, da mentira. Está na *natureza* da essência trinitária que a verdade se dê somente *in parabolis*, isto é, como mentira. O abandono gritado pelo Filho é, assim, a mais autêntica revelação do Pai. O Espírito nada mais é do que a união dessa essência divina do Pai com o Filho, da revelação, ou *missão*, e da verdade com o abandono e a mentira.

Revelação, ou *missão*, é abandono — verdade é mentira: esse o sentido extraordinário da *kenósis* divina, do escândalo da Cruz — que, por fim, também se impõe a Agostinho, ainda que contra a sua fidelidade ao Apóstolo.

b) Kant

A filosofia kantiana representa o *lugar* em que a experiência da palavra de Jesus — e portanto não do cristianismo de Paulo — encontra sua mais alta e coerente *interpretação*.

Kant parte da separação radical entre infinito e finito, número e fenômeno. O que aparece, se mostra, o que tem figura e determinação, é tal — fenômeno — enquanto está relacionado com outra figura e determinação, a outro fenômeno. O fenômeno em si mesmo é múltiplo, pois múltiplas são as relações que o *ligam* aos outros fenômenos (cf. *Kritik der reinen Vernunft*, especialmente A, p. 285; B, p. 341). Relação expressa, então: ligação, condição, necessidade. O mundo fenomênico, o mundo dos *objetos* é, então, o mundo da necessidade. Nada que se dá no tempo e no espaço pode ser livre, pois é sempre condicionado por algo mais. Livre, então, é somente o in-finito, ou seja, o que não tem *figura*, forma — o que *não pode ser esquematizado*. O que não tem tempo. O númeno, justamente. Que não tem passado a condicioná-lo; nem, portanto, futuro. E, de fato, Kant afirma com todas as letras que no mundo numênico — isto é, no mundo da liberdade — *nichts geschieht*, nada acontece (ibidem, A, p. 541; B, p. 569) — e, acrescentamos, nada pode acontecer. Por mais que na terceira solução da *terceira Antinomia* Kant se aproxime, perigosamente, das teses de Spinoza — sobretudo quando fala da "casualidade da razão" (A, p. 551; B, p. 579) e do "caráter empírico" como *esquema* do "caráter inteligível" (A, p. 553-554; B, p. 581-582), isto é, do mundo empírico como figura do mundo numênico, todavia a sua posição é *radicitus* diferente da spnoziana. O infinito, em Spinoza, tem um significado positivo, indicando a Essência que se *ex-plica* nos atributos e nos modos finitos, a *natureza naturans* que atua na *natureza naturada*. O in-finito de Kant é, ao contrário, conceito *negativo*. Este indica o *não* do finito, a negação imanente ao finito. Isso também é dito com todas as letras em Kant, e numa passagem fundamental da primeira Crítica, quando trata das anfibologias dos conceitos da reflexão, ou seja, da *tópica transcendental*. Do númeno, diz Kant, não podemos dizer nada, nem sequer que seja interno ou externo; nem sequer se ainda é quando os nossos conceitos e as nossas intuições não são mais (A, p. 288-289; B, p. 344-345). O númeno é um conceito *negativo* que delimita o poder da sensibilidade (A, p. 255; B, p. 310-311), isto é, a pretensão de dar figura, *visibilidade* ao que "é verdadeiramente", ao ἀληθῶς ὄν. A filosofia kantiana é a fundação rigorosa da teologia apofática. Da inefabilidade da verdade: *aperiam in parabolis os meum*. Nada é mais distante de Kant que o paulino *aufertur velamen*. Mas não basta dizer isso. A divisão dos dois mundos — "não vim para trazer paz, mas espada" — não significa que sua separação seja possível. A negatividade do in-finito indica que não há vida possível para o finito a não ser dentro da dimensão condicionada e necessária do mundo. A expressão de João *ut consummati in unum sint* (João, 17, 23) é somente pulsão de morte, *Todestrieb*. Pois Deus só se revela no abandono, na miséria do mundo, na infelicidade da constrição. Esse é o sentido mais profundo, embora o mais fugidio também — e primeiramente para o próprio Kant —, da segunda *Crítica*.

O imperativo categórico, em sua formulação mais explícita, parece abrir um espaço de ação à liberdade: "Handelte...", "Aja..." (*Kritik der praktischen Vernunft*, § 7). Mas é exatamente o contrário que é verdadeiro. O imperativo ditado pela razão só pode se dirigir à razão, à vontade sustentada pela razão. E, de fato, que homem saberia ouvir a voz da razão estando sob o domínio das paixões? Para ouvir o comando — que nada mais comanda, a não ser a libertação das inclinações sensíveis — é preciso que estejamos livres delas. Seria como dizer: para respeitar o comando, é preciso tê-lo já respeitado! Por isso, não só não há liberdade de escolha — pois só o homem que já é bom pode agir moralmente bem — como nem sequer há ação a cumprir. A moral kantiana — enquanto pura moral da intenção, que em nada pode ser completada, aperfeiçoada, ou mesmo só acrescida, pela ação no tempo e no mundo — concerne não ao *fazer*, mas ao *saber* que acompanha todo o fazer; nisso reside o *divino* do homem e no homem: na *negative Selbstzufriedenheit*, na satisfação negativa que sentimos de nós próprios, quando, vivendo no mundo, sujeitos às constrições e às necessidades do tempo, estamos conscientes de não sermos *do* mundo, de não lhe pertencer, de sermos estranhos a ele, e nesse sentido, e somente nesse sentido, *livres* (ibidem, p. 117-118; it. p. 148-149).

A estranheza moral do homem, a sua *utopia* constitutiva, explica o porquê de *aperiam in parabolis os meum* não ser traduzível nem sequer em símbolos. O símbolo atesta, de qualquer modo, um copertencer originário de verdade e palavra, eternidade e tempo, Deus e mundo — copertencer que, mesmo quando interrompido, sempre pode ser recomposto, ainda que só em forma de metáfora e de alegoria, de "dizer outra coisa", de "fazer sinal para outra coisa", de aditamento. A fala *oblíqua*, por parábolas, testemunha, ao contrário, uma separação originária — e é mentira por isso: porque dá *figura e imagem* àquilo que (φύσει) a cada figura e imagem se subtrai; pois dá limites ao Ilimitado, ὁρίζει τὸ ἀόριστον, que divide o Indivisível, πολλὰ ἐποίησε τὴν μίαν (Plotino, *Ennéades*, VI, 7, 15). Mentira *necessária*, aliás, pois só o véu da mentira protege o finito do perigo constante e da ameaça da verdade que mata, da luz divina que chega (nenhum homem pode ver deus se não *per speculum et in ænigmate*), de Deus que, em sua positividade absoluta, nega toda a negação e, portanto, *se omnis determinatio est negatio*, toda determinação; que *necat*, na e por sua perfeição, o finito, como tal. Pensado em sua *verdade*, Deus é a morte do finito.

Mas a fala oblíqua, por parábolas, de Jesus, é mentirosa no sentido mais elevado e nobre, pois cobrindo o rosto da Verdade guarda a consciência de que a palavra do homem, a palavra *finita*, o é apenas por sua relação *negativa* com o *Infinito*, com o *Silêncio*, com o *mais Simples e Perfeito*. Só o eterno, enquanto *possível* negação do tempo, impede a redução da diferença à identidade epistêmica do "sempre as mesmas coisas" (ταὐτα ἀεί). Por isso, a palavra mais elevada é a mentira, que diz a verdade ao traí-la, com a consciência de que não pode dizê-la de outro modo. Tampouco essa consciência é *outra* que não a mentira: ao contrário, esta deve ser pensada como a mentira da mentira. Mentira dobrada sobre si própria, *re-flexa*, que expressa bem a dupla estranheza da *palavra* do Filho do Homem: estranha ao Pai e ao mundo, ao eterno e ao tempo. Que expressa bem o *ou-topico in-stante* da Cruz.

REFERÊNCIAS BIBLIOGRÁFICAS

AGOSTINHO. *De Trinitate*, in *Opere*. Roma, Città Nuova, 1973.

______ . De *Civitate Dei*. Milão, Rusconi, 1984.

ARISTÓTELES. *Physica*, org. W. D. Ross, Oxford, 1950.

______ . *Metaphysica*, org. W. Jaeger, Oxford, 1985.

BARTH, K., *Der Römerbrief*. Zurique, Evangelischer, 1954; trad. para o italiano por G. Miegge, Milão, Feltrinelli, 1954.

BENJAMIN, W., *Trauerspiel und Tragödie*, in *Gesammelte Schriften*. Frankfurt/Meno, Suhrkamp, 1974, II/1, p. 133-137; trad. para o italiano por M. Solmi, in *Opere di W. B.*, Turim, Einaudi, 1982, vol. I, p. 168-172.

______ . "Über die Sprache überhaupt und über die Sprache des Menschen", *Ges. Schr.*, II/1, p. 140-157; trad. para o italiano por M. Solmi, *Opere*, cit., I, p. 177-193.

______ . "Schicksal und Charakter", *Ges. Schr.*, II/1, p. 171-179; trad. para o italiano por M. Solmi, *Opere*, II, p. 117-124.

______ . "Die Aufgabe des Übersetzers", *Ges. Schr.*, IV/I, p. 9-21; trad. para o italiano por M. Solmi, *Opere*, II, p. 157-170.

______ . "Ursprung des deutschen Trauerspiels", *Ges. Schr.*, I/I, p. 203-430; trad. para o italiano por E. Filippini sob o título *Il dramma barocco tedesco*, Turim, Einaudi, 1980.

______ . "Über den Begriff der Geschichte", *Ges. Schr.*, I/2, p. 693-704; trad. para o italiano in *Angelus Novus: Saggi e frammenti*, org. M. Solmi, Turim, Einaudi, 1981, p. 75-86.

CACCIARI, M. *Icone della legge*. Milão, Adelphi, 1985.

______ . *Dell'inizio*. Milão, Adelphi, 1990.

DIELS, H. & KRANZ, W. *Die Fragmente der Vorsokratiker*. Berlim, s/ed., 1954.

FÍLON DE ALEXANDRIA. *La migrazione di Abramo*, in *La migrazione verso l'eterno*, org. R. Radice e G. Reale, Milão, Rusconi, 1988.

FORTE, B. *Teologia della storia: Saggio sulla rivelazoine, l'inizio e il compimento*. Milão, Paoline, 1991.

______ . *Sui sentieri dell'Uno*, Milão, Paoline, 1992.

______ . *L'eternità e il tempo: Saggio di antropologia ed etica sacramentale*, Milão, Paoline, 1993.

GREGÓRIO DE NISSA. *La vita di Mosé*. Milão, Fondazione Lorenzo Valla, Mondadori, 1984.

HEGEL, G. W. F. *Der Geist des Christentums und sein Schicksal*, in *Werke in zwanzig Bänden*, 1, *Frühe Schriften*, Frankfurt/Meno, Suhrkamp, 1971, p. 274-428; trad. para o italiano por E. Mirri, in *Hegel, Scritti teologici giovanili*, Nápoles, Guida, 1972, p. 353-457.

______ . *Glauben und Wissen*, in *Werke*, cit., 2, *Jenaer Schriften 1801-1807*, Frankfurt/Meno, Suhrkamp, 1970, p. 297-433; trad. para o italiano por R. Bodei, in *Hegel, Primi scritti critici*, Milão, Mursia, 1971, p. 121-253.

______ . *Phänomelogie des Geistes*. Hamburgo, Meiner, 1952.

______ . *Wissenschaft der Logik*, in *Werke*, cit., 1969, vol. 5 e 6.

______ . *Grundlinien der Philosophie des Rechts*. Hamburgo, Meiner, 1967.

HEIDEGGER, M. *Brief über den Humanismus*, in *Wegmarken*, Frankfurt/Meno, Klostermann, 1978, p. 311-360; trad. para o italiano por F. Volpi, Milão, Adelphi, 1987, p. 267-315.

______ . *Holzwege*, Frankfurt/Meno, Klostermann, 1972; trad. para o italiano por P. Chiodi, Florença, La Nuova Italia, 1968.

______ . *Was Heißt Denken?*, Tübingen, Niemeyer, 1971; trad. para o italiano por U. M. Ugazio e G. Vattimo, vol. 2, Milão, SugarCo, 1978.

______ . *Nietzsche*, vol. 2, Pfullingen, Neske, 1961; trad. para o italiano por F. Volpi, Milão, Adelphi, 1994.

HERÁCLITO. *I frammenti e le testimonianze*, org. C. Diano e G. Serra, Milão, Fondazione Lorenzo Valla, Mondadori, 1980.

HÖLDERLIN, F. *Sämtliche Werke und Briefe*, vol. 2, Darmstadt, Wissenschaftliche Buchgesellschaft, 1989.

HOMERO. *Odissea*, Turim, Einaudi, 1963.

______. *Inni omerici*, org. F. Cassola, Milão, Fondazione Lorenzo Valla, Mondadori, Milão, 1991.

JABÈS, E. *Le Livre des questions*, vol. 2, Paris, Gallimard, 1988--1989.

______. *Le Parcours*, Paris, Gallimard, 1978.

______. *Un Étranger avec, sous le bras, un livre de petit format*, Paris, Gallimard, 1989.

______. *Le Livre de l'hospitalité*, Paris, Gallimard, 1991.

KANT, E. *Kritik der reinen Vernunft*, in *Werke*, Berlim, Akademie Textausgabe, de Gruyter, 1968, vol. IV: ed. 1781 (= A), vol. III: ed. 1987 (= B); trad. para o italiano por P. Chiodi, Turim, Utet, 1967 (traz a paginação de A e B).

______. *Kritik der praktischen Vernunft*, in *Werke*, cit., vol. V; trad. para o italiano por F. Capra, rev. por E. Garin, Bari, Laterza, 1963.

KERÉNYI, K. *Miti e misteri*. Turim, Boringhieri, 1979.

______. *Gli dei e gli eroi della Grecia*, vol. 2, Milão, Garzanti, 1982.

KIERKEGAARD, S. *Timore e tremore e La ripresa*. Milão, Comunità, 1971.

LEVINAS, E. *Autrement qu'Être, ou au-delà de l'essence*, Niijhoff, Haia, 1978; trad. para o italiano por S. Petrosino e M. T. Aiello, Milão, Jaca Book, 1983.

LUCRÉCIO. *De rerum natura*. Paris, Les Belles Lettres, 1955.

MANZONI, A. *Inni sacri*, in *Opere*, org. R. Bacchelli, Milão-Nápoles, Ricciardi, 1953.

NIETZSCHE, F. *Sämtliche Werke*, org. G. Colli e M. Montinari em 15 volumes, Munique-Berlim-Nova York, dtv/de Gruyter, 1988; ed. it.: Milão, Adelphi.

______. *Wille zur Macht*, Stuttgart, Kröner, 1980; trad. para o italiano e org. M. Ferraris e P. Kobau, Milão, Bompiani, 1992.

PARMÊNIDES. *Poema sulla natura*, org. G. Reale e L. Ruggiu, Milão, Rusconi, 1991.

PÍNDARO. *Nemee*, in *I lirici corali greci: Età classica*, org. F. M. Pontani, Turim, Einaudi, 1976.

PLATÃO. *Œvres complètes*. Paris, Les Belles Lettres, 1970 et seq.

PLOTINO. *Ennéades*, org. E. Bréhier, Paris, Les Belles Lettres, 1964 et seq.

RILKE, R. M. *Duineser Elegien*, in *Werke*, II, Frankfurt/Meno, Insel, 1982.

VITIELLO, V. *Utopia del nihilismo: Tra Nietzsche e Heidegger*. Nápoles, Guida, 1983.

______. *Topologia del moderno*. Gênova, Marietti, 1992.

______. *La parola riflessa: Logica ed etica della contraddizione*. Milão, Lanfranchi, 1994.

______. *Elogio dello spazio: Ermeneutica e tipologia*. Milão, Bompiani, 1994.

______. *Cristianesimo senza redenzione*. Roma-Bari, Laterza, 1995.

O SENTIDO DO SER COMO VESTÍGIO ÔNTICO DETERMINADO*

Maurizio Ferraris

*Qui giacciono i miei cani/ gli inutili miei cani,/ stupidi ed impudichi/ nuovi sempre et antichi,/ fedeli et infedeli/ all'*Ozio *lor signore,/ non a me uom da nulla./ Rosicchiano sotterra/ nel buio senza fine/ rodon gli ossi i lor ossi,/ non cessano di rodere i lor ossi/ vuotati di medulla/ et io potrei farne/ la fistola di Pan/ come di sette canne/ i'potrei senza cera e senza lino/ farne il flauto di Pan/ se Pan è il tutto e/ se la morte è il tutto./* Ogni *uomo nella culla/ succia e sbava il suo dito/ ogni uomo seppellito/ è il cane del suo nulla.*

(Gabriele D'Annunzio, outubro de 1935)[1]

1. "La umanità del figliuolo de Dio"[2] é o título de um poema de Teofilo Folengo[3] que expressa uma tendência tipicamente humanista; ora, a humanização ainda é o cerne da religião cristã, tão intimamente política e antropológica, como por exemplo em

* Tradução do italiano por Roberta Barni.

1. "Aqui jazem os meus cães/ meus cães inúteis/ estúpidos, impudicos/ sempre novos e antigos,/ fiéis e infiéis/ ao Ócio, o senhor/ não a mim, que nada valho./ Carcomem debaixo da terra/ na escuridão interminável/ roem os ossos os seus ossos,/ não param de roer os seus ossos/ esvaziados do tutano/ e poderia transformá-los/ na fístula de Pan/ como de sete canas/ poderia sem cera ou pano/ fazer a flauta de Pan/ se Pan é o tudo/ e se a morte é o tudo./ Todo homem em seu berço/ chupa e baba o seu dedo/ todo homem enterrado/ é o cão de seu nada."

2. "A humanidade do filho de Deus." [N.T.]

3. Poeta italiano do século XVI. [N.T.]

Profession de foi, de Rousseau, ou na *Religion* de Kant. Nessa perspectiva, nos interrogarmoos a respeito do porvir de uma ilusão ou nos declararmos inevitavelmente cristãos é uma única e mesma coisa. Para começar, podemos ser budistas, taoistas, historicistas, vegetarianos, ambientalistas e sentimentais enquanto somos, antes de mais nada, cristãos. Essa circunstância, que foi certificada desde o início, e polemicamente, como a essência utilitária e eudemonista do cristianismo ("*Christus* é *chrestus*", "útil", dizia Suetônio), ilumina a tentativa de salvação da religião diante das objeções da razão. Seguindo a crítica iluminista, Rousseau reconhece que, nos evangelhos, há ensinamentos repugnantes à razão e, na *Lettre à M. de Beaumont*, acha inútil a mediação (era necessário que Deus usasse Moisés para falar a Jean-Jacques?); Cristo, então, não é um mediador, mas um grande exemplo de humanidade, maior até que Sócrates. A imitação de Cristo, portanto, é possível, mas a questão é evitar o deísmo, e salvaguardar um certo teísmo (o contracanto é o representado por Hume, nos *Dialogues Concerning Natural Religion*, aos quais, por exemplo, Kant se referia amiúde).

O Deus demasiado humano, de fato, nem sequer é útil. Certamente a redução de Deus ao Deus moral é funcional à religião; trata-se porém de uma funcionalidade insidiosa, pois acaba por destruí-la, assediando-a, e, por fim, superando-a com formas alternativas de moral e com ideologias ainda mais eficazes. Bonhoeffer talvez pensasse nessa circunstância quando propunha abandonar o próprio Deus moral; mas ainda se poderia objetar que justamente esse é o sinal da modernidade, a *hýbris* máxima: propor-se renunciar até ao Deus moral, como projeção do eu, ainda é, de forma quintessencial, colocar-se o problema do que fazer com Deus; é postular o fato de que não se pode abrir mão de Deus, que é preciso encontrar uma colocação para ele. Mais do que nunca, Deus necessita aqui do homem que, só por essa única circunstância, já não tem, por princípio, nenhuma necessidade de Deus. Se Deus falasse de uma sarça ardente, se transformasse os que O olham em estátuas de sal, certamente não se colocaria o problema de o que fazer com Ele e de onde inseri-lo. Mas, ao contrário, o cristianismo surge exatamente diante de um Deus morto, cuja ressurreição é progressivamente diluída pela *kenósis*. Os verdadeiros crentes, então, não são os cristãos; não são os que se comportam moralmente, o que o fariam mesmo que não houvesse Deus, mas os que viram os milagres, ou acreditam neles, ou temem a Deus. Por outro lado, uma vez abandonada a harmonia preestabelecida, que já insere Deus às margens do universo, só resta a teodiceia, que é o fim de Deus, posto nas mãos do homem.

Exatamente nesse ponto tocamos o cerne problemático da secularização. Ela está suspensa entre a redução de Deus a um Deus moral que torna vã a necessidade da religião, e o chamado para uma religião que excede a simples razão, já que constitui o fundamento contrário e também a força propulsora, mas perdendo com isso a possibilidade de uma crítica racional à religião. "Sou Deus, fiz esta caricatura" (Wagner, O Cristianismo, O Redentor, Parsifal). Nietzsche tinha toda a razão em querer se autodivinizar; após séculos de Deus moral (Deus homem), tinha todo o direito de querê-lo. Segundo um processo que, talvez com orgulho etnocêntrico, se identifica com o cristianismo, a religião como história (uma história cuja historicidade encontra as próprias condições de possibilidade na região) assim como a conhecemos (fogueiras, abjurações, guerras de religião e, certamente, mortos felizes e êxtases também) está em vias de extinção. Ou seja, está a caminho da dissolução a religião cristã enquanto fé que, entre as próprias apologias, enumera a de ser a mais racional, a mais verdadeira, de uma verdade que tem uma relação essencial com a verdade da história e da ciência. Nada poderá fazer com que ressurja, a não ser a eclosão de crises tamanhas que nos façam retornar a estágios anteriores da história do mundo, ou seja, crises a ponto de suspender aquela proveniência histórica na qual se funda a religião cristã. Pode acontecer, certamente, que, para a satisfação de exigências no fundo psicológicas ou filosóficas, a secularização queira salvar uma teologia moral e uma teologia política. Com base na lógica da secularização plenamente cumprida poderia, com toda a probabilidade, assumir como não incongruente o resíduo mítico ou extramoral da religião, de uma religião destinada a se consumir totalmente na razão e, portanto, a admitir, ao seu lado, todo tipo de ressurreição e arcaísmo, já destituído de racionalidade e de moralidade, e justificado exatamente por essa ausência. Numa cisão definitiva entre secularização e teodiceia, o dia do Anticristo ou o reino do céu na Terra seria, nessa perspectiva, aquele, talvez nem tão distante, em que os *Evangelhos* — não os apócrifos, não os gnósticos, mas os sinópticos e o de João — viessem a ser publicados numa coleção de espiritualidade oriental. Nesse caso, a religião seria, *ao mesmo tempo*, absorvida pela razão simples e, com o mesmo gesto (ou seja, por uma decisão racional), remetida ao mito puro, com valor de festa da memória. O retorno de Deus, como evento, em todos os seus aspectos, atribuível ao costume, seria aqui um fenômeno secundário da secularização.

O fato de os rigores da religião aparecerem com o cristianismo, e de isso não ser algo exterior à sua essência, constitui certamente o fundamento da exigência daquela dimensão trágica e abismal que periodicamente o atravessam; são exigências da razão, à procura, talvez, de uma alteridade. Mas se podemos nos dirigir ao Deus de Abraão, é unicamente por termos consultado o Deus dos filósofos. Em virtude da força da circunstância elementar de que a contraposição entre o Deus de Abraão e o dos filósofos é por princípio intrafilosófica, mesmo quando assumida por escritores sacros, ou simplesmente religiosos, que acusam os filósofos de infâmia espiritual ou de limitada capacidade intelectual. Não se trata, portanto, de problemas apenas religiosos; nem sequer é tão *filosoficamente* simples a remissão ao cristianismo como à fé genérica do *animal rationale*. Dificilmente, no quadro da tolerância, manteve-se estável a equidistância entre as religiões que Lessing propõe em *Natan, o sábio* — e, ademais, poderia se observar que essa equivalência, feita em nome da racionalidade e do ser humano, ainda é fiel à essência do cristianismo. O seu pressuposto implícito, com efeito, é o de Voltaire: justamente por estarmos certos da fé verdadeira, temos de tolerar os incrédulos. Mas, então, uma fé mais exigente, ou mais inquieta, provavelmente estaria bem distante da tolerância; seria preciso talvez reverter a perspectiva exposta no artigo "Tolérance" do *Dictionnaire philosophique*, que considera paradoxal o cristianismo ser a religião menos tolerante, enquanto, por força de sua verdade, deveria ser a mais tolerante; é óbvio que nessa pretensão de verdade racional se depõe a máxima intolerância.

Essas ambivalências se polarizam em Kant. Há uma só religião, para todos os homens e para todos os tempos (*Ak*, VIII, p. 367). É no cristianismo *puro* que a ideia da religião moral se tornou efetiva; neste, a Igreja se transformou no esquema do reino invisível de Deus sobre a terra (*Ak*, VI, p. 156-161); o maior elogio do cristianismo é o seu acordo com a fé racional moral mais pura (*Ak*, VII, p. 7 et seq.), e a fé eclesiástica aos poucos se aproximará da fé religiosa pura, a Igreja em luta se transformará em Igreja triunfante (*Ak*, VII, p. 52). Observemos, porém, que a religião moral não é uma distinção entre várias formas de religião, mas entre religião e paganismo: a religião é a fé que situa aquilo que, do culto divino, é essencial na moralidade, o paganismo é a falta dessa condição (*Ak*, VII, p. 49), que equivale à superstição enquanto religião tolhida de escrúpulo moral (*Ak*, IX, p. 494-495). A essência do cristianismo, então, *desde o início*, coincide com a essência da razão, e esta última com a essência da subjetividade — e o início se reconhece no fim. Sem se darem conta, as ideologias do coração puro, herdeiras da mística, desenvolveram esse tema (que afinal é o do farmacêutico de *Madame Bovary*: sou pela religião de Voltaire, a religião do progresso, etc.), que, porém, sofre da fraqueza característica que Nietzsche registrou tão bem: de que adianta um Deus humano, se nos dirigirmos a Deus justamente por estarmos desgostosos dos homens? De que adianta um Deus tentacular, hospitalizado (Deus dos sanatórios), ontoteologizado (Deus dos filósofos)?

Daí a versão original da humanidade de Cristo em Nietzsche, que reconhece no Redentor não o exemplo de um homem eminente, mas (no rasto de Dostoiévski) o caso de um idiota que tem alucinações, um caráter infantil, etc. Nisso, porém, Nietzsche se revela, ao menos em parte, herdeiro do Iluminismo (os distúrbios do Redentor, no *Anticristo*, são os mesmos de Sócrates, no *Nascimento da tragédia*); completando o Iluminismo (*Rêve de d'Alembert*, Sade) com o que acredita ser um novo Iluminismo, mas que, na verdade, é a sua sequência direta, Nietzsche declara a sua propensão para um Deus terrível. Não sabemos o que fazer de um irmão, queremos um pai cruel (Joseph de Maistre e Baudelaire compartilham a essência desse argumento); para que um deus fraterno e humano, e de que adianta uma religião sem mistérios?

Que sentido tem um cristianismo à la Toland? *Le prêtre est immense parce qu'il fait croire à une foule de choses étonnantes. Que l'Eglise veuille tout faire e tout être, c'est une loi de l'esprit humain. Les peuples adorent l'autorité. Les prêtres sont les serviteurs et les sectaires de l'imagination*[4] (Baudelaire, OC, 1248).

Os sectários da *imaginação*. Baudelaire é realmente o anti-Feuerbach (ou melhor, compartilha de seus pressupostos, mas reverte os êxitos); para Feuerbach, de fato, a imaginação é a base ilusória da religião (*SW*, VIII, p. 224), e o sentimento de dependência, a ignorância, a angústia e o temor são a fonte das representações divinas. A finalidade da crítica da religião, então, é a libertação autêntica do homem, religiosa e não política, visto que os verdadeiros desejos humanos não são efetivos, mas justamente imaginários (aqui Feuerbach torna a concordar com Baudelaire, para quem o verdadeiro progresso não é a evolução técnica, mas a redução do peso do pecado original). O ocultismo filosófico e a busca de transcendência interior no homem ainda respondem a essa necessidade, geralmente humana, de não ter tudo claro, de ir além do simplesmente humano. Isso já estava no centro da polêmica de Kant com os entusiastas, sem que por isso ele excluísse o recurso ao mistério, ao contrário; basta pensar no parágrafo 49 da *Crítica do juízo*, em que a imaginação resulta quer de leis analógicas, quer da elaboração de princípios, cujo fundamento está nas esferas superiores da razão, e que se servem da analogia apenas para transcendê-la, evidenciando a sua insuficiência. Ainda nesse sentido, Joseph de Maistre, crítico da filosofia de Bacon, permanece exemplar; zombar do experimentalismo moderno no quadro de uma apologética *sanfedista*[5] não é uma postura "cultural", mas estritamente especulativa. O que pode ser uma vida plenamente presente? Dessa exigência antropológica também deriva uma certa inflexão da religião moderna, que tende a se apresentar como a religião do outro. Mas há muita incoerência ao proclamar o fim do transcendente e das relações verticais, e depois exigir a

4. "O padre é imenso por nos fazer crer numa miríade de coisas espantosas. Que a Igreja queira tudo ser e tudo fazer é uma lei do espírito humano. O povo adora a autoridade. Os padres são os criados e os sectários da imaginação." [N.T.]

5. Partidário do clericalismo mais tosco e reacionário. [N.T.]

tematização da transcendência do outro; este outro, como fruto maduro da subjetividade moderna, é o herdeiro do cristianismo e tem as suas premissas na subjetividade e na intersubjetividade de Agostinho e Descartes.

2. "A religião nos limites da simples razão" revela-se, portanto, como outro nome do cristianismo; reciprocamente, "O que eu posso esperar" é uma questão fundamental *para o filósofo* (*A*, p. 805; *B*, p. 832-833; *Ak*, IX, p. 25). Essa sentença pode ser lida, justamente, em dois sentidos.

O primeiro é o da secularização. A passagem da fé da Igreja à fé religiosa pura é a aproximação ao reino de Deus (*Ak*, V, p. 115): quanto mais avançamos na secularização, mais nos aproximamos do Reino. Aqui a religião do coração chega ao ateísmo: a religião tem de anteceder e o conceito determinado de Deus, seguir. Qual religião? "A religião é 'probidade'" (*mihi hoc religioni*), é a dimensão sacra da palavra dada e a autenticidade daquilo que o homem tem de confessar a si próprio. Confessa-te a ti mesmo. Para ter essa religião, não se exige o conceito de Deus, e muito menos o postulado; há um Deus (*Ak*, XXI, p. 81). Princípios idênticos em Heidegger: os deuses necessitam do ser e o ser necessita do homem.

Esse teorema é um sistema. 1. Houve outrora templos, depois igrejas; é o que acontece de modo natural, observa Kant, acrescentando que moralmente deveria se dar o contrário (como na alternativa entre a forma de exposição histórica ou teórica, de Descartes em diante). 2. A Bíblia deve ser explicada como algo que visa a moralidade, e a moral não deve ser interpretada por intermédio da Bíblia, mas, ao contrário, a Bíblia por intermédio da moral, de modo que os ensinamentos bíblicos devem ser compreendidos como regras práticas universais de uma religião da razão pura (*Ak*, VI, p. 132-134), já que o Deus que fala por meio de nossa razão (moralmente prática) é um intérprete infalível (*Ak*, VII, p. 875-877). 3. A Igreja invisível, como ideia de todos os homens de retidão, serve de arquétipo para todas as igrejas visíveis (*Ak*, VI, p. 101-102). A verdadeira Igreja visível é a que expõe o reino moral de Deus sobre a Terra; quanto à quantidade, é universal; quanto à qualidade, é a pureza; isto é, o seu modo de ser; quanto à relação, é a liberdade (submissão a um pai invisível e moral); quanto à modalidade, é a sua invariabilidade, como submissão a leis originárias, e não a símbolos arbitrários.

Não é difícil comparar essa tabela de categorias, regida pela axiomática da purificação do sensível, com a dos juízos estéticos puros na *Crítica do juízo*: o belo é o desinteressado (qualidade), universal (quantidade), livre (relação; finalidade sem fim); caracteriza-se pela comunicabilidade universal no pressuposto de um sentido comum (modalidade). Não é de surpreender, portanto, que a religião cristã necessite de atrativos estéticos, visto que tem de ser um símbolo belo; a Igreja é, como a beleza, um símbolo do bem moral, um sinal que indica a própria autossuperação; a Igreja perfeita seria a que conseguisse introduzir, como finalidade autêntica, a religião da boa conduta, que um dia permita prescindir dos dogmas (*Ak*, VI, p. 174-175). Tampouco surpreende que, em se tratando, nos dois casos — na religião e na beleza —, de prescindir do sensível para alcançar o inteligível, a terceira *Crítica* e o ensaio sobre a *Religião* sejam os dois lugares em que Kant fala em *párerga*, ou seja, naquilo que, material, cerca a essência (*Ak*, V, p. 226): molduras e telamões como *párerga* das obras (*Ak*, V, p. 52-53); efeitos da graça, milagres, mistérios, meios da graça como *párerga* da religião — o essencial da religião revelada torna-se aqui acidental, assim como uma moldura é acidental em relação a um quadro). A graça é, portanto, um *párergon* que se seculariza, visto que essa, como esperança no progresso do bom, revigorada pela crença na presença em nós de uma disposição originária para o bem, *e pelo exemplo da humanidade de que Deus se apraz na pessoa do Filho* (veremos em breve como essa exemplaridade é problemática) pode se reforçar com a ajuda desse exemplo santo (*Ak*, VIII, p. 43). Os meios da graça, todavia, não passam de ilusão supersticiosa e são objeto de um culto fetichista: orações, ofícios divinos e sacramentos só valem como meios sensíveis para o reforço do espírito (*Ak*, VI, p. 195-201).

A fé religiosa pura é uma simples fé racional; entretanto, toda a Revelação é uma fé histórica (*Ak*, VI, p. 195-201) que, enquanto tal, é isenta de todo valor moral (*Ak*, VI, p. 111-112). A essa secularização corresponde, num mesmo gesto, uma mitização que assimila Deus ao sujeito moral. O conceito de Deus não deriva nem da física nem da metafísica, mas da moral: da relação moral em nós (*Ak*, XXXI, p. 149). Deus existe, mas justa e unicamente em nós (*Ak*, XXI, p. 144 et seq.; XXII, p. 105, 122, 126 et seq.). Reconhecemos aqui o argumento cartesiano ao qual retornaremos — a evidência psicológica a provar a existência divina: Deus depende do homem, pois é somente com o homem que se pode falar de moral. Nós, os homens, devemos admitir uma vontade livre para podermos compreender a possibilidade da existência de Deus; a razão pura prática nos obriga a forjar por nós mesmos um conceito de Deus, assim como a teofania faz da ideia platônica um ídolo (*Ak*, VIII, p. 400). É justamente sobre essa fundação do Deus no *cogito* que o "mais sutil" antropomorfismo simbólico se apoia (*Ak*, IV, p. 356-357), em virtude do qual falamos de Deus por analogia; trata-se, portanto, de uma ideia reguladora que tem um valor absolutamente objetivo (*A*, p. 697-698; *B*, p. 725-726). Assim, o conhecimento de Deus é simbólico, e não esquemático, e quem quer que pense o contrário cai no antropomorfismo (*Ak*, V, p. 353).

Uma vez suprimida a objetividade de Deus, o homem é inserido no centro: daí, então, que os seres racionais são finalidades objetivas (*Ak*, IV, p. 427-431), o homem e qualquer outro ser racional existem como finalidades em si, e não somente como meios. A teologia considera a natureza como o reino da natureza (*Ak*, IV, p. 436); um reino das finalidades é unicamente possível, então, por analogia com o reino da natureza (*Ak*, IV, p. 438-439); da mesma forma, na *Crítica do juízo*, já que somente o homem é uma finalidade em si, somente a forma do homem pode encarnar o ideal da beleza. Por outro lado, seja qual for a ordem considerada dentro da natureza, o interesse especulativo da razão nos leva a pensar que essa ordem resulta de uma razão suprema e nos impele a organizar as coisas do mundo segundo leis teológicas. Existe, portanto, um *focus imaginarius*, para o qual o homem e Deus, a finalidade em si e a finalidade da criação, convergem. Essa é a forma genérica da teologia, e não há nenhum motivo para condenar uma pretensa impiedade humanista, pois é justamente esse o sentido da religião de Abraão, do modo como o compreendem, por exemplo, Hegel (a supremacia do cristianismo sobre o paganismo como degradação do animal em troféu de caça, sacrifícios e metamorfoses, pois "o homem tem de poder comer o que lhe faz bem"; a faculdade atribuída por Deus a Adão, de dar nome aos animais, impondo-lhes assim a sua dominação), Husserl (na ligação entre espírito, ciência e humanidade europeia) e Heidegger (o homem como finalidade do ser, o ser como finalidade do homem).

3. O Cristo ser ou não exemplar, portanto, constitui, em Kant, o ponto modal dessa vicissitude teândrica. Contrariamente a um projeto de governo que, na ausência de qualquer exemplificação, não passará de pura *fictio*, a moral não necessita de exemplos, pois a lei a precede e existe, e não se trata de imitar os santos, mas de julgar se suas ações são conforme a lei moral (Menzer, 137). Portanto, aquele que exigir um exemplo desse tipo, ou milagres, só estará expressando a própria incredulidade (*Ak*, VI, p. 62-63). Desse modo, a relação tem de ser invertida (justamente como a norma da exemplificação cristã): a fé na existência da lei moral não se adquire por meio dos exemplos, e pretender isso seria, precisamente, incredulidade. Por outro lado, por existir, a lei moral pede manifestação, e essa tarefa vale para todo homem moral, mesmo sabendo que de qualquer modo se tratará de uma manifestação inadequada da ideia (*Ak*, VI, p. 63). E mais: justamente porque não devemos imitar os santos, mas dar exemplo de santidade, é preciso que, a certa altura, um Messias tenha descido à terra; não para criar a fé, mas para lhe demonstrar a existência.

A inoportunidade da gênese divina de Cristo é a consequência óbvia dessa postura (*Ak*, VI, p. 63-64). O redentor tem de ser um homem. Poder-se-ia observar que Cristo desceu à terra e padeceu pelo bem das criaturas, despojando-se de sua majestade, e por isso poderíamos amá-lo e pensar que essa regra de perfeita moralidade vale, *como regra*, para nós também; "mas esse homem divino *nunca* nos poderia ser dado *como um exemplo* a imitar, nem, portanto, como prova de que *nós* também possamos cumprir e alcançar um bem tão puro e tão sublime" (*Ak*, VI, p. 64-65). Para que serve Cristo, então? "Todo conhecimento humano começa com intuições, estende-se a conceitos e conclui-se com ideias" (*A*, p. 702;

B, p. 730). A história da religião e da revelação, a passagem da fé à razão, é um processo que encontra o princípio de seu funcionamento nas leis da psicologia, segundo um sistema que é norma no século XVIII (Condillac, Vico, nos atendo somente aos maiores exemplos) e que está longe de ser ultrapassado. Ocorre, portanto, que a história do mundo, o advento do Messias e o fim dos tempos sejam a repetição exata das vicissitudes da alma. Discorrendo sobre a educação do gênero humano, Lessing assume como primeiro princípio aquele em que a revelação, para o gênero humano, é o que a educação é para o indivíduo; até o cerne da revelação pode, enfim, ser reconduzido a uma questão de filogênese e ontogênese. Essa posição é essencialmente assumida por Kant, para o qual a exigência do Messias é a de um limite representativo da alma: é a limitação da razão humana, escreve ele (*Ak*, VI, p. 65-66), fazer com que nunca possamos atribuir um valor moral a outrem sem uma representação nossa (*dío oudépote noeí áneu phantásmatos hé psyché*, *De anima*, 431 a, 16-17). A Escritura também é necessariamente indulgente para com esse tipo de representação, mas se trata mesmo de um esquematismo da analogia que não deve ser confundido com o esquematismo da determinação objetiva, por meio do qual cairíamos no antropomorfismo (*Ak*, VI, p. 65-66). Poder-se-ia observar, por outro lado, que um resíduo da prova ontológica aparece também em Kant, no argumento do sublime. Noutras palavras, o exemplo vale em negativo, segundo o modelo apresentado em *Crítica do juízo*: a inadequação do sensível suscita em nós o sentimento do suprassensível. Trata-se do contrário do belo, ou não seria, justamente, a extensão da lei simbólica que o regula (como, aliás, na relação entre céu estrelado e lei moral)? Com toda a razão, Derrida (1978, p. 157) vê uma relação entre a regra dessa inadequação e o Deus de Santo Anselmo (*aliquid quo nihil majus cogitari potest*): a experiência do infinito como limite representativo do finito e a descrição do sublime em Kant são a mesma coisa. Em ambos os casos, a imagem desempenha um papel de destaque: ao se colocar, também aponta o que a transcende, justamente porque toda imagem pode ser a simples representação de uma coisa e signo de outra. Parece uma circunstância empírica; mas, se Deus necessita do homem (religião moral), e se o homem necessita da imagem (os conceitos sem intuições são vazios), então o empírico é constitutivo.

Desse modo, Deus também vigora como ideal da razão pura. O máximo de perfeição chama-se, hoje — escreve Kant —, ideal; em Platão, ideia; mas, assim como Deus, enquanto ideal de perfeição, é o princípio do conhecimento, também é, enquanto realmente existe, o princípio da realização de toda perfeição no universo (*Ak*, II, p. 396). A ideia fornece a regra, o ideal serve de original para a determinação perfeita da cópia (*A*, p. 567-568; *B*, p. 595--596). A ideia é um conceito da razão, ideal a representação de um único ser adequado à ideia (*Ak*, V, p. 232). O ideal da razão é o original (*protótypon*) de todas as coisas, que deste extraem a própria possibilidade enquanto cópias defeituosas (*éktypa*) (*A*, p. 578; *B*, p. 606); esse único ideal transcendental da razão é o ser soberanamente real, objeto da teologia transcendental (*A*, p. 614; *B*, p. 642). Esse platonismo também vale para a beleza, em que o arquétipo (*Urbild, archétypon*) do gosto é o ideal do belo, a ideia indeterminada que a razão tem de um *maximum*; não pode ser apresentado segundo conceitos, mas somente por meio de um simples ideal da imaginação (*Ak*, V, p. 232). É fácil enxergarmos a poderosa relação inversa entre o ideal da razão (Deus) e o ideal estético da imaginação. Ora, já mencionamos, esse ideal é o homem. O ideal, com efeito, não é uma beleza vaga, e sim aderente, atrelada a um objeto por meio de um conceito de finalidade objetiva; único a ser suscetível de um ideal desses é aquele que contém em si a finalidade da própria existência (*Ak*, V, p. 232-236).

O que segue se torna então problemático: um ídolo é uma divindade que se representa a nós de modo antropomórfico, e não apenas moral (*Ak*, V, p. 459-460; VI, p. 184). Mas se o homem é o único ser capaz de moral, então também o antropomorfismo simbólico, o mais sutil de todos, é totalmente assimilável ao mais rudimentar dos antropomorfismos. E se, ademais, tivermos assumido que a religião revelada nada mais é do que uma manifestação sensível, necessária por causa da incapacidade humana de pensar sem imagens (enquanto a religião moral representaria a sua perfeição, tão humana quanto), e que essa encansão marca, ao mesmo tempo, o progresso histórico e o psicológico (a alma como lugar das imagens que progressivamente vão se libertando da servidão sensível), a passagem da revelação à religião moral nada mais é, precisamente, que a extensão ou a ilustração histórica e factual do ato — que fenomenologicamente pode ser atribuído à imaginação — da conservação da imagem sem a presença sensível do objeto e de sua posterior apropriação como traço abstrato (conceito como *eídos áneu morphé*).

4. Trata-se, portanto, de revocar qualquer determinação sensível à ideia. Daí a nomenclatura proposta por Kant (*A*, p. 320; *B*, p. 377): a *representatio* (representação em geral) pode ser *perceptio* (representação com consciência), dividida em *sensatio* (percepção subjetiva) e em *cognitio* (percepção objetiva). A *cognitio* é *intuitus* (singular e de referência imediata ao objeto) ou *conceptus* (que se refere ao objeto por meio de uma *nota* que pode ser comum a muitas coisas). O *conceptus* pode ser empírico ou puro; o conceito puro, cuja origem se situa essencialmente no intelecto ("e não na imagem pura da sensibilidade"), é denominado *notio* e, se transcender a experiência, denomina-se *ideia*. Esse esboço de nomenclatura, elaborado com uma intenção antiempirista (particularmente contra Locke: desse ponto de vista, uma comparação com o quadro de definições do livro II dos *Novos ensaios*, de Leibniz, pode ser interessante) atinge o seu objetivo, pois, após essa especificação, Kant afirma que finalmente é possível provar que a tese que assimila a cor vermelha a uma ideia é absurda. Mas a dificuldade permanece por inteiro se levarmos em conta justamente o caráter duplo da ideia em Platão, que designa, ao mesmo tempo, a potencialidade estética suprema e a faculdade da alma de pensar sem imagens; essa diferenciação se produz inteiramente *na imagem* (ou nas modificações resultantes). O conceito não é uma imagem; embora constitua, desta, uma modificação determinada, inclusive em Kant, e apesar das inúmeras afirmações em contrário. Basta considerar, no parágrafo 59 da *Crítica do juízo*, a constante referência a Locke (e portanto a Leibniz também, *Novos ensaios* — Gerhardt, V, p. 169: "estas palavras metafóricas de sustentação ou de *substratum*"). *Grand* e *Substanz* são hipóteses simbólicas; o conceito do conceito é uma metáfora e o conceito (segundo o

movimento da imaginação) seria, afinal de contas, a *Aufhebung* [suspensão] do sensível.

A ideia lógica não pode ser exibida, mas a razão permite a extensão matemática ou dinâmica do sensível ao impeli-lo até os limites da exposição: é por isso que o preceito mais sublime da religião judaica é a proibição da imagem (*Ak*, V, p. 274). Assim como o exemplo só vale como exemplo negativo, a imagem só vale se puder ser superada. A ideia lógica vive da morte da ideia estética, mas nela encontra a sua origem. Por esse motivo, a ideia lógica está numa relação de proporcionalidade não apenas inversa, mas efetiva, com a ideia estética. Contudo, de modo mais genérico, a ideia como tal dificilmente é distinguível do ideal e do ídolo. Mas, após termos admitido que o conjunto dessas modificações e diferenciações se produz na imagem, a distinção (crítica e teológica) entre ideia, ideal e ídolo se torna então problemática. O ideal não é apenas a ideia *in concreto*, mas *in individuo* (*A*, p. 568; *B*, p. 596): o que para nós é um ideal, para Platão era uma ideia do intelecto divino, "um objeto peculiar da intuição pura desse intelecto" (*A*, p. 568; *B*, p. 596). A ideia platônica hoje é definida como uma intuição noética, e o problema geral é saber se a filosofia pode abstrair a intuição intelectual. Se, portanto, num primeiro momento Kant nivelou a sua própria concepção da ideia na ideia platônica (opondo-se ao conceito de ideia como *falsa imagem*), agora ele enfatiza o caráter intuitivo do platonismo e se propõe considerar a ideia platônica como um ideal. Contrariamente ao ideal platônico, o ideal kantiano não tem um valor produtivo, mas prático (*A*, p. 569; *B*, 597); todavia, desse modo Kant aproxima o valor teleológico do ideal à noção de causa exemplar. Os conceitos morais dependem da esfera do sensível (prazer e dor), mas "considerando-se exclusivamente as suas formas" (*A*, p. 569; *B*, p. 597 — novamente a forma como abstração), eles "podem perfeitamente servir de exemplos (*Beispiele*) de conceitos puros da razão" (ibidem); o que Kant descreve é justamente a abstração do sensível, da qual é possível extrair uma regra: a virtude e a sabedoria são ideias, o sábio estoico é o seu ideal. Esse sábio só existe no pensamento, mas, diremos por abstração, como resultado de uma ideia normal comparativa, a partir dos sábios estoicos que existiram. Estamos novamente diante de um entrelaçamento entre causa exemplar e causa final, em que o modelo (passado e empírico) tem uma dimensão teleológica e transcendental: "Assim como a ideia fornece a *regra*, o ideal serve de *arquétipo* (*Urbild*) para a determinação perfeita da cópia (*Nachbild*)" (*A*, p. 569; *B*, p. 597). Mas, a partir do momento em que esse ideal se destaca do sensível, a distinção entre ideal e ídolo também se torna problemática. Não é de espantar, portanto, que se dê um ideal da razão, e que esse ideal seja Deus. Na descrição do ideal transcendental (*prototypon transcendantale*), Kant assume a determinação cartesiana: trata-se de uma *ideia natural* (*A*, p. 581; *B*, p. 609), e descreve o movimento de regressão de condicionado à condição na qual esse ideal se apoia (*A*, p. 584; *B*, p. 612). Mesmo a definição do transcendental o qualifica como a colheita das insuficiências do empírico ("insuficiência intrínseca do contingente", *A*, p. 589; *B*, p. 617). Kant rejeita somente a conclusão sobre a existência de Deus, ou seja, sobre a existência em geral (daí a diferença entre a soberania da matemática e a dependência sensível da filosofia, dissimiladas em Kant e assimiladas em Descartes). Nada impede a admissão do ser dotado de uma suprema autossuficiência, mas não se pode transformar a hipótese em certeza (*A*, p. 612; *B*, p. 640). Por outro lado, ao se tornar uma hipótese teleológica da unidade da razão, Deus cessa de ser impenetrável (*A*, p. 614; *B*, p. 642) — e o mistério transpõe-se a esquematismo, e isso é um resultado da redução da teologia em psicologia.

5. Cohen (1871, p. 490) enfatiza que, na base de nossos conceitos sensíveis, não há, para Kant, imagens dos objetos, mas esquemas. O conceito de cão é um esquema; portanto, concretamente, não pertence a nenhum cão. O esquematismo não é um problema lógico, mas, antes de mais nada, psicológico, que tem a sua origem no conflito entre Berkeley e Hume a respeito das *general ideas*. Assim, em Kant, a imagem representa o individual; a regra, o universal. Ao contrário do que se dá com as imagens concretas, para que as categorias possam ser esquematizadas, é necessário que os conceitos sejam mais do que representações únicas; por outro lado, devem poder ser ligadas com as formas da realidade sensível (Cohen, 1871,

p. 495). Os conceitos têm de ser monogramas. E justamente aí, segundo Cohen, reside o sentido obscuro e misterioso do esquematismo. Mas esse mistério, talvez o mistério por excelência, é um recurso da imagem e consiste no fato de que o sensível pode se tornar inteligível por simples iteração ou inscrição, como no caso das propriedades normais da idealização. Em outros termos, a passagem da imagem ao esquema ainda é um recurso da imagem. Como rebate Philonenko (1981), o impulso polêmico que motiva a necessidade do esquematismo deve ser buscado na refutação das ideias gerais abstratas — apresentada por Berkeley na introdução a *Principles of Human Knowledge* — que por sua vez retoma a dificuldade enfatizada por Locke em *Essay*, de pensar a ideia geral de um triângulo (que, em outras palavras, não seja isósceles, nem escaleno ou equilátero, de uma certa dimensão, etc.). Além disso, para Berkeley, a ideia geral e abstrata é uma monstruosidade lógica: se eu represento um cão para mim, ele é grande ou pequeno, e não grande e pequeno ao mesmo tempo. Enfim, é uma dificuldade psicológica que Berkeley apresenta experimentalmente no convite dirigido aos leitores: tentem representar para si um triângulo geral (*Principles of Human Knowledge*, Introdução, § 13). É a isso que Kant tem de responder, e o faz contrapondo o método à imagem: cinco pontos são a imagem do número cinco; o número cinco, ou cem, é um método, é justamente o esquema do conceito (*A*, p. 140). O problema, no entanto, é definir se esse método seria totalmente diferente da imagem ou se é, ao contrário, derivado dela, da mesma forma que o vestígio deixado pela sensação é a permanência idealizada dessa sensação. Em outros termos, trata-se de saber se, permanecendo no terreno daquilo que — aliás de modo bastante aproximativo — chamamos de empirismo, Kant não teria descoberto os recursos e, enfim, a própria condição de possibilidade do esquematismo.

Para começar, observemos que os mesmos motivos que sustentam a recusa de Cristo como exemplo e, portanto, da recusa da idolatria, também se encontram em Kant, na distinção entre imagem e esquema; e que a dificuldade de princípio na distinção entre ideal e ideia estende a aporia. Desse ponto de vista, é significativo que, para Levinas, a idolatria se caracterize como desprezo pela *Torá*. Essa é a antítese da idolatria, sua contradição absoluta, pois a essência do judaísmo é pensada como exegese ininterrupta do livro, de letras imutáveis atravessadas pelo sopro do Deus vivente. O Deus, aqui, não é encarnado, mas, escreve Levinas, inscrito, de modo a viver a sua vida nas letras. (Levinas, 1988, p. 70-71). Levinas quer dizer que o signo é o contrário do bezerro de ouro. Mas se considerarmos o valor de remissão da imagem na tradição filosófica (duplo valor do *eídos* em Platão, valor da imagem como signo de si própria e de algo mais em Aristóteles, até a duplicidade do símbolo como coisa e remissão, bem como a "maravilhosa" duplicidade da palavra *sentido*, em Hegel), torna-se difícil a distinção, de direito e de princípio, entre imagem e conceito, que aparecem como dois êxitos do vestígio — de modo que a oposição entre a *Torá* e o bezerro de ouro parece antes uma complementaridade resultante de uma gênese comum, justamente o vestígio como princípio originário e ao mesmo tempo derivado.

É justamente a impossibilidade fundamental de distinguir entre imagem e vestígio, e entre vestígio e signo, que indica a razão fundamental (antes de qualquer argumento histórico que remeta à secularização) pela qual é difícil distingu*ir não somente filosofia e teologia, mas filosofia e religião*. É interessante observar que isso parece derivar nem tanto de motivos de filosofia da história, mas, antes, de dados estáticos de uma psicologia da percepção. Toda inscrição empírica implica idealização. Portanto, se para Heidegger é problemático pretender uma distinção entre ontologia e ontoteologia, e entre religião e o próprio cristianismo (mesmo que se queira deixar de considerar a importante recepção teológica e geralmente religiosa do pensamento heideggeriano), para Levinas é igualmente difícil traçar um *distinguo* entre a própria visão da religião como metafísica e o ateísmo ontológico que atribui a Heidegger. Segundo Levinas, a filosofia como ontoteologia, na concepção heideggeriana, pensa a possibilidade de um sentido de Deus; desse modo, determina-o, de imediato, como um ente por excelência; por isso a história da metafísica ocidental é história da destruição da transcendência. Levinas contrapõe a isso o seu caminho — que também é o caminho tradicional na apologética cristã, do *credo quia absurdum* — Deus não tem sentido, por isso não pode ser reduzido ao ente determinado e à filosofia. Levinas também opõe o fato de que o sentido transpõe o ser e que conduzi-lo de volta à ontologia já significa efetuar uma redução fatal. Segue daí a crítica habitual da filosofia como culto da presença e da imanência — um pensamento religioso que deseje se remeter à experiência, mesmo em antítese à filosofia, resultaria fundamentado no mesmo solo que a filosofia. Se admitirmos quanto foi dito até o momento sobre o vestígio em sua dimensão psicológica, reconheceremos então que justamente isto é o que pode ser revertido: nada é presente, tudo é vestígio, pois a presença se constitui na forma da idealidade. É bastante singular, portanto, que Levinas enxergue uma contestação da filosofia na questão da ideia do infinito em Descartes, que introduz, precisamente, a hipótese de que nada é presente porque nada é simplesmente finito. Segundo Descartes, a ideia de Deus faria explodir a unidade do "eu penso"; isso se radicalizaria com Malebranche: não há ideia de Deus, ou Deus é a própria ideia — *L'idée de Dieu, c'est Dieu en moi, mais déjà Dieu rompant la conscience qui vise des idées, différent de tout contenu* (Levinas, 1982, p. 105). Ainda com referência à segunda meditação metafísica de Descartes, Levinas escreve que o "in" de "in-finito" significa, ao mesmo tempo, *não* e *dentro*; mas em vez de seguir uma postura reducionista, Levinas não fala de uma gênese do infinito a partir do finito, antes frisa o fato de que a negação do finito já está implicada no infinito, inscrita no finito como um vestígio, ou seja, como uma inscrição que não é nem empírica nem transcendental, mais velha que ambos: uma significação arquioriginária. No fundo, por meio de uma análise que segue os mesmos movimentos que a caracterização da imaginação transcendental do *Kantbuch* heideggeriano, Levinas sustenta que a precessão do vestígio em relação ao empírico e ao transcendental deve nos induzir a negar ao vestígio toda transcendência. De nossa parte, fundamentalmente de acordo com o reducionismo, estaríamos antes inclinados a ver o caráter transcendental do vestígio como consequência do seu caráter empírico e antropológico. Nessa perspectiva, parece lícito compreender o sentido do ser não como um não sentido originário, e no fundo nem sequer como um passado que nunca foi presente, mas, justamente, como um vestígio ôntico determinado que engendra o sentido por simples iteração.

A metafísica no sentido moderno, de fato, não é muito mais velha do que a *Disputationes metaphysicæ*, de Suarez, e abrange, aproximadamente, todo o conjunto da filosofia teorética. Suas fronteiras são mal definidas. Para os escolásticos universitários, é a filosofia antes de Aristóteles; para os cartesianos, compreende as três esferas do suprassensível — psicologia, cosmologia, teologia. Significativa, desse ponto de vista, a circunstância pela qual Heidegger — que coloca o conhecimento ôntico na dependência do conhecimento ontológico — pudesse asseverar, em *Sein und Zeit* [*Ser e tempo*], que a ontologia fundamental "tem de ser buscada na analítica essencial do 'estar-aí'" (Heideger, 1927, p. 33), especificando logo depois que a primazia do "estar-aí" deve ser determinada, antes de tudo, como primazia ôntica. Contradição ou, com mais probabilidade, circularidade que deriva do fato de que a primazia ôntica do Dasein deve ser igualmente compreendida como uma primazia ontológica, pois o *Dasein* é, com efeito, aquele ente de cuja decisão depende o ser. O que é, de fato, uma antropologia transcendental? É a relação entre psicologia e metafísica, em que se encerra o sentido da filosofia transcendental. A metafísica e o incondicionado do homem, o espaço obscuro que se torna possível graças à sua constituição autotranscendente. Assim, ainda com base em considerações análogas, Samuel Alexander elabora, nas Glifford Lectures de 1916-1918, posteriormente publicadas sob o título de *Space, Time, and Deity*, uma noção de deidade que coincide com o esquematismo: a deidade não é Deus, mas Deus em nós, como conexão do espaço e do tempo; *deity is not spirit* (Alexander, 1916-1918, II, p. 349) — é a possibilidade da matéria e do espírito; por isso, ainda, *a deidade é uma qualidade empírica* (ibidem, p. 358). Somos infinitamente finitos, o que em Alexander parece significar: somos finitamente infinitos, enquanto a deidade é infinitamente infinita — somos finitos porque a extensão de nossas mentes no espaço e no tempo constitui uma parte limitada dessas. Somos infinitos porque, como na *Monadologie*, as nossas mentes são espelhos do universo todo.

6. O único atributo analítico da alma é *ego sum, ego existo* (*A.-T.*, IX, p. 21; VII, p. 27). Segundo um argumento corrente àquela época, presente também em Vico, e que marca a ruptura com Aristóteles, nada me é mais fácil conhecer do que o meu espírito. Então: o sentido interno é conhecido de imediato; por isso Kant poderá dizer que a realidade do tempo é superior à do espaço. A esta altura, fecho os olhos, abstraio-me totalmente dos sentidos, procuro ordenar os meus conhecimentos. Alguns são como as imagens das coisas, e somente a essas é que convém, propriamente, o nome de ideia; é com elas que eu me represento (*cogito-représente*) um homem, uma quimera, o céu, um anjo ou o próprio Deus (*A.-T.*, IX, p. 29; VII, p. 37); essa definição sensacionalista dará lugar a Locke, como antes havia dado lugar à polêmica de Gassendi, que folga em denunciar a ambiguidade de Descartes, que apoia a sua argumentação justamente sobre a duplicidade ontológica e semântica da ideia como representação sensível (da qual extrai a evidência) e como princípio inteligível (do qual extrai a necessidade). Outras ideias, prossegue Descartes, são as representações ligadas a uma afeição ou vontade, ou a um juízo. As ideias são sempre verdadeiras em si, seguindo a apologia dos sentidos que da filosofia grega chega à antropologia kantiana; é importante observar que em Hume todos os sentimentos também são verdadeiros, em vista de uma extensão da representação até o juízo. Só restam os juízos, nos quais tenho de cuidadosamente evitar me enganar. O erro mais comum é pensar que as coisas que estão em mim também estão fora de mim, e justamente por isso é importante enfrentar o exame genético da origem das ideias: algumas nasceram comigo (*nées avec moi, innatæ*, *A.-T.*, IX, p. 29; VII, p. 37), outras parecem ser estranhas e vir de fora, e outras ainda são construídas por mim.

Observemos, porém, como é difícil a distinção desse tríplice gênero de ideias, e como as três se colocam sob o regime da representação; além disso, o estilo de análise escolhido por Descartes é psicológico. É o que Husserl estigmatizará, mas sem por isso conseguir provar, melhor do que ele, uma independência da psicologia (ou da antropologia — Husserl erra em recusar o antropologismo de Heidegger como uma deviação). A origem dessas ideias, portanto, é empírica (psicológica); e a minha certeza (distinta da psicologia) se baseia na luz natural, que eu não posso tornar a questionar, pois a passagem da dúvida à certeza veio-me justamente daquela luz. A luz natural, portanto, é como o esquematismo, ou, mais exatamente, como a unidade sintética da apercepção; a luz é natural: um empírico cuja função é transcendental ou constitutiva. Não se questiona essa luz, enquanto é mister considerar que há uma diferença entre o objeto e a sua ideia, e a diferença em questão evoca a que se dá entre analógico e digital, entre semelhança física e identidade lógica (de fato, Descartes cita o exemplo da diferença entre conhecimento sensível e conhecimento astronômico do Sol). A ideia de um Deus onipotente e criador de todas as coisas tem, seguramente, maior realidade objetiva do que a das substâncias finitas que me são representadas. Ora, em virtude da luz natural — ou seja, acabamos de dizer, de um dado empírico, que é transcendental justamente devido à sua empiricidade e na medida em que os sentidos nunca mentem —, é notório que deve haver ao menos tanta realidade objetiva na causa eficiente total quanto em seu efeito, pois o nada, de fato, nada poderia produzir. Assim, segundo um argumento agostiniano que encontramos, por exemplo, em Leibniz e em Baumgarten, se supomos haver na ideia algo que não seja consequência da causa, devemos pensar que procede do nada; ora, mas o que penso subjetivamente também pode ser falso, embora isso não impeça a existência de uma causa. Daí a necessidade de remontar a uma ideia primeira, que seja como o patrão ou o original (*patron ou original, instar archetipy*, *A.-T.*, IX, p. 33; VII, p. 42), ou seja, a Deus: todas as ideias dos outros homens, de coisas, de animais, de anjos, podem ser o resultado de uma composição com a ideia de Deus, mas não a ideia de Deus; Deus tem aqui a mesma consistência e função que a imaginação produtiva em Kant, enquanto se afasta misteriosamente da imaginação reprodutiva.

Aparentemente, tudo procede de Deus. De fato, porém, o empírico aqui tem função de constitutivo do transcendental: Deus existe, porque de outro modo eu, que sou finito, não poderia ter a ideia de uma substância infinita. O mecanismo é o da constituição da presença por meio da possibilidade do desaparecimento, analisado por Derrida em *La Voix et le phénomène*, e com os mesmos êxitos (a presença é entecida de ausência; aqui, o transcendental é entrelaçado do empírico, e o inverso). Ora, a dedução de Deus é duplamente empírica: é uma ideia (psicologia) de um ente finito. Descartes se empenha em frisar que não se chega ao infinito pela simples negação do finito, pois se vê que há mais realidade na substância infinita do que na finita; poderíamos contrapor que há ao menos tanta realidade na causa quanto no efeito (*A.-T.*, IX, p. 39; VII, p. 49). A questão, porém, não é a filiação, a derivação naturalista da religião ou coisa do gênero, mas o reconhecimento do fato de que o sentimento religioso consiste precisamente nesse jogo de empírico e transcendental. Como poderia saber que me falta algo, de que duvido, o que desejo, se não houvesse o infinito? Obviamente poderia me faltar outro finito; esse argumento absolutamente não demonstra que o que me falta é infinito, tampouco existente (exemplo do membro fantasma apresentado pelo próprio Descartes, *A.-T.*, IX, p. 60-61; VII, p. 76-77). O que emerge como estrutura do sentimento religioso é o vestígio, a falta que institui o infinito no finito.

O círculo vai se fechando: se eu mesmo fosse o autor de meu ser, de nada duvidaria. Com minha dúvida, torno-me, então, prova do infinito; reciprocamente, concerne à natureza do infinito o fato de que eu, que sou finito, não possa compreendê-lo. Entre finito e infinito, a relação é, precisamente, a de um vestígio ou impressão. Eu sou à imagem e semelhança de Deus; Deus deixou em mim uma marca de fábrica (*la marque de l'ouvrier empreinte sur son ouvrage, nota artificis operi suo impressa*, *A.-T.*, IX, p. 40; VII, p. 51); dessa impressão surge o caráter inato da ideia de Deus em mim (o vestígio de Deus em mim é o que provoca o sentimento do infinito no finito). Agostiniana e platonicamente, a vontade (diríamos, *cupiditas, Streben* para o absoluto) é a imagem de Deus em mim. A relação empírico-transcendental (e imaginação reprodutivo-produtiva) exemplifica-se por meio de um triângulo; eu posso imaginar um triângulo, cuja natureza é tal, e eterna, ainda que nasça em mim; e não vale contrapor que eu posso tê-la recebido do exterior sensível, pois posso imaginar formas que nunca vi na natureza e que seriam, de qualquer modo, dotadas de propriedades racionais e eternas. Daí Descartes conclui que com um argumento análogo se pode demonstrar a existência de Deus. O problema, obviamente, é que eu tenho o triângulo em mim, que posso tê-lo visto, e que a imagem como tal é algo empírico do qual não podemos prescindir, de modo que o caráter imprescindível do empírico transforma este último em transcendental. Com efeito, não posso pensar Deus sem a existência, assim como não consigo pensar uma montanha sem um vale — o que designa a impossibilidade estética, e não a impossibilidade lógica. Em outros termos, poderia perfeitamente pensar Deus sem existência, e considerar a sua existência como uma consequência estética e uma deficiência sensorial análoga à que me torna incapaz de distinguir um quiliógono de um miriógono. A esta altura, voltamos ao triângulo: se penso um triângulo, não posso concebê-lo sem certas propriedades; ainda é um argumento estético, transformado em argumento lógico — o empírico transformado em transcendental, como é inevitável. Da função imprescindível da imagem conclui-se de fato que, *abstraindo* do empírico, posso imaginar — sem imaginar — um quiliógono, que do ponto de vista estético seria ligeiramente mais complexo do que um pentágono, e impossível de ser distinto de um miriógono. Toda a sexta meditação é consagrada, coerentemente com isso, à imaginação, na qual se apoia toda a demonstração (a passividade sensível que, por meio da retenção, produz a idealização).

7. Em *Glauben und Wissen*[6], Hegel chega a uma conclusão que de fato pode resultar de Kant: a imaginação transcendental é o intelecto intuitivo, e o intelecto intuitivo é intelecto arquetípico; mas só é arquétipo enquanto categoria submersa na extensão, que se torna categoria ao se separar da extensão (são as características do Deus cristão como "retração" do sensível). Assim acontece também na *Enzyklopädie*, § 55 (sobre a relação entre o universal do intelecto e o particular da intuição na ideia, assim como é abordada na *Crítica do juízo*), e nas *Lições de história da filosofia*, com referência ao esquematismo, em que Hegel considera que essa união de sensibilidade e intelecto no esquema, por meio

6. *Fé e saber*. [N.T.]

da imaginação transcendental, seja um dos pontos mais belos da filosofia kantiana, mal interpretado pelo próprio Kant, que não leva até o fim a temática da prioridade da imaginação em relação à intuição e ao intelecto. Menosprezando essa prioridade, Kant teria realizado uma síntese extrínseca, como quando se amarra o pé de uma mesa com uma corda. O que realmente é justo, se considerarmos que o *syn* de síntese, sendo ao mesmo tempo empírico e transcendental, não pode ser caracterizado do modo originário que Hegel pensa. Inversamente, tudo o que, em Hegel, se valoriza sob o signo da vida e do espírito vivente, poderia mais utilmente, e sem equívoco, ser compreendido nos termos de uma cooperação entre empírico e transcendental (da qual a vida é uma modificação determinada: o fato de que o vivente contenha, em si próprio, seu princípio e seu fim).

Voltando a *Glauben und Wissen*, esclarece-se, por outro lado, por que Hegel faz questão de frisar o valor originário da imaginação. O protestantismo consegue a verdadeira fé, reconduzindo-a à consciência, mas torna absoluta — em Jacobi, bem como em Fichte e em Kant — a forma do finito, de modo que uma filosofia dessas não pode chegar ao conhecimento de Deus, mas somente ao do homem; mas "a verdade não pode ser enganada por esse tipo de *consagração* da finitude" (*GW*, IV, p. 323; it. p. 134, grifo meu). O absoluto não é composto de finito e infinito; nele finito e infinito "são uma coisa só", e a finitude desaparece porque dela se nega o que nela é negação (*GW*, IV, p. 324; it. p. 135). Como se vê, Hegel *repete* o argumento cartesiano ou, mais exatamente, a estrutura lógica do seu funcionamento. Seu êxito, porém, não é a prova da existência de Deus, mas sim a de um absoluto imanente ao homem, sob forma de imaginação transcendental. Isso torna o exame de Kant algo que ilumina e ao mesmo tempo desvia.

O programa kantiano como análise do intelecto finito, para Hegel, está totalmente contido no projeto de Locke; em outros termos, permanece inscrito em um âmbito psicológico, do qual só exorbita em relação à questão das condições de possibilidade dos julgamentos sintéticos *a priori*. Mas, exatamente aqui, a imaginação intervém como possibilidade dos juízos. A imaginação, com efeito, é unidade sintética de intuição e intelecto, ou seja, de atividade e passividade, de empírico e transcendental (*GW*, IV, p. 327; it. p. 140). Hegel frisa, justamente, o caráter exorbitante da imaginação transcendental. Por meio dela, um exame psicológico do intelecto finito pode, ao mesmo tempo, definir a possibilidade de julgamentos sintéticos *a priori*, que se realizam exatamente "pela originária identidade absoluta do heterogêneo" (*GW*, IV, p. 328; it. p. 141); ou seja, por força da identidade originária de empírico e transcendental, reprodutivo e produtivo, passível ou não de dialética.

Mas o problema, precisamente, é que falar de "originário" significa, nesse caso, estarmos nos utilizando de um termo inadequado. A imaginação é originária (opera a síntese de intuição e intelecto) só na medida em que é *segunda*; o juízo é transcendental só na medida em que também é um *judicium sensuum*. Hegel sustenta que nada se compreende da dedução transcendental se deixarmos de reconhecer a imaginação como sendo o primeiro que é, que produz sujeito e objeto. Ao se equivocar sobre o originário (isto é, não considerando que um originário desse tipo já não tem nenhuma necessidade de referência à noção de origem como *prius*), Hegel pode apontar como limite da imaginação kantiana o que, ao contrário, é o seu recurso primeiro (Heidegger fará o mesmo a propósito da temporalidade originária, que em sua visão não pode se misturar com a temporalidade espacializada e vulgar): "Na filosofia kantiana foi possível negligenciar mais a imaginação produtiva, pois a sua ideia pura é, na verdade, exposta de modo bastante confuso, como outras potências, *e quase na forma habitual da faculdade psicológica*, mas a priori" (*GW*, IV, p. 329-330); it. p. 143, grifos meus). Como indica claramente Hegel, isso traduz, em Kant, a dificuldade de explicar o comércio entre a alma e o corpo (*GW*, IV, p. 333; it. p. 147). Mas outra vez — seguindo a mesma inflexão que o levou a criticar a natureza extrínseca da síntese, ou seja, o fato de Kant não desenvolver o tema do seu caráter originário, etc. — Hegel insiste na crítica dirigida ao psicologismo que compromete o apriorismo da imaginação, fazendo do sistema kantiano um idealismo formal não diferente, precisamente, do de Locke, com a consequência de que a colocação do intelecto como subjetivo significa negá-lo como absoluto e, por esse caminho, impedir-lhe até o acesso ao absoluto. A isso segue, com muita coerência, a valorização da imaginação na terceira *Crítica*, não em referência ao juízo de gosto, mas, justamente, ao juízo teleológico (que transpõe o problema da imaginação do âmbito meramente psicológico ou estético ao âmbito teológico), e em que se insiste na identidade entre imaginação transcendental e intelecto intuitivo, o que leva, precisamente, à seguinte conclusão teológica: "Se da fé prática kantiana (isto é, à fé em Deus) (...) tirarmos parte daquela roupagem não filosófica e não popular da qual se revestiu, encontraremos apenas a expressão desta ideia: a razão tem, a um só tempo, uma realidade absoluta; nessa ideia, toda oposição de liberdade e necessidade está suprimida, o pensamento infinito é, a um só tempo, realidade absoluta, ou seja, identidade absoluta do pensamento e do ser" (*GW*, IV, p. 344-345; it. p. 161). Com isso, o problema da religião do nosso tempo parece colocado em termos bastante claros. Reconhece-se que o absoluto tem uma gênese empírica e psicológica, mas (prologando tacitamente um argumento cartesiano), supõe-se que o infinito deva ter mais realidade que o finito.

8. A raiz comum e desconhecida que "talvez" gere sensibilidade e intelecto (*A*, p. 15; *B*, p. 29): esse é, segundo Heidegger, o mistério que Kant quer penetrar. O que gostaríamos de nos perguntar é se o horizonte heideggeriano, justamente por postular uma correspondência entre ser e subjetividade, e entre transcendência e autotranscendência do sujeito, não estaria se encaminhando para uma concepção da imaginação transcendental que é originária exatamente enquanto derivada (segundo a que Derrida designou como lógica do suplemento). Falamos de "subjetividade" assumindo tacitamente a sua equivalência com o *Dasein*, porque, em boa parte, a crítica heideggeriana da subjetividade é uma posição preconcebida, derivada de uma hipótese historiográfica. A autotranscendência do Dasein é, com efeito, exatamente o que se vê em atividade nas *Meditationes*. Mas a autotranscendência é, justamente, o caráter da imaginação (o vestígio retido de modo passivo e que por isso se torna espontâneo, ativo e idealizado). Reciprocamente, a imaginação é o próprio caráter do *Dasein*. As-

sim, durante o inverno de 1922-1923, Heidegger propõe traduzir *Perì psychés* não por *Von der Seele*, mas por *Über das Sein in der Welt* (*GA*, II, 17; p. 6). A alma é a sede da imaginação: a retenção do vestígio assegura a temporalidade, a subjetividade nada mais seria do que o êxito de uma retenção sensível, que por sua vez se torna protensão e idealização (precisamente o que, poucos anos mais tarde, Heidegger vai tematizar como autotranscendência do *Dasein*, mas advertindo que *Dasein* já é autotranscendência, ou seja, deriva de uma retenção idealizante). Esse mesmo dispositivo, que sobressai da imaginação, é reproposto na relação entre *Dasein* e ser. Em *Sein und Zeit*, o ser é definido como transcendente — como o *transcendens schlechthin* —, mas que se pensa no *Dasein* (que encontra a sua condição no *Dasein*). Isso fica ainda mais claro na valorização do nada em *Was ist Metaphysik?*, que pode ser tranquilamente remetida a um horizonte cartesiano: "o próprio ser é, por essência, finito e só se manifesta na transcendência do ser que é mantido fora do nada" (Heidegger, 1976, p. 75). "O ir além do ente se dá na essência do 'estar-aí'. Mas esse ir além é a metafísica. Isso implica que a metafísica faz parte da 'natureza do homem' (...). A metafísica é o acontecimento fundamental no 'estar-aí'. Ela é o próprio estar-aí" (ibidem, p. 77). Por sua vez, *Vom Wesen des Grundes* se caracteriza como uma tematização da autotranscendência do empírico como possibilidade do transcendental: o nada é o não do ente; o não do ente (nada) revela o ser; o ser é a diferença do ente, que o ente torna possível. "A diferença ontológica é o 'não' entre o ente e o ser" (Heidegger, 1976, p. 79). Aqui, implicitamente, encontramos a definição da imaginação como faculdade de conservação do vestígio de coisas sensíveis ausentes.

Falta o fundamento, porque o fundamento é a diferença entre ser e ente, o nada dessa diferença produzida pela autotranscendência do *Dasein*, que, superando a si próprio, se transporta em direção ao transcendental. Trata-se aqui da exata repetição de um movimento cartesiano, com um êxito análogo: o que, como empírico, institui o transcendental, acaba se colocando como instituído pelo transcendental, emancipado pela idealização. Se fôssemos positivistas, poderíamos dizer que encontramos a origem do sentimento religioso, mas a questão não é essa consideração tão óbvia. Da pulsão em direção ao originário deriva tudo o que Heidegger diz ao falar do mistério, do abismo, do retrato — como, aliás, toda a reflexão a respeito do *Ereignis*. O que enfaticamente poderíamos chamar de um passo adiante, mas que se configura, antes, como uma tematização dos traços especulativos da imaginação, levaria, essencialmente, a dois pontos. O primeiro é que não é nada garantido que a mediação entre finito e infinito se resolva numa decisão pelo infinito ou pelo finito; a dialética entre o dialetizável e o não dialetizável ainda é dialética — mas nem por isso se resolve na prevalência de um polo sobre o outro. É o que acontece na imaginação, que justamente se configura ao mesmo tempo como retenção e como idealização, como passividade finita e como possibilidade de interação infinita. O segundo é que não é necessário denominar essa atividade como "originária" (no sentido de Hegel ou de Heidegger), exatamente porque originário e derivado já são pares constituídos que derivam da passividade-atividade da imaginação; o originário, aqui, nada mais seria do que algo de arqueológico extraído de uma prospecção teológica, ao modo da *Nachträglichkeit* freudiana ou do "passado que nunca foi presente" de Levinas. Falar da autotranscendência do *cogito* ou do *Dasein* significa, então, descrever a atividade fisiológica do vestígio: um vestígio se inscreve; o ato da inscrição é empírico e passivo. Resta que o vestígio, como inscrito e, portanto, idealizado, se transforma ao mesmo tempo em transcendental. Esse único gesto é o que define a transcendentalidade da imaginação.

A constituição da presença torna-se então possível pelo desaparecimento do empírico; justamente por isso Derrida pode escrever que a diferença infinita é finita (frase que não deve ser entendida como um elogio genérico ao finito, mas como a recíproca implicação entre finito e infinito). A presença nunca é presente a si própria, porque é constituída linguisticamente e, de forma mais profunda, em maneira gramatológica, como um vestígio. O espírito, portanto, tem a sua origem na interação, ou seja, na letra (na interação como possibilidade tanto da letra quanto do espírito); o que é mesmo outro modo de dizer que o empírico (uma certa prestação do empírico) é transcendental — é a possibilidade do transcendental. O signo produz signo: semanticamente, indica a si mesmo e algo mais, seguindo aquilo que, aliás, já é o recurso da imagem; ontologicamente, está suspenso entre presença e ausência. Assim como a imaginação é, ao mesmo tempo, registro passivo e idealização ativa; nesse sentido, precedendo a ontologia e a fenomenologia, antes do empírico e antes do transcendental, o signo precede a verdade; este tem, portanto, uma existência, mas não uma essência.

Por isso Heidegger propõe a tradução de "alma" por "estar no mundo". O diferimento que o vestígio torna possível não é uma modificação do *cogito*, é a sua constituição. Assim, aliás, em Kant: eu produzo o tempo no momento em que o exerço, ou seja, produzo o sentido interno no momento em que o componho com o sentido externo, confirmando a definição aristotélica do tempo como número do movimento segundo o anterior e o seguinte. Resta perguntar se a origem, quer de Deus, *quer do homem*, não estaria, justamente, nesse mistério (condição do empírico e do transcendental) imanente ao vestígio. Deste resultam todas as noções "teológicas" ("metafísicas") de que o mundo do espírito se nutre: imagem ou representação, sensível e inteligível, natureza e cultura, natureza e técnica; e, *ao contrário*, poderíamos observar que exatamente a tentativa de voltar para trás, chegando à possibilidade do vestígio, leva à estrutura unificadora característica da mística. Mas, por isso mesmo, mais uma vez, não se trata de remontar ao tempo originário (se quisermos assumir a forma que Heidegger dá à exigência do originário em geral), dado que só há tempo vulgar, ou melhor, que até o tempo originário já seria um derivado; que tudo possa ser sacro ou profano, pleno de sentido ou perfeitamente insensato, nos parece, aqui, a simples consequência do que poderá aparecer como a evidência mais mundana e como o mais problemático dos mistérios, a passagem do sensível ao inteligível por meio da inscrição do vestígio.

REFERÊNCIAS BIBLIOGRÁFICAS

ALEXANDER, S. *Space, Time, and Deity*. The Gifford Lectures at Glasgow 1916-1918; reimp.: Nova York, Dover Publications, 1996.

BAUDELAIRE, C. **OC** = *Œvres complètes*. Org. Y.-G. Le Dantec & C. Phichois.

COHEN, E. *Kants Theorie der Erfahrung*. 1871, 3ª ed., Berlim, Cassirer, 1918.

DERRIDA, J. *La verité en peinture*, Paris, Flammarion, 1978.

DESCARTES, R. **A.-T.** = *Œuvres de Descartes*. Org. Ch. Adam & P. Tannery, Paris, Vrin, 1897-1913.

FEUERBACH, L. **SW** = *Sämtliche Werke*, reorgs. W. Bolin & F. Jodl, 10 volumes. 2ª ed., Stuttgart-Bad Cannstadt, 1959-1964.

HEGEL, G. W. F. **GW** = *Glauben und Wissen*, in *Jenaer Kritische Schrifen*, org. H. Buchner & O. Pöggeler, in *Gesammelte Werke*, org. pela Rheinisch-Westfälische Akademie der Wissenschaften, Hamburgo, Meiner, 1968, IV, p. 315-414; tradução italiana: *Fede e sapere*, in *Hegel, Primi scritti critici*, introdução, tradução e notas de R. Bodei, Milão, Mursia, 1972, p. 121-253.

HEIDEGGER, M. **HG** = *Heidegger – Gesamtausgabe*. Frankfurt/Meno, Klostermann, 1975.

______ . *Sein und Zeit* in "Jahrbuch für Philosophie und phänomenologische Forschung", vol. III, 1927; trad. para o italiano por P. Chiodi, *Essere e tempo*, Milão, Bocca, 1953, ed. revista, Utet, Turim, 1969.

______ . *Wegmarken*. Frankfurt/Meno, Klostermann, 1976; tradução para o italiano por F. Volpi, *Segnavia*, Milão, Adelphi, 1987.

KANT, E. **A** = *Kritik der reinen Vernunft*, 1ª ed., 1781.

______ . **B** = *Kritik der reinen Vernunft*, 2ª ed., 1787.

______ . **Ak** = *Kant's gesammelte Schriften*, org. Königlich Preussischen Akademie der Wissenschaften, Berlim-Leipzig, 1900;

em seguida, edição da Deutsche Akademie der Wissenschaften, Berlim, 1967.

Menzer = *Eine Vorlesung Kants über Ethik*, org. P. Menzer, Berlim, 1924.

LEIBNIZ, G. W. **Gerhardt** = *Die philosophischen Schriften von* G. *W. Leibnitz*, org. C. J. Gerhardt, Berlim, 1875-1890, 7 volumes.

LEVINAS, E. "Dieu et la philosophie", in LEVINAS, *E. De Dieu qui vient à l'idée*. Paris, Vrin, 1982.

______ . *A l'Heure des nations*. Paris, Minuit, 1988.

PHILONENKO, A. "Lecture du schémastisme transcendantal", in J. Kopper e W. Marx, *200 Jahre Kritik der reinen Vernunft*. Hildesheim, Gerstenberg, 1981, p. 291-312.

Dois mil anos sem um novo Deus*

Diálogos em Capri

Hans-Georg Gadamer

Como único participante alemão de nosso pequeno grupo de discussão, minha situação não foi fácil. Além de mim, ninguém falava alemão e, com minha audição débil, só pude acompanhar fragmentos das contribuições francesa, italianas e espanhola. Também só agora comecei a escrever, depois de ler os textos de Vattimo e Derrida.

Derrida descreveu a atmosfera de nossos amigáveis diálogos de forma tão boa e pertinente que não preciso acrescentar nada a respeito disso. De qualquer maneira, sobretudo o debate entre Gianni Vattimo e Jacques Derrida ficou tão impregnado nem minha mente que fico feliz em poder ler agora esses textos com mais atenção.

A escolha dos participantes foi seguramente unilateral, na medida em que todos, com exceção de mim, provinham do mundo latino. Eu era o único protestante. Podia-se notar de maneira ainda mais sensível a ausência do islamismo, algo que já foi corretamente apontado por Derrida. O mesmo vale para a ausência das mulheres, e elas têm a preferência quando o tema é "religião em nosso mundo", sobretudo quando são mães.

Apesar disso, a atmosfera era absolutamente coletiva. Com toda a diversidade linguística, ninguém entre nós se sentia ligado a um dogma. A palavra em comum "religião" continua sendo, é claro, um privilégio romano, cuja origem deve ser da cultura camponesa da antiga Roma. No fundo, faço pouco caso de etimologias.

---

* Tradução do alemão por Claudia Cavalcanti.

Até agora, nem Heidegger nem Derrida foram capazes de me convencer de que etimologias podem nos ensinar alguma coisa, se não participam realmente do uso vivo da língua, mesmo quando a etimologia está correta. Aliás, o que significa "correta" nesse campo de pesquisa?

Entrementes creio ter entendido quais motivos levaram a esse encontro em Capri. Os dois primeiros oradores, Derrida e Vattimo, expressaram-no claramente. Pelos motivos já citados, minha contribuição só trouxe à tona pontos de vista muito gerais. Sem dúvida, o título com o qual tivemos de trabalhar hoje pode ser concebido de modo mais amplo e deve se chamar "A religião e as religiões". É simplesmente o aspecto sob o qual o problema da religião hoje chega ao centro das atenções no mundo atual. Ninguém dirá que se trata de uma era de guerras religiosas, mas a catástrofe da Segunda Guerra tem, na verdade, algo da loucura de um sangrento conflito religioso. Isso se impõe na contribuição de Gianni Vattimo, na medida em que o ateísmo dogmático na situação de conflito da Segunda Guerra de fato representou um papel secundário. Em seguida, esse papel mudou, a ponto de não mais possuir sua velha acuidade depois do final da loucura racista do nacional-socialismo e da religião compulsória dos soviéticos.

Ainda assim, é preciso entender ser uma tarefa difícil a de transformar, de tal modo, a estrutura totalitária da economia e da sociedade, procurando introduzir, seja lá onde for, portanto também na Rússia soviética, em vez de um poderoso governo central e de uma economia planejada, as formas ocidentais de prática econômica e política. Sem dúvida, o mesmo vale para a intelectualidade em muitos países "avançados". A "racionalidade" do antigo sistema social sobrevive mesmo depois da derrocada do Estado soviético, na medida em que toda economia planejada exerce um magnetismo racional. Ainda falta muito para acabar o sonho do socialismo "real". Diante de tais sonhos, a sobriedade do cotidiano passa por dificuldades. Um sistema tão modesto de adaptação, de risco, de dependência, de conjuntura instável, ao qual se acomoda o ideal de democracia, pode não encontrar fácil aceitação na moderna sociedade de massas. O realismo de um constante sistema de acordos não pode satisfazer a capacidade sonhadora e as ilusões de uma sociedade acostumada à obediência. Isso é mais difícil de aprender do que se deter obstinadamente à mensagem de salvação, como a de uma ditadura, por mais opressiva que ela seja, e de seu sonho de revolução mundial.

Depois que a doutrina marxista extinguiu o autoengano ideológico, como o ensina o ateísmo dogmático, as próprias religiões têm dificuldade em atingir as pessoas. As frentes de batalha evidentemente se modificaram. A realidade atual mudou, já que o ateísmo dogmático não mais constitui uma das frentes. No lugar do marxismo e de sua negação da religião em geral, surgiu, porém, o ateísmo da indiferença. Isso parece ser cada vez mais comportamento predominante das gerações mais jovens nos países industrializados. Com certeza, estes ainda não representam uma maioria na humanidade como um todo. E a relação para com essa indiferença também é muito diversa, mesmo entre as variadas religiões cristãs. Mas não podemos negar que a industrialização de nossa sociedade às vezes parece uma religião da economia mundial e mostra tendências para o futuro. E também não nos surpreendemos tanto; em absoluto. Aprendemos com Max Weber que o capitalismo e a industrialização foram amplamente inspirados pelo puritanismo. É em grande parte a doutrina da predestinação que hoje legitima, em grande medida, a ambição de sucesso nos negócios que têm as pessoas dos países industrializados. O progresso inegável da ciência e da técnica fez com que as consequências desse desenvolvimento evoluíssem, nesse meio-tempo, para um poder autônomo que simplesmente não dominamos. É a legalidade intrínseca desse desenvolvimento industrial e técnico que determina cada vez mais nossos destinos. Nós, europeus, estamos diante do fato de quase não sabermos nos opor a essa orientação do destino, e o mesmo vale para os Estados Unidos da América. De fato, nos países industrializados, o sistema, com o tempo, acarretou aumento no padrão de vida. Mas no início ele foi o culpado pelo empobrecimento e pelo surgimento do proletariado industrial. Foi isso que Marx e Engels criticaram duramente, em especial na Grã-Bretanha, o país então à frente da técnica industrial e do depauperamento dos que se tornaram desempregados. Com a industrialização da economia, surgiram, mais tarde, tensões completamente novas na sociedade, e assim a política social dos Estados modernos se viu cercada de tarefas inteiramente novas. No conjunto, ela levou a uma progressiva regulamentação de todas as condições de vida inevitáveis ao Estado do bem-estar social. Assim, por exemplo, a luta regulamentada entre empregados e empregadores conduziu a procedimentos que, no conjunto, se confirmaram. Garantir aos desempregados uma segurança e impedir sua exploração se tornou uma tarefa fundamental para a economia e a sociedade. A isso veio se juntar o exército de empregados, o que levou a uma burocracia crescente e a uma modificação de todo o estilo de vida. Além disso, em nosso século a destruição enlouquecida causada por guerras terríveis sempre fez reaquecer a revolução técnica, na reconstrução do destruído. Assim, o nível de vida nos países industrializados, apesar de toda a devastação e destruição causadas pelas guerras, continuou sempre crescendo, enquanto que, globalmente, cada vez mais se abria o fosso entre os países ricos e os pobres, o que levou os países industrializados a formular um novo conceito, chamado "qualidade de vida". Foi sobretudo a sociedade industrial na qual vivemos que enfraqueceu a velha base familiar e suas forças de coesão, e isso em todas as classes, da aristocracia à grande burguesia, atingindo todas as outras camadas e classes da atual sociedade. Assim, o servir perdeu amplamente a sua honra, e isso também afetou as igrejas cristãs e sua força vital.

Mas existem outras religiões e grandes esferas culturais que também não se originam desse mundo do puritanismo, por mais que tenham sido atingidas pela "religião da economia mundial" ou estejam em vias de sê-lo. De qualquer forma, resta saber se a maior parte da humanidade terá condições de defender seu mundo cultural, social e religiosamente fundamentado sob o fino — quase translúcido — verniz da indústria sob o qual todos vivem, bem ou mal. Aquilo que chamamos Iluminismo foi um processo na modernidade da Europa cristã.

Porém, de fato, precisamos refletir sobre tempos mais remotos. Aos poucos começamos a reconhecer que culturas antigas tão exponenciais, como a chinesa ou a indiana, só há relativamente pouco tempo começaram a debater o Iluminismo europeu tardio. Quando então nos perguntamos por que esse Iluminismo cristão venceu na Europa e não em outros continentes e civilizações, damos um passo adiante para o conhecimento da linha do destino do Ocidente. Em seus primórdios, no espaço europeu, formou-se como que um primeiro Iluminismo, até chegar ao ponto da documentação segura da estruturação de nossas línguas humanas. Não sem razão, chamamos esse pano de fundo do Iluminismo moderno com um nome de origem renascentista, ou seja, de renascimento da Antiguidade greco-romana. Mas é preciso aprender a pensar em grandes escalas, quando, sob o título "A religião e as religiões", tentamos refletir sobre o destino da humanidade e avaliar o seu futuro. Portanto, deve nos ocupar a questão sobre se outros universos religiosos e culturais com o tempo poderiam responder, de forma diferente da religião da economia mundial, sobre a universalidade do Iluminismo científico e suas consequências. Encontrará o mundo uma outra resposta, da qual ainda não temos a menor ideia?

Não ouso prever algo sobre isso. Mas estou convencido de que o caminho da ciência e técnica modernas, portanto o da economia mundial, produziu consequências irrevogáveis para o destino dos homens nesta Terra. Longe de mim querer, de alguma maneira misteriosa, transformar numa estrada promissora e de nova amplitude a trilha aberta pela Grécia e pelo cristianismo para a humanidade. O poder da destruição que foi posto nas mãos dos homens pela técnica — da técnica armamentista em geral e da atômica em particular — permitiu pela primeira vez transformar em tema atual a questão da humanidade, ou seja, da sobrevivência da humanidade neste planeta. Que tipo de processo de recuperação seria preciso, por meio da educação social e política da humanidade, para podermos alcançar um novo equilíbrio entre natureza e cultura?

A questão tem as suas razões e uma base de grande alcance. A capacidade de adaptação do homem, da espécie *Homo sapiens*, a que é comum a todas as formas de vida e formações culturais dos homens, não tem, em absoluto, natureza uniforme. Se pensarmos, por exemplo, em civilizações do Extremo Oriente, como a China ou o Japão, vemos que esses povos desenvolveram por caminhos completamente diferentes virtudes que nos são familiares, como a autodisciplina, a energia e a dedicação, que, justamente, permitem beneficiar sobremaneira a ciência e a técnica europeias. De fato, pelas delicadas mãos daquelas raças, elas parecem diretamente predestinadas à mecânica fina do mundo técnico. Não obstante, em outras áreas diferentes das da indústria e da técnica modernas, elas tomaram caminho próprio e realizaram obras completamente diferentes, como por exemplo na arquitetura ou no paisagismo, nas artes da escrita ou nas gráficas, e tudo isso há muito tempo. Além disso, elas permaneceram, em sua própria religião, num grau completamente diferente, ligadas às relações dos ancestrais e à ordem familiar, em função das quais os direitos do homem diferem de maneira considerável daqueles válidos no Ocidente e não correspondem em absoluto à importância da morte na Europa.

Os participantes de nosso colóquio, e isso vale em especial para os oradores principais, Vattimo e Derrida, procuraram se aproximar, nas escalas de nossa cultura europeia, do problema da região tal como ele se apresenta no campo de nosso Iluminismo europeu. É claro que será possível e necessária uma ampliação da problemática a outras religiões mundiais, caso nosso esforço não dogmático, dedicado à experiência religiosa, o qual dominou o colóquio, possa ser traduzido em proporções planetárias. Mas, quando se trata de experiência, deve-se começar por si mesmo. De toda maneira, um rápido olhar sobre as demais religiões ensina algo sobre a experiência religiosa, a qual não parece faltar em lugar algum. Não seria conhecimento da morte, em toda parte, aquele que ao mesmo tempo inclui a impossibilidade de experimentá-la? Isso é o que distingue o homem. Esse conhecimento sobre seus limites falta a todos os outros seres vivos existentes na natureza.

Basta pensar na tragédia grega de Prometeu, supostamente de autoria de Ésquilo. De forma mística, lá foi feita a tentativa de pensar a distinção do homem em relação a todos os outros seres vivos, não só no conhecimento da morte em geral, mas no conhecimento prévio que cada um tem do dia e da hora de sua morte. Prometeu, a figura divina que simboliza o pré-conhecimento em geral, representa-se no drama como aquele que ocultou do homem esse conhecimento antecipado do dia e da hora de sua própria morte. Ele credita seus méritos aos serviços prestados à humanidade, em detrimento daqueles provenientes do domínio do fogo. Pois assim os homens, com zelo, trabalho e confiança no futuro, superaram a indolência e a falta de perspectiva que até então os paralisara. Isso foi um enorme passo do pensamento, o de reinterpretar assim o roubo do fogo no mito. Mas não se trata apenas do uso do fogo como um novo enriquecimento das capacidades técnicas do homem, mas de algo que vai muito além disso: a capacidade de planejar e o conhecimento de forma geral. Entende-se que se gostaria de atribuir um alto grau de Iluminismo a esse drama prometeico, sempre duvidando por isso da autoria de Ésquilo. De toda forma, a impenetrabilidade e o caráter sinistro da morte permanecem dote de todo pré-pensamento que diferencia o homem dos outros seres vivos — e esse é um dom perigoso. O pensamento antecipador do homem leva irresistivelmente, como parece, ao desejo de pensar para além de uma morte assim tão certa. Desse modo, os homens são os únicos seres vivos que conhecemos que sepultam seus mortos.

Isso significa que eles procuram conservá-los para além da morte — e honrar em culto aqueles que guardam na memória. Para todo conhecedor da pré-história da humanidade, são sempre uma surpresa os votos inseridos no túmulo e dedicados ao morto. Em Oslo, é um navio inteiro, e em toda parte, como para uma vida no além, são doados presentes, sem que essas provisões sejam levadas ao pé da letra. Trata-se de um ato simbólico — como aquela outra característica indiscutível do homem, a língua. Talvez ambos sejam inseparáveis, o pensamento para além da morte e o milagre da língua, que pode entregar o ser a qualquer coisa que não existe. "O medo da vida faz com que a criatura saia de seu centro", disse um dia Schelling, e é o que permite ao homem se manter lá. Heidegger caracterizou o medo da morte justamente como sua antecipação.

A busca de Deus por meio do pensamento, em Heidegger, teve o seu pano de fundo no nosso encontro sobre a religião em Capri. Os dois moderadores viram diante de si a mesma missão de libertar-se de todo dogmatismo por um lado, sobretudo do dogmatismo que na religião não quer ver outra coisa senão uma fraude ou uma fraude autoimposta pelo homem. Ambos não poderiam concordar mais perfeitamente, já que, com todo o direcionamento para a urgência da religião, não se quer suportar um retorno a uma doutrina eclesiástica. Por outro lado, porém, a transformação da metafísica grega numa teologia natural na era do Iluminismo não parece mais produtiva. Assim, os dois posicionamentos têm claramente em vista o sobrepujamento [*Überwindung*] ou a superação [*Verwindung*] da metafísica em Heidegger. Mas há que se perguntar se a missão, denominada dessa maneira, realmente encontrou uma solução. Talvez se trate de uma missão insolúvel para o esforço de pensamento do homem, e Heidegger também acabou por admiti-lo a si mesmo: "Só um Deus pode nos salvar."

Em Vattimo, o que primeiro transparece é como lida com o problema do retorno do religioso. Evidentemente, retorno não deve significar apenas um retorno à metafísica e tampouco a alguma doutrina religiosa. Diante de todos os precoces anúncios de salvação, ambos querem levar a sério a incompreensibilidade da morte e acharão inconciliáveis com nosso dever de racionalidade todas as respostas que constam das promessas das religiões.

O próprio Vattimo ressalta que o fenômeno do retorno está profundamente enraizado na experiência religiosa. Não é à toa que se fala de "conversão". A triunfal tomada de posse do mundo que acontece com alguém é assegurada à criança com o amadurecimento em sua língua materna. Esta chega a ser uma experiência genial que nos foi permitido fazer, mas ao mesmo tempo é como uma temeridade, já que a experiência do limite de tal posse no final não pode ficar longe de nós todos. O grande desenvolvimento do pensamento, ao qual leva à aclimatação da linguagem, pode despertar o sentimento de triunfo de uma posse ilimitada — o sentimento da dor, do fracasso e do insucesso limita inevitavelmente a ideia de posse obsessiva. Desse modo, a missão de evitar toda precipitação dogmática implica sempre o mistério da morte, ao qual não ajuda a nostalgia da fé infantil. Assim, ninguém jamais conhecerá o verdadeiro começo de sua verdadeira experiência existencial. Sempre se tratará de sua experiência, de instrução e constatação das próprias forças, em cujo fim existe um limite intransponível. Seria presunçoso não discutir essa história da origem da própria infância e da formação de nossa experiência. Ela pertence ao ser não comprovado que é o homem. Claro que faz diferença quando alguém, em seu conhecimento infantil do mundo, é introduzido nos rituais da vida religiosa. Ninguém é poupado, na emancipação do crescimento, de experimentar as exigências do Iluminismo — evidentemente também os seus limites.

É quase inevitável que a consciência humana da existência, que sempre leva a novos horizontes da memória e da lembrança, da origem e do tornar-se, deixa igualmente aberto um horizonte de futuro, no qual expectativa ou esperança ainda tenta vencer todo desalento, mesmo que no fim iminente da vida. Isso é justamente o que a natureza faz o homem experimentar, não lhe permitindo um verdadeiro consentimento com sua própria despedida. A luta pela vida se impõe enquanto existirem forças. Nessa medida, o Deus crucificado, do modo como o cristianismo o opõe a todas as outras representações do além e do futuro, parece uma exigência sobre-humana. Se há algo que distingue a vida em seu poder inabalável, é o caráter infatigável de sua vontade de viver, sempre desejando futuro. Pode existir algo como uma aceitação da morte? Isso não ultrapassaria toda a força humana? Tem-se uma ideia do que significa o fato de a mensagem dominadora, em nosso círculo cultural da morte sacrificial do homem e do filho de Deus, querer se impor como uma verdadeira redenção e permanecer superior a todas as promessas.

A contribuição de Vattimo exige, em verdade, um estudo preciso da literatura indicada nas notas. É claro que não posso mais fazê-lo. O texto me levou a algumas conclusões, e a coisa pode ser vista como segue: vejo a intenção de evitar a metafísica e a teologia que faz uso dela. Também vejo que não basta a Vattimo a figura de Levinas, normalmente próxima a ele, quando destaca a finitude e a condição de criatura da própria consciência de existir. Fica-me claro como Vattimo apresentou o conceito de encarnação como inevitável e o que ele significa na nova análise de Heidegger sobre o conceito metafísico de tempo (e em sua superação). Vattimo quer se separar da metafísica retomando a volta à positividade na doutrina do Schelling tardio. A tarefa é reconhecer o mito mesmo quando é preciso, segundo Schelling, corrigir seu lugar por meio da mensagem cristã. Como sempre em Schelling, aqui será necessário relacionar essa volta à posição do problema que Hegel apresentou para a relação entre religião e filosofia como um estágio no caminho do conhecimento absoluto. Tanto no final da *Fenomenologia do espírito* quanto nos primeiros esboços da *Enciclopédia*, só aos poucos fica claro como se apresenta a relação entre religião e arte. Sem a arte, não se pode dar o passo que leva da representação ao conceito em geral. Trata-se claramente do segredo da "bela arte". Assim, Hegel diz ser o verdadeiro mérito da religião no final se desfazer de todo aspecto particular e fazer aparecer o universal em todo conteúdo que lhe aprouver. Com isso, a arte realizada, no fundo, como bela arte, o que a filosofia realiza na universalidade do conceito. Ambas visam a "verdade". Na *Enciclopédia* de Hegel, § 562, lemos: "Sobre a estreita relação da arte com a religião, é preciso observar que a bela arte só pode pertencer àquelas religiões nas quais o princípio é a espiritualidade concreta, liberada nela mesma, mas ainda não absoluta. (...) A isso está ligada uma outra observação, mais importante, de que a introdução da arte aponta o declínio de uma religião ainda ligada à exterioridade sensível (...). O gênio do artista e dos espectadores se satisfaz e liberta na divindade sublime, cuja expressão é alcançada pela obra de arte. A intuição e a consciência do espírito livre é assegurada e alcançada. A bela arte, a seu turno, realizou o mesmo que a filosofia: a purificação do espírito daquilo que o oprime." De fato, a verdadeira objetividade está apenas no elemento do pensamento, diz Hegel. Mas seria isso uma limitação para a arte da harmonia? O passo adiante de Schelling rumo à positividade ultrapassa o absolutismo do espírito pensante.

A contribuição de Derrida remete antes de mais nada a Kant, e fica evidente que Derrida segue a doutrina dos *párerga* na obra de Kant sobre a religião. A mensagem religiosa se situa além de nossa consciência, mas não é inconciliável com o conceito de liberdade sobre o qual se edifica a filosofia prática de Kant. A segunda referência de Derrida repete seu jogo espirituoso com o conceito de *chóra*. Nesse contexto, posso, com o perigo de ser chamado de metafísico, acompanhar o passo da compreensão: que a *chóra*, como doadora de espaço e lugar, não determina em absoluto aquilo que toma lugar. O que se pode aplicar sem problemas ao conceito neoplatônico do Uno e do Divino. Mas também o uso da *chóra* evocado no *Timeu* pode ser entendido como uma expressão do absolutamente indefinível, expressão que caracteriza a relação do ser noético para com o ser sensível. Essa mesma relação, no fundo, é indefinível e ainda deve ser incondicionalmente pressuposta. Tanto o cálculo com os números quanto a geometria euclidiana são verdades que compreendemos. Mas não podemos compreender como existe um mundo real e uma ordem mundial que correspondam a esses dados eidéticos. O conceito da *chóra*, portanto, em verdade retoma uma herança pitagórica. No tempo de Platão, isso reflete o impulso da matemática contemporânea que se havia desenvolvido até a doutrina platônica dos corpos regulares. Não obstante, Platão narra nesse contexto apenas uma longa história do demiurgo divino que estabeleceu a ordem mundial e que continua a regular o episódio terrestre, apesar de toda a sua inegável desordem. Pode-se invocar aqui a estrutura dos elementos, até mesmo a ciência humana mais moderna, a geometria do triângulo e a estereometria, na qual por assim dizer se reconhece a aproximação da esfera perfeita do ser. Jogos espirituosos, mas de fato apenas isso.

A não ser em tais jogos míticos, o próprio Platão nunca falou de forma precisa sobre a relação do singular com o universal. A participação, a famosa *méthexis*, significa sempre a participação de ideias umas com as outras, o que forma o *lógos*. A participação do singular no universal pelo visto é pressuposta como óbvia. Razão pela qual ela não encontra nenhuma descrição mais exata em Platão, como por exemplo no *Fédon*. Somente Aristóteles estabeleceu como conceito, como substância primeira e substância segunda, a obviedade aqui apresentada, e que ao mesmo tempo ultrapassa tudo o que se pode compreender. Com isso, mais tarde, ele desencadeou a disputa dos universais no tempo da escolástica, disputa na qual o nominalismo se impôs no conceito do conhecimento dos tempos modernos.

Em resumo: os dois companheiros de diálogo concordam claramente na questão fundamental de que nem a metafísica nem a teologia podem dar uma resposta científica à questão de saber por que existe alguma coisa, em vez do nada.

ESTE LIVRO FOI COMPOSTO EM REVIVAL 565 CORPO
11 POR 13,2 E IMPRESSO SOBRE PAPEL OFF-SET 75 g/m²
NAS OFICINAS DA ASSAHI GRÁFICA, SÃO BERNARDO
DO CAMPO — SP, EM OUTUBRO DE 2018